ZHUKOV

从士兵到元帅

朱可夫

◎邱剑敏 编译

中国铁道出版社有限公司
CHINA RAILWAY PUBLISHING HOUSE CO., LTD.

图书在版编目（CIP）数据

朱可夫 / 邱剑敏编译 . — 北京：中国铁道出版社有限公司，2019.10
（二战名人录）
ISBN 978-7-113-26031-6

Ⅰ．①朱… Ⅱ．①邱… Ⅲ．①朱可夫（Zhukov, Georgi Konstantinovich 1896—1974）
—生平事迹 Ⅳ．① K835.125.2

中国版本图书馆 CIP 数据核字（2019）第 141954 号

书　　名：朱可夫
编　　译：邱剑敏
责任编辑：刘建玮　　　　　电　　话：（010）51873038
封面设计：刘　莎　　　　　责任校对：王　杰
责任印制：赵星辰

出版发行：中国铁道出版社有限公司（100054，北京市西城区右安门西街 8 号）
印　　刷：三河市兴博印务有限公司
版　　次：2019 年 10 月第 1 版　　2019 年 10 月第 1 次印刷
开　　本：787mm×1 000mm　1/16　印张：22.5　字数：476 千
书　　号：ISBN 978-7-113-26031-6
定　　价：59.80 元

Famous General Introduction

名将剪影

在伟大的卫国战争期间，朱可夫一直是苏军最高统帅部成员，从 1942 年 8 月起到战争结束，一直担任苏军最高副统帅，多次作为最高统帅部代表被派往前线，并曾先后担任过最重要的几个方面军的司令员。朱可夫在筹划、准备和指挥莫斯科会战、斯大林格勒会战、库尔斯克会战和柏林战役等一系列决定性战役中，发挥了别人无法替代的、独特而重要的作用。

从士兵到元帅，朱可夫在漫长的军旅生涯中立下了赫赫战功，先后荣获列宁勋章6 枚、十月革命勋章 1 枚、红旗勋章 3 枚、一级苏沃洛夫勋章两枚、"胜利"最高功勋章两枚，其他的勋章和奖章数枚。朱可夫是所有苏联军人中获得勋章、奖章最多、级别也最高的人物。朱可夫对军事指挥及军事学术所作出的贡献，已为世界军界所公认。直到今天，研究朱可夫指挥的著作还深受各界人士的欢迎。

作为一名高级指挥将领，朱可夫具有高超的指挥艺术、远大的战略目光、冷静的判断力、大胆果断的作风，在现代战争史上占有很重要的地位，同时也是苏联红军中最著名的统帅，被国内外誉为第二次世界大战中最杰出的将领之一。朱可夫在军事上的成就，已经成为世界军事学术的宝贵财富。

1896-1974

> 苏联朱可夫元帅。

朱可夫 档案

Georgy Konstantinovich Zhukov

1896

12月1日，格奥尔吉·康斯坦丁诺维奇·朱可夫出生于卡卢加省斯特列尔科夫卡村一个贫苦的农民家庭里。父亲康斯坦丁·安德列维奇是个鞋匠，母亲乌·阿尔捷米耶芙娜在一家农场干活。

1903

秋，朱可夫进入一所教会小学学习，学制三年。

1906

朱可夫小学毕业。

1908

7月，朱可夫离家到莫斯科，在舅舅皮利欣的毛皮作坊里当学徒。

1913

朱可夫参加市立中学全部课程的考试，成绩合格。

1915

8月7日，朱可夫应征入伍，在沙俄的一个骑兵团里当兵，因作战勇敢并俘获一个德军军官而两次获得圣乔治十字勋章。

1916

朱可夫参加了红军。
9月，朱可夫参加保卫察里津的战斗，不久被派到独立骑兵第14旅第1团担任排长。

1919

3月1日，朱可夫正式成为一名俄共（布尔什维克）党员。

1920

朱可夫担任独立骑兵第14旅第1团第2连连长。

1922

8月31日，苏维埃共和国军事委员会第183号命令宣布授予朱可夫红旗勋章。

1923

3 月，朱可夫升任萨马拉骑兵第 7 师第 40 团副团长。
5 月，朱可夫又被晋升为布卢祖克骑兵第 39 团团长。

1924

7 月，朱可夫以优异成绩考入了列宁格勒高等骑兵学校（后改为
骑兵指挥员进修班），并在此期间认识了罗科索夫斯基、巴格拉
米扬、叶廖缅科等人，结下了深厚友谊。

1929~
1930

优秀团长朱可夫被派到莫斯科高干深造班学习。

1930

5 月，朱可夫被任命为骑兵第 7 师第 2 旅旅长。从此之后，朱可
夫在仕途上一路擢升。
年底，朱可夫被调往工农红军骑兵监察部工作，担任监察部长
助理。

1933

3 月，朱可夫担任驻白俄罗斯骑兵第 3 军第 4 师师长。

1935

因在校阅中表现上佳，训练成绩优异，苏联政府授予朱可夫指挥的第 4 师以最高奖励——列宁勋章。

1937

夏季，朱可夫就任骑兵第 3 军军长。

1938

年初，朱可夫改任为骑兵第 6 军军长。

Georgy Konstantinovich Zhukov →

1939

9 月，日军在哈勒欣河地区进行武装挑衅，远东形势紧张，朱可夫被派往该地指挥作战，并在短时间内成功组织并指挥了哈勒欣河战役，以伤亡 9,000 余人的较小代价，取得了毙伤日伪军 5 万余人的巨大胜利。朱可夫回到莫斯科时受到举国一致的赞扬，并荣膺"苏联英雄"的称号。

1940

5 月，朱可夫被提前晋升为大将，随后被任命为苏联最大的军区——基辅特别军区的司令员。

1941

1月11日，朱可夫担任苏军总参谋长。

6月22日，纳粹德国撕毁《苏德互不侵犯条约》，发动了侵苏战争。

7月，朱可夫与最高统帅在是否需要继续坚守基辅的问题上发生严重分歧，被免除总参谋长职务，改任预备队方面军司令员。

9月10日，在德军"北方"集团军群从陆上完成了对列宁格勒的封锁、前线形势岌岌可危之际，朱可夫奉命飞往列宁格勒，接替伏罗希洛夫指挥列宁格勒的城市防御。朱可夫采取坚决有力的措施，率领部队不仅守住了城市，而且还迫使德军不得不停止攻击，转入防御，从而稳定了该地区战局。斯大林询问朱可夫能否于十月革命节在首都举行阅兵式，朱可夫作了肯定回答，表示阅兵式和游行可照例举行，同时建议从邻近方面军抽调大批战斗机加强首都防空。

11月7日，在朱可夫的精心部署下，红场举行隆重的阅兵仪式，大大地鼓舞了苏联的民心士气，在国内外产生了深远的影响。

11月，苏军以3个集团军的兵力多次进行反击，终于挫败了北路德军向莫斯科发动的大规模的进攻，迫使其转入防御。这时德军大量减员，士气急剧下降，而苏军则愈战愈强。不久，朱可夫率领部队从莫斯科南、北两面转入反攻，德军遭受严重损失。

12月13日，苏联宣布红军已粉碎了德军包围莫斯科的狂妄企图，苏联各报刊纷纷登载前线胜利的消息和指挥这次作战的苏军将领的照片，朱可夫的照片被排在中央最显著的位置。

1942

1月5日，最高统帅部决定，利用莫斯科反攻取得的战果，在德军未得到补充前在全线发动总攻。苏军向西推进100～350公里，解放了莫斯科州等领土，莫斯科会战取得了最终胜利。

8月27日，德第6集团军进抵斯大林格勒的近接近地，斯大林格勒处于危急状态之中。国防委员会紧急任命朱可夫为最高统帅部副统帅，并派其到斯大林格勒负责指挥。朱可夫领导斯大林格勒军民与德军展开激烈巷战，苦战三个月，消灭了大量敌军，始终控制了市区三块被分割的阵地，为转入反攻赢得了时间。

11月19日，在朱可夫和华西列夫斯基的协调指挥下，苏军西南方面军、顿河方面军和斯大林格勒方面军对德军发起反攻，揭开了反攻的序幕。

11月20日，朱可夫指挥苏军迅速突破了德军的防御，对德军第6集团军和坦克第4集团军实施合围。在德军拒绝投降的情况下，苏军发动强大的攻势，最终全歼该地域内的德军。斯大林格勒会战成为苏德战争的转折点。

1943

1月18日，因出色地指挥苏军赢得斯大林格勒会战的胜利，朱可夫被授予苏联元帅军衔，同时获得了第一枚苏沃洛夫一级勋章，并被誉为具有高度天才的勇敢的领导人。

3月，朱可夫来到库尔斯克，迅速查明了德军的进攻企图，即夺占库尔斯克，重新打开通往莫斯科的道路，夺回战略主动权。

7月5日，沃罗涅日方面军司令员罗科索夫斯基请示朱可夫：根据被俘德军供称，敌人再过一小时将发起进攻，朱可夫鉴于情况紧急，当机立断，指示罗科索夫斯基立即组织苏军对已进入进攻出发阵地的德军实施猛烈的炮火反准备。遭受意外袭击的德军进展缓慢，不久转入防御。

7月12日，朱可夫指挥布良斯克方面军和西方方面军转入反攻，并迅速突破德军防御，向奥廖尔方向前进。

8月5日，朱可夫率军收复奥廖尔和别尔哥罗德。

8月23日，朱可夫率军解放了哈尔科夫，胜利地结束了库尔斯克会战。此后，德军失去了发动战略进攻的能力，被迫转入战略防御。朱可夫因其在库尔斯克会战中的出色指挥，再次获得了专门授予战略指挥员的苏沃洛夫一级勋章。

12月，朱可夫奉命回到最高统帅部，汇报自己对目前形势和下一阶段作战部署的个人意见。最高统帅部和总参谋部听取并肯定了朱可夫关于更进一步发展合围战役以歼灭德军的观点，统帅部制订了连续实施大规模战略性进攻战役的计划，并区分了各方面军的任务。

1944

5月，当克里木战役接近尾声时，朱可夫开始着手准备白俄罗斯战役计划，并同华西列夫斯基和安东诺夫一起向斯大林汇报了关于夏季作战的意见，最后一致决定于6月下旬实施白俄罗斯进攻战役。朱可夫负责协调白俄罗斯第1和第2方面军的行动。

6月23日，也就是在西方盟军在诺曼底登陆并向东发展进攻的时候，朱可夫和华西列夫斯基协调指挥4个方面军在宽大正面上同时突破德军防御，发起了白俄罗斯进攻战役。

7月3日，在朱可夫的指挥下，苏军顺利解放明斯克，并在明斯克以东地区围歼德军10万余人的重兵集团。

7月5日，苏军向西推进225~280公里，解放了白俄罗斯大部领土。朱可夫再次荣获胜利勋章。

11月7日，斯大林在庆祝十月革命27周年时宣布，将由朱可夫指挥白俄罗斯第1方面军攻打柏林。

1945

4月1日，斯大林两次召见朱可夫，最后敲定攻克柏林的问题。

4月16日，朱可夫在库什钦登陆场的一个小山顶上下达了向德军进攻的命令，双方在泽劳弗高地展开激烈交战。

4月18日，朱可夫指挥苏军终于攻克了泽劳弗高地，打开了这把"柏林之锁"。德军经不住朱可夫部队的强大压力，开始退向柏林防御地域的外城廓。

4月20日，朱可夫的部队在柏林接近地上突破了德军的防线，炮兵开始对柏林市区进行轰击。

4月21日，朱可夫的三个集团军突入了市郊，并与垂死挣扎的德军在柏林市内展开了激烈的巷战。

4月30日，苏军攻克国会大厦，并在大厦楼顶上升起了一面苏联国旗。

5月2日，德国海军上将邓尼茨代表德国政府宣布无条件投降，停止一切抵抗。柏林城防司令魏德林率守军残部向朱可夫的部队投降。攻克柏林的战役胜利结束。

5月9日，德军元帅凯特尔代表德国政府签署了无条件投降书，苏联元帅朱可夫和英国、美国、法国代表接受了德国武装力量的投降。

6月5日，苏、美、英、法四国共同签署了接管德国最高权力的宣言，同时成立四国对德国管制委员会，成员包括苏联代表朱可夫元帅。

6月24日，在盛大的苏联"胜利阅兵式"上，朱可夫以阅兵首长的身份检阅了苏联红军陆、海、空三军，达到了人生事业的顶点。

1946

4 月 10 日，朱可夫离开柏林回国，担任苏联陆军总司令。

7 月，朱可夫被任命为敖德萨军区司令员。

1949

朱可夫改任乌拉尔军区司令员。

1952

朱可夫返回莫斯科，担任国防部副部长。

1953

3 月 6 日，朱可夫担任国防部第一副部长。

1955

2 月，朱可夫担任国防部部长。

1957

10 月，朱可夫被免去国防部部长的职务。

1958

3 月，朱可夫退休。

1964

10 月，勃列日涅夫为遭贬黜的军政领导人恢复名誉，其中包括朱可夫。同年，朱可夫与妻子离婚，又与小自己 25 岁的格林娜结婚。

1969

朱可夫突然罹患中风，瘫卧在床上。同年，朱可夫撰写多年的回忆录——《回忆与思考》在苏联正式公开出版，第一版发行了 60 万册，以后又被译成 20 余种文字在全世界流传，被认为是最有价值的"二战"回忆录之一。

1974

6 月 18 日，朱可夫在莫斯科逝世，终年 78 岁。后葬于红场克里姆林宫红墙下。

朱可夫参与指挥的战役战事图 ⟶

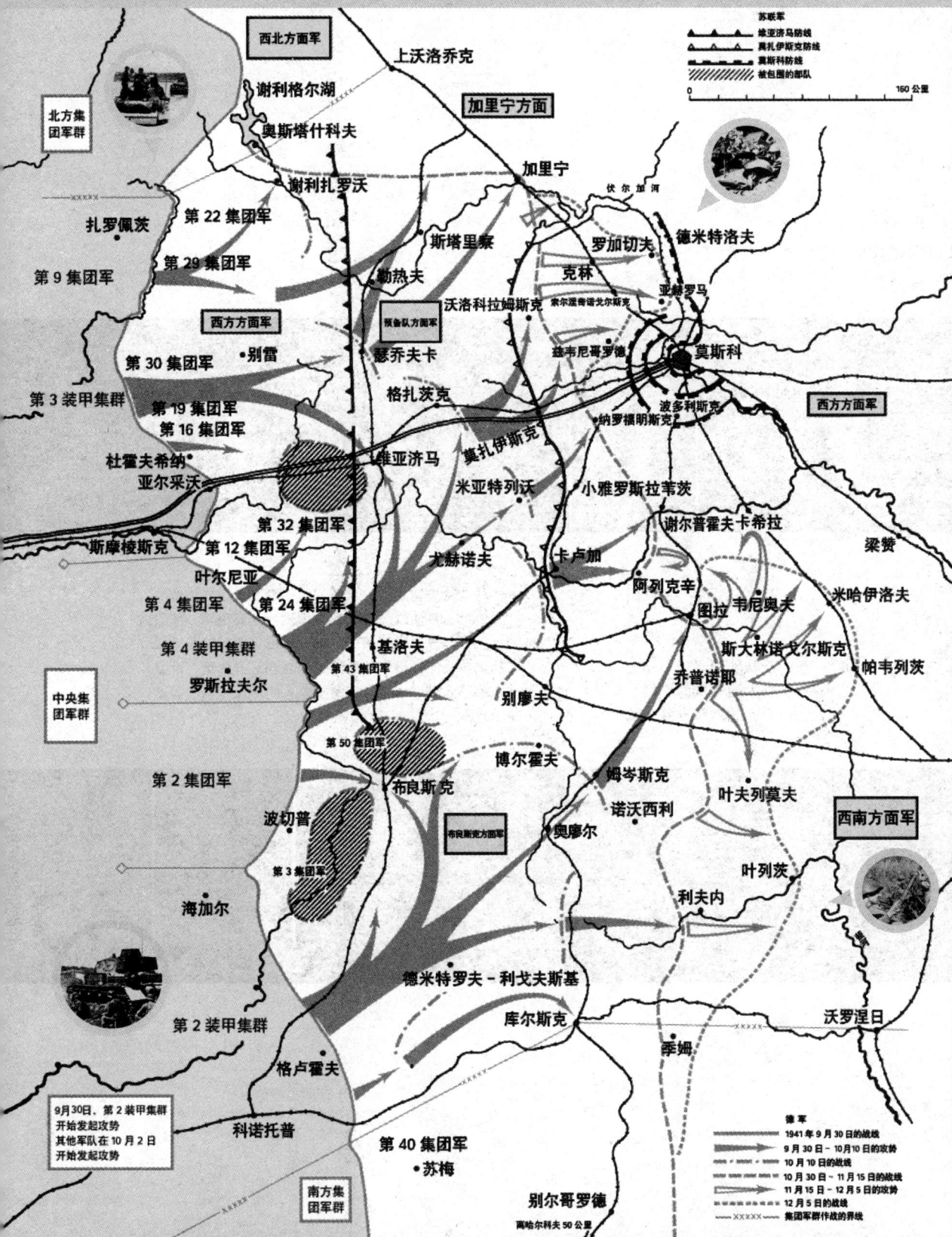

1941 年 9 月~12 月

苏德两军双方在莫斯科附近展开攻势示意图。

苏联军
维亚济马防线
莫扎伊斯克防线
莫斯科防线
被包围的部队

0　　　　160 公里

西北方面军

上沃洛乔克

北方集团军群

谢利格尔湖

奥斯塔什科夫

加里宁方面

加里宁

伏尔加河

罗加切夫

克林

德米特洛夫

扎罗佩茨

第 22 集团军

第 29 集团军

谢利扎罗沃

斯塔里察

索尔涅奇诺戈尔斯克

亚赫罗马

第 9 集团军

勒热夫

沃洛科拉姆斯克

第 30 集团军

别雷

慈乔夫卡

预备队方面军

莫斯科

第 3 装甲集群

格扎茨克

谢韦尼哥罗德

波多利斯克

西方方面军

第 19 集团军

第 16 集团军

维亚济马

莫扎伊斯克

纳罗福明斯克

杜霍夫希纳

亚尔采沃

米亚特列沃

小雅罗斯拉韦茨

斯摩棱斯克

第 32 集团军

尤赫诺夫

卡卢加

谢尔普霍夫

卡希拉

梁赞

第 12 集团军

叶尔尼亚

阿列克辛

韦尼奥夫

米哈伊洛夫

第 4 集团军

第 24 集团军

图拉

斯大林诺戈尔斯克

帕韦列茨

基洛夫

第 43 集团军

别廖夫

乔普诺耶

中央集团军群

罗斯拉夫尔

第 50 集团军

博尔霍夫

姆岑斯克

叶夫列莫夫

第 2 集团军

布良斯克

诺沃西利

西南方面军

波切普

奥廖尔

布良斯克方面军

叶列茨

第 3 集团军

海加尔

利夫内

第 2 装甲集群

德米特罗夫－利戈夫斯基

格卢霍夫

库尔斯克

沃罗涅日

9 月 30 日，第 2 装甲集群
开始发起攻势
其他军队在 10 月 2 日
开始发起攻势

科诺托普

季姆

第 40 集团军

苏梅

别尔哥罗德

南方集团军群

离哈尔科夫 50 公里

德军
1941 年 9 月 30 日的战线
9 月 30 日－10 月 10 日的攻势
10 月 10 日的战线
10 月 30 日－11 月 15 日的战线
11 月 15 日－12 月 5 日的攻势
12 月 5 日的战线
集团军群作战的界线

目录
contents

朱可夫亲自指挥部队，起初用口令，随后用马刀，后来用号音。全团动作准确整齐，流动着一种铿锵有力的节奏。最后，全团展开散兵线向"敌人"进行冲锋包围，向师长站立的小山岗冲去。师长十分满意，还没等朱可夫报告演习结束，就高举双手哈哈大笑："我投降，投降！谢谢，非常感谢……

朱可夫首先肯定了这次演习对提高高级指挥员水平的价值，并建议应尽可能多地进行这类演习，随后转入了他真正想要讲的问题——白俄罗斯筑垒地域的构筑。他指出现有的筑垒地域离边界太近，而且布局不合理，一旦战争爆发敌人的炮火可以覆盖整个纵深……

斯大林的脸色变了，凝视着朱可夫问道："你打算把基辅怎么办？"朱可夫断然回答道："基辅必须放弃！"在场的所有人都屏住了呼吸。朱可夫努力控制着自己的情绪，继续说道："在西部方向要马上组织反突击以夺回敌方的叶尔尼亚突击部，敌人将来可能会利用这个桥头堡来进攻莫斯科……"

有一点是他不容任何质疑就确定下来的，即要考虑的不是城市陷落时的非常措施，而是确保列宁格勒不落入敌手。朱可夫为此提出了响亮的口号：不是列宁格勒惧怕死亡，而是死亡惧怕列宁格勒……

当德军在与加里宁方面军的交战中再一次得手后，斯大林很快给朱可夫打来电话："你坚信我们能守住莫斯科吗？"还没等朱可夫回答，斯大林语气缓慢地继续说："我是怀着沉重的心情问你这个问题，希望你作为共产党员诚实地回答我。""毫无疑问，我们能守住莫斯科！斯大林同志！"朱可夫斩钉截铁地说……

苏军以 5,000 门大炮轰击包围圈内的德军，随后坦克与步兵发起迅猛的冲锋。德军由退却变成无需命令的逃跑，沿途丢下成千上万的尸体，随即就被风雪和炮火掩埋。不到 6 天，德军的阵地又缩小了一半……

列宁格勒、莫斯科和斯大林格勒的会战，都属于城市坚守防御战役，苏军依托坚固设防的城市进行防御和反攻，坦克兵力的投入和使用受到限制，而此刻的库尔斯克会战则是在一片大草原上进行，苏军坦克的数量和质量都有空前的提高，而德军的坦克也都是最新式的，双方的数千辆坦克拼死厮杀，上演了战争史上的空前奇观……

受到攻击的曼施坦因立即将预备队调到受威胁的地段，这正好中了朱可夫的圈套。11月3日，苏军从德国人认为很"太平"的柳捷日登陆场实施进攻，2,000门火炮与迫击炮，500门"喀秋莎"一齐对敌实施突击，很快就撬开了敌人的防御大门，德军被迫撤离基辅，掉头南逃。经过一番激战，红军终于攻占了基辅……

当朱可夫的部队突然奇迹般地出现在距柏林仅70公里处的时候，大大出乎了德国人的意料。在苏军先遣队进入基尼茨时，德军士兵还在马路上悠闲地散步，而德国军官则坐在饭店里大吃大喝，从基尼茨到柏林的火车仍按部就班地运行……

斯大林说道："一定要找到希特勒死亡的确切证据。告诉索科洛夫斯基，除了敦促他们无条件投降外，不要同克莱勃斯或者其他希特勒分子进行任何谈判！"

"是，斯大林同志！"朱可夫放下了电话听筒，现在唯一感到扫兴的事情，就是没有能够活捉希特勒⋯⋯

检阅结束后，艾森豪威尔和朱可夫正准备离开，这时人群向他们热烈欢呼。在这种氛围下，两人激动地相互拥抱，此举更赢得广场上人们的一片掌声和欢呼声。他们两人不停地向呼喊的群众招手，使得在场的美国人也觉得心里热乎乎的，认为这是苏联人民的真情流露⋯⋯

朱可夫的名字尚未落音，整个大厅一下子沸腾起来，雷鸣般的掌声大起，时强时弱，忽高忽低，经久不息。勃列日涅夫用手示意大家"好啦，请坐下。"然而却回之以更加雷动的掌声，大会厅的所有代表仍然站着。勃列日涅夫局促不安起来，望着人们发怔，担任大会主席的苏斯洛夫也想使人们安静下来，可是又再次爆发了一片热烈的鼓掌欢呼声⋯⋯

∨ 1913 年，朱可夫（左二）与皮匠伙计们在一起。

第一章

成长中的红军战士

1896—1974　朱可夫

朱可夫亲自指挥部队，起初用口令，随后用马刀，后来用号音。全团动作准确整齐、流动着一种铿锵有力的节奏。最后，全团展开散兵线向"敌人"进行冲锋包围，向师长站立的小山岗冲去。师长十分满意，还没等朱可夫报告演习结束，就高举双手哈哈大笑："我投降，投降！谢谢，非常感谢⋯⋯"

< 朱可夫的母亲乌斯季尼娅。

>> 贫苦鞋匠的儿子

　　19世纪后期的俄罗斯，仍然是个以农业为主的国家，幅员辽阔但并不富裕。

　　在莫斯科西南的卡卢加省，有一个普通的穷村落，名叫斯特列尔科夫卡村。1896年12月1日，格奥尔吉·康斯坦丁诺维奇·朱可夫就在此呱呱落地。

　　朱可夫的父母都是第二次结婚。在此之前，他们分别都有过一次婚姻，但结婚后不久就丧偶了，没有留下孩子。他们结婚那年，康斯坦丁已经50岁，乌斯季尼娅也35岁了。他们的第一个孩子是女孩，名叫玛莎，比朱可夫大两岁。

　　父亲康斯坦丁·安德列维奇是个穷鞋匠，终年走城串乡，朱可夫很少能见到他。母亲在一家农场干活，劳动强度很大，但工资少得可怜。由于家里太穷，朱可夫的母亲不得不另外找活干。每年春、夏季和早秋的收获季节，她都在地里拼命干活。秋收之后，她就来到县城，替人把食品及各种杂货运送到乌戈德厂村的商人那里，运一趟能挣1个卢布到1卢布20戈比。

　　1902年的冬天来得比往年早，天气格外寒冷。因为收成不好，打下的粮食只能吃到12月中旬，朱可夫一家的日子过得十分艰难。朱可夫的父亲和母亲挣的一点钱，除去买点盐和面包，再加上还债，基本上就所剩无几了。

　　患难见真情，淳朴善良的俄罗斯人愈是在困难时刻，愈是能够表现出他们乐于助人、无私关爱的高尚品德。邻居们的日子尽管也都不太好过，但是他们看到朱可夫一家的艰难生活，经常慷慨地接济他们，不时送去稀粥或是白菜汤。其实在农村，类似这样的相互帮助并不少见，这充分体现了生活在艰难困苦中的俄罗斯人友好团结的优良传统。

　　收割的季节到来了。朱可夫的母亲对朱可夫说："孩子，你该学学收割庄稼了。"父亲也对朱可夫说："你已经长大了，很快就满7岁了，该干点活了。我像你这么大的时候，已经顶一个大人干活了。明天我们去割草，你带上耙子，和你姐姐玛莎一起摊草、晒草、垛草。"

　　朱可夫一直很喜欢割草，大人也常常带他去，但是那时候都是去玩。这一次和以前可就不一样了，现在可是去参加劳动。朱可夫为此感到很自豪，觉得自己已经成了一个对家庭有用的人了。在去劳动的路上，朱可夫看到许多同年的小伙伴们，也都拿着耙子坐在大车上。他们的脸上都洋溢着欢乐与自豪之情。

由于从小就参加了各种劳动，经常干农活，朱可夫的身体锻炼得很结实。更重要的是，朱可夫在劳动过程中磨炼出了吃苦耐劳的精神，让他受益终生，对他日后事业上的成功有着不可估量的影响。

1903年的秋季一天一天临近了。对朱可夫来说，这是一个重要的时刻。和他同年的小伙伴们都在为上学做着各项准备，朱可夫借来姐姐的书，每天都在用心学习认字，也为上学积极做准备。

朱可夫要进的是一所教会学校，位于维利奇科沃村，离朱可夫家有1.5公里的路程。附近4个村——雷科沃村、维利奇科沃村、斯特列尔科夫卡村和奥古比村的孩子们都在那里学习。小朱可夫在这所教会小学里刻苦学习，表现非常优异，还上过荣誉名册。

给朱可夫他们上课的老师叫谢尔盖·尼古拉耶维奇·列米佐夫。这是一个很有教学经验的老师，不仅为人很好，而且从不平白无故惩罚学生，也从不大声训斥学生。因此，谢尔盖深受学生们的尊敬，而学生们也很听他的话。

1906年，朱可夫从教会小学毕业了。上学期间，朱可夫的学习成绩一直很好，最后还得到了一张奖状。全家人对朱可夫的学习成绩很满意，朱可夫也为自己所取得的优异成绩而高兴。

为祝贺朱可夫小学顺利毕业，他母亲送给朱可夫一件新衬衫，他父亲则亲手为朱可夫制作了一双皮靴。

尽管朱可夫的成绩很优秀，但由于家庭经济拮据，无法再供他继续上学读书。朱可夫并没有因此放弃学习，强烈的求知欲不但没有消失，反而比以前更加旺盛了。也许正是这种尝到知识的甜头又无法享受的欲罢不能的矛盾心理，促使朱可夫像一块大海绵一样，贪婪地汲取各种精神营养，为自己后来成为一代名将积累了丰富的知识素养。

1907年秋天，已经年满11岁的朱可夫知道，这是自己在家的最后一个秋天，因为冬天一过，自己就要到莫斯科谋生了。大人们整天为生计奔波，母亲经常到城里去替别人拉货，父亲则从早到晚做皮匠活。这时的朱可夫已经很懂事了，主动承担了许多家务劳动。

1908年的夏天到了，离家的日子越来越近了。每当想到自己快要离开家、离开亲人和朋友们去莫斯科时，朱可夫就感到说不出的难过。

父亲问儿子想学什么手艺，朱可夫回答说想进印刷厂。父亲听了之后，沉默了一阵。朱可夫看出父亲很为难，因为父亲没有熟人可以介绍自己进印刷厂。后来，朱可夫的母亲决定去找她的兄弟皮利欣，收朱可夫进皮利欣的毛皮作坊干活。父亲也对此表示同意，因为毛皮匠挣钱多。朱可夫什么工作都愿意干，只要对家里有好处就行。于是这个11岁的男孩子，就被送到他在莫斯科当皮货商的舅舅皮利欣那里当了学徒。

刚开始时，朱可夫干完活后总是感到很累，而且不习惯很晚才睡觉，因为在乡下一般睡得很早。但是，过了一段时间后，朱可夫就慢慢习惯了，并能担当起每天繁重的劳动。

ZHUKOV

< 做皮匠学徒工时的朱可夫。

很快，一年就这样一晃过去了。

尽管在当学徒工的第一年中，朱可夫遇到过很多难以想像的困难。但是，他不怕吃苦，勤学苦练，很顺利地学到毛皮匠这一行当的初步手艺。不过，朱可夫为此可没少挨打。

掌柜华西里·达尼洛夫是个残暴、凶狠的人，常常因为一点点小错，就会像一个暴虐狂一般，把朱可夫狠狠地打一顿。甚至有时还会无缘无故地把朱可夫狠揍一顿，而且每次打得都很重，有时打得朱可夫的耳朵一整天都嗡嗡地响。所以，当掌柜不高兴时，朱可夫总是尽量避免遇见他。

有一次，朱可夫实在忍无可忍，就抓起一根棒子，用尽全身力气照掌柜的头上打去。没想到的是，朱可夫这一下就把他打倒在地，晕了过去。当时，朱可夫感到很害怕，以为把掌柜给打死了，就从店里逃走了。后来一打听，朱可夫才知道一切平安无事。但是，等回到莫斯科以后，掌柜向老板告了朱可夫一状。老板不分青红皂白，把朱可夫狠狠地打了一顿。除挨过掌柜、老板的打以外，朱可夫还挨过师傅、女工头以及老板娘的打。

在皮利欣的作坊里干活期间，尽管生活条件异常艰苦，学徒的活儿又很累，朱可夫仍旧继续学习。他抓住一切可利用的时间学习，当然主要是晚上和休假日。而且朱可夫参加了市立中学的全部课程的考试，取得了优异的成绩。

随着时间的推移，朱可夫的手艺越学越好。到16岁时，朱可夫的手艺已经基本学成了。在那几年，朱可夫因为常常往返于莫斯科和他的家乡斯特列尔科夫卡村之间，所以对这一带的地形十分熟悉。这是一片到处是树林的平坦地区。让人意想不到的是，这些竟对朱可夫以后指挥作战提供了极大的帮助。

在当时，尽管对社会政治事件的分辨能力不强，对政治问题的认识也不深，但朱可夫已经懂得，像《明星报》《真理报》等报纸反映的是工人农民的利益和愿望，而《俄罗斯言论报》和《莫斯科新闻报》则代表沙俄老板和资本家的利益，是维护统治阶级的利益的。每次回家时，朱可夫已经能够向伙伴们和农民们讲解一些简单的道理了。

出师之后，朱可夫仍在作坊里工作，但这时他已经住在阿霍特内街的私人住宅里。朱可夫向寡妇玛雷舍娃租了一个床位，每个月的租金是3个卢布。寡妇玛雷舍娃有个女儿叫玛丽亚，美貌可亲，心地善良。在这样的环境中，通过互相接触，两人都喜爱上了对方。为了表白爱情，朱可夫向玛丽亚求婚，玛丽亚高兴地接受了。他俩还商量着要结婚。

如果生活就这样下去，朱可夫也许就成为千百万俄罗斯家庭中的普通一人，而他那过人的军事才华也可能永远没有机会展现。但是第一次世界大战★改变了一切，使朱可夫与玛丽亚的打算都落空了，朱可夫的命运也由此发生转变。

由于前线伤亡很大，1915年7月，沙皇政府宣布提前征召1896年出生的青年，还不满20岁的青年人都必须上前线。年仅19岁的朱可夫走上战场，开始了波澜壮阔的军旅生涯。

★第一次世界大战

人类历史上第一次世界范围的大规模战争。1914年7月28日爆发，1918年11月11日结束。包括英国、法国、俄国、德国、奥匈帝国、意大利、日本和美国在内的33个国家先后卷入战争，战火遍及欧洲，以及中东、北非、东非、东亚、南美等地。战争以协约国的胜利而告终。战后，协约国和参战各国在巴黎和会上及和会稍后与战败国签订了《凡尔赛和约》等一系列和约，形成了战后的凡尔赛－华盛顿体系。

< 1916年时期，身穿俄国军服的朱可夫。

>> 国内战争的洗礼

1915 年 8 月 7 日，19 岁的朱可夫在马洛亚罗斯拉维茨应征入伍了。

军营对朱可夫来说既是陌生的又是新鲜的，连最习惯的走路、吃饭、解手、睡觉，都有了新的约束和规定。第一次体验军营生活，朱可夫既感到新奇，又觉得那么不可思议。

令朱可夫高兴的是，自己被挑选为骑兵，分配到预备骑兵第 5 团的预备步兵第 189 营。朱可夫一向很喜欢这个富有浪漫色彩的兵种。同来的老乡们大多当了步兵，他们很羡慕朱可夫。临别时，他们向朱可夫喊道："康斯坦丁，我们遇到危险，可全靠你了！"

朱可夫很快领到了教练步枪，开始学习各种内务制度和士兵的职责。俄军内的等级十分森严，新兵总是受到老兵们的欺负。朱可夫他们一到，所带的香烟和零花钱都被老兵们"保管"起来了。军官随便打骂士兵，惩戒很严厉。每天从早到晚的训练很紧张，好容易盼到星期天了，但一大早起来，新兵们就被叫去清扫垃圾、打扫卫生，然后擦枪、给长官擦皮鞋，或者被迫干些别的勤杂事务，一直忙到夕阳西下。

大家都有一肚子的牢骚，不吐不快，便想坐下写封信发泄一番。但班长好像猜透了他们的心思，警告说，不得在信里对任何事情表示不满，因为这样的信件要被扣下来并会受到惩罚的。朱可夫和新兵们听后目瞪口呆，这时才真正感到适应士兵生活真不容易。

1906年8月上旬，朱可夫和其他14名同伴被调到了前线的骑兵第10师。当时第10师正驻扎在德涅斯特河岸，担任西南战线的预备队。朱可夫是乘火车开赴部队的。一路上，他看到了许多从前线运回来的伤兵。他们虽然负了很重的伤急需治疗，但还要停下来为开往前线的部队让路。朱可夫心中感到有些伤感。

车厢成了一个信息交流、传播的临时场所，朱可夫从那里听到了各种各样的消息：有的说俄军装备落后，伙食很差，根本打不过敌人；有的说，指挥官特别是高级指挥官名声很坏，常常为了个人利益不顾士兵的死活；还有的说最高统帅部里有敌军的奸细，这仗没法打。这些消息严重影响了朱可夫的情绪。他一声不吭地回到车厢，深深地体会到：指挥员的一言一行，以及能否与士兵同甘共苦，对军心的凝聚是多么的重要。

到部队后，朱可夫平生第一次经受了战场的洗礼。那是他们到卡缅涅次－波多利斯基下车时，突然响起了空袭警报，大家迅速隐蔽起来。敌人的一架侦察机在空中盘旋了一阵，扔了几颗炸弹，然后就飞走了。敌人的炸弹不幸炸死了1名士兵和5匹战马。

到骑兵第10师不久，朱可夫在一次侦察时踏上了地雷，被爆炸的气流从马上掀下来，受了严重震伤，同伴还有两个受重伤的。朱可夫昏迷了一天一夜才苏醒过来。后来，他被送到哈尔科夫，在医院里待了两个半月。朱可夫是躺不住的人，尽管身上的伤还没有痊愈，特别是听力还很差，但还是要求回到了部队。医院从朱可夫的身体考虑，建议不让他回前线，于是把他调到刚入伍接受训练的骑兵新兵连。这时的朱可夫已是一位获有两枚乔治十字勋章的军士，一枚是因为俘虏一名德军军官被授予的，另一枚则是因为受重伤所受的奖励。

俄国的政治形势在急剧地发生变化。1917年2月，彼得格勒工人开始大罢工。2月26日，布尔什维克决定举行总起义，成立临时政府。

1917年2月27日清晨，朱可夫所在的骑兵连紧急集合，开到巴拉克列亚城。士兵们对这次将要执行什么任务摸不着头脑，但事情很快就清楚了。他们看见公路上有人举着红旗游行示威，连长们策马向团部疾驰而去。一位高个子的军人走过来，向士兵们大声宣布：俄国的工人阶级、士兵和农民不再承认沙皇尼古拉二世了，也不再为资本家和地主卖命了；俄国人民不愿意继续进行流血的帝国主义战争；人民需要和平，需要土地和自由。这位军人在结束演说时高呼："打倒沙皇！打倒战争！各国人民和平万岁！工人、士兵代表苏维埃万岁！乌拉！"

士兵们作出了响应，也都欢呼"乌拉！"，并且同示威者们走到了一起。朱可夫很快得知，他的连长和其他军官都被布尔什维克的士兵委员会逮捕了。各部队奉命返回驻地，等待士兵委员会的命令。第二天来了一位军官，命令连队选出参加团苏维埃的代表，同时选出本连的士兵委员会。全连一致选举朱可夫担任连士兵委员会主席。

3月初，有个准尉到连队来向士兵们讲演，讲演结束时要求士兵们支持临时政府，支持继续进行战争。愤怒的士兵们进行了一次表决，表明他们支持布尔什维克的纲领。

5月，团士兵委员会决定把士兵遣散回家，并给他们发了退伍证明书，同时鼓励他们随身带着自己的枪支弹药，以防不测。朱可夫拿到退伍证明书以后得知，投奔到乌克兰民族主义分子方面去的一些军官，正在到处搜捕他，所以他不得不在巴拉克列亚城和拉格尔村躲藏了好几个星期。

1917年11月7日，列宁领导了震惊世界的"十月革命"★。11月30日，朱可夫回到阔别已久的莫斯科，这时政权已经被布尔什维克牢牢掌握住了。在家乡和父母亲团聚了两个月后，朱可夫决定走出家门，投身到保卫苏维埃政权的斗争中去。但不巧的是，朱可夫忽然得了重病——斑疹伤寒，4月又患了回归热，直到半年以后身体才复原。

1918年8月，朱可夫终于如愿参加了红军，被编入莫斯科骑兵第1师第4团，团长是塞米扬·康斯坦丁诺维奇·铁木辛哥，师长是大名鼎鼎的布琼尼将军。这是一支十分杰出

∧ 1917年2月在彼得格勒大街上参与游行示威的进步士兵。

∨ 列宁领导了举世震惊的"十月革命"。

★"十月革命"

1917年11月7日，俄国"十月革命"全面爆发。11月7日下午5时，起义的工人和士兵包围了冬宫。接着，赤卫队和革命士兵向冬宫发起总攻，到8日凌晨2时，冬宫全部被攻占。11月16日，苏维埃政权在莫斯科确立。"十月革命"催生了世界上第一个无产阶级专政的国家，开辟了世界无产阶级革命的新时代和殖民地半殖民地在无产阶级领导下进行民族民主革命的新时代。

的部队，朱可夫后来常为自己曾是布琼尼骑兵部队的一员而感到光荣。

在国内战争的大部分时间里，朱可夫都在布琼尼的骑兵部队中服役，同它一起历尽沧桑。作为这支深受约瑟夫·斯大林赞赏的精锐部队的一员，朱可夫参与了它在战时和战后的各项活动，经受了严峻的考验，得到了进一步的磨炼。

1919年3月1日，这是朱可夫终生难忘的日子。正是在这一天，朱可夫被正式吸收入党，成为一名俄共（布）党员。此前，朱可夫已经是骑兵连里苏联共产党的同情者小组的成员，被作为党员的发展对象来培养。当时发展党员是没有预备期的。

1919年9月，察里津（1925年后更名为斯大林格勒）一带爆发了激烈战斗。在扎普拉夫诺耶和阿赫土巴之间的一次作战中，朱可夫的左脚和左肋被手榴弹炸伤，再次被送进医院。朱可夫出院后，获准休养一个月，于是利用这个机会探望了父母。年迈的双亲看起来更加苍老，不过他们看到朱可夫回来，显得很高兴。朱可夫利用这难得的机会，尽可能多地陪伴他们，共享天伦之乐。

1920年1月，朱可夫被派到梁赞省斯塔罗日洛沃骑兵训练班学习。这是一个专门造就指挥员的训练班，学员主要是从战斗中表现突出的骑兵中选拔的。朱可夫兼任第1学员骑兵连的司务长，并被委托教学员掌握冷兵器，这意味着他的士兵阶段就要结束了。在这里，除进行队列、冷兵器训练外，还接受政治部门的思想教育和文化教育。学员们学习十分努力，因为他们都懂得，战争期间的学习时间很短，而要成为称职的指挥员，需要学习很多东西。他们以惊人的毅力，仅用半年时间学完了正规军校两年的课程。

7月，学员们住进了莫斯科列弗尔托夫兵营；8月，各地的学员混编为学员旅，集中到克拉斯达尔，开始与弗兰格尔匪军作战，以提高实战能力。在莫斯科，朱可夫不仅有不少朋友和熟人，还有他的女友玛丽亚。朱可夫当时的心情十分激动，毕竟很久没有与女友相会了。朱可夫非常想在开赴前线以前去看看日夜想念的女友。但由于连首长经常外出，作为司务长，朱可夫总是被点名留下来。结果，他不仅一个朋友没有看成，就连和近在咫尺的女友见面的机会也没有。朱可夫只好分别给朋友们写信说明理由。至于与玛丽亚的关系，则开始出现危机，朱可夫几经通信，始终未能协调好他们之间的关系，二人的不和无法挽回。不久，玛丽亚嫁给了别人，此后朱可夫再也没有见过她。

朱可夫并没有参加最后歼灭弗兰格尔军队的战役。那时到处都很需要军校学员，所以一些训练成绩最好的学员被安排提前毕业，去补充在与白军作战中大量指挥人员伤亡的骑兵部队，朱可夫也是其中之一。

许多学员，包括朱可夫在内，被派往骑兵第14独立旅。该旅当时部署在诺沃日列利耶夫斯卡亚车站附近，继续肃清已经孤立无援的乌拉卡伊的残余部队和当地匪徒。朱可夫被安排到骑兵第1团去当了排长。

到排里的第5天，朱可夫率领全排参加肃清滨河地域残匪的战役。战斗中，朱可夫身先士卒，英勇果断，指挥有力。最后，匪徒全部被歼或被俘，而朱可夫全排没有受任何损失。不久，朱可夫又得到新的任命，被提升为骑兵第1团第2连连长。

当时，朱可夫的经历已开始引起红军领导人的注意。后来正是在他们的关注下，朱可夫沿着行伍的阶梯步步高升。在布琼尼率领的骑兵参加作战期间，伏罗希洛夫和伏龙芝甚至斯大林，都注意到他的才能。斯大林当时担任北高加索军区军事委员会主席。伏龙芝则是俄国最杰出的军事领导人之一，同时又是一位出色的理论家。年轻的苏维埃国家的军事理论和红军建军基本原则，就是在伏龙芝的协助下形成和制定的。

1920年12月底，独立骑兵第14旅被调到沃罗涅日省，执行镇压富农暴动和肃清科列斯尼科夫匪徒的任务。这伙匪徒的残余分子逃到坦博夫省，同以安东诺夫为首的富农——社会革命党匪徒汇合在一起。

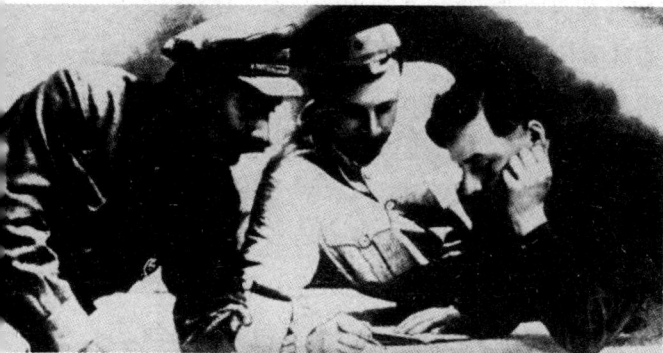

< 红军早期领导人布琼尼（左）、伏罗希洛夫（右）等人一起研究作战计划。

在与安东诺夫的战斗中，朱可夫经受了更为严峻的考验，几度与死神擦肩而过。朱可夫印象最深的一次战斗，发生在距热尔迭夫卡车站不远的维亚佐瓦亚·波奇塔村。

那天清晨，薄雾弥漫。根据侦察兵报告，距村10～15公里处发现敌人3,000名骑兵。按照作战部署，朱可夫奉命带领全连作为前锋沿大路前进。走了不到5公里，朱可夫连队就与200多名安东诺夫骑兵相遇。在白刃格斗中，一个匪徒从侧面射倒了朱可夫的马，这匹马顺势就压在他的身上。乘此机会，敌人快步过来，准备砍下朱可夫的脑袋。在这危急关头，指导员诺切夫卡及时赶来拼死相救，一刀劈死了那名匪徒，把朱可夫拖了出来。刚缓了口气，又发现敌人一队骑兵企图迂回到翼侧，朱可夫下令展开全部火力阻止敌人，同时派人向团长报告。大约20分钟后，第1团奋力赶到并投入战斗。

令人意外的是，第2团遇到优势的敌人被迫后退，敌人利用这一机会，进攻第1团翼侧，第1团处在腹背受敌的困难境地。团长当即决定撤回维亚佐瓦亚·波奇塔村，将敌人诱至对其不利的地形，再展开攻击。朱可夫受命掩护全团退出战斗。敌人很快发现了红军的意图，便竭尽全力向朱可夫连队猛扑。

敌人原认为朱可夫连队的人员很少，很快就会解决战斗，但事实证明他们错了。朱可夫连队配备了4挺重机枪和1门76毫米的火炮，他们不断地变换机枪和火炮的位置，对敌人平射或抵近射击，把武器的威力发挥得淋漓尽致。敌人尸横遍野，但是朱可夫连队也有较大的伤亡。在后撤时，他强忍悲痛把连里所有伤亡人员放置在拖机枪的爬犁和炮架上，带着一起后撤，以免战友的遗体被匪徒们糟踏。敌人咬得很紧，朱可夫连队一直退到村里，还是撤不出去。朱可夫抱着一挺机枪向一群匪徒冲去，不幸的是一发子弹又打死了他的马，成群的匪徒涌过来企图活捉朱可夫，他只能用手枪自卫。在这危急时刻，又是指导员诺切夫卡带着几名战士硬冲过来，冒着生命危险拼死把朱可夫救了出来。在这次战斗中，全连牺牲13人，受伤12人。

国内战争结束后，苏维埃政府立即着手和平建设，因此决定大规模裁军。截至1924年底，整个武装部队数量将由550万人急剧缩减到56万人。苏共中央意识到这样做可能会大伤苏军"元气"。于是1921年2月，苏共中央组织部决定，军队中的共产党员停止复员。这样，就在军队中基本保留了一大批有能力并且志愿献身军队建设的骨干。

在大裁军中，朱可夫毫不动摇地选择留在了军队。朱可夫认为军队需要他，而他也更适合在部队工作。

朱可夫知道，在和平时期，部队的提升很慢，因为指挥人员的空缺很少，但他仍然一往情深地热爱军人这一职业。由于素质过人与表现出色，朱可夫还是比大多数人提升得要快。1922年6月，朱可夫担任骑兵第38团一个连的连长，不久就提升为萨马骑兵第7师第40团的副团长。在这个时期，多数红军部队的生活条件还是比较差的，没有专门的兵营、首长住房和食堂，也没有俱乐部、训练场等活动场地。部队都分散住在村里农民的家里，做饭用行军灶，马匹拴在院子里。但朱可夫和其他年轻干部一样，不在乎这些简陋的物质条件。他们基本上都是单身汉，省去了许多家庭麻烦；同时又精力充沛，每天工作时间都是15～16小时。

< 1923 年，就任骑兵第 39 团团长的朱可夫。

< 红军骑兵部队。

因此，以朱可夫为代表的年轻官兵给部队带来了蓬勃生机与活力。

在作为骨干保留下来的军官队伍中，朱可夫的军事素养、坚强意志、治军才能和对革命事业的无限忠诚，无疑是出类拔萃的。

>> 优秀的红军指挥员

随着时间的推移，朱可夫的成长进步日益受到上级的密切关注，而他的责任心与军事才能也逐步为红军领导层所注意。

1923 年 5 月底，朱可夫正式担任骑兵 39 团的团长，当时年仅 26 岁。

刚就任团长，朱可夫就碰到一道难题。该团正准备出去野营，而且这是国内战争以后红军骑兵部队第一次进行野营训练。如何根据新的形势和任务搞好这次训练，上下都很关注，许多指挥员对此感到无从下手。

朱可夫任团长后，立即深入到连队调查研究，发现部队比较松懈，战斗准备不足，而且射击训练、战术训练特别差。所以，朱可夫在布置野营基地建设时，要求各分队特别注意野营的训练设备和器材的准备工作。

事实证明，朱可夫抓住了要害。营地基本建成后，全团有了一座构筑良好的帐篷营房区，特别是进行射击训练的场地堪称一流水平。由于设备齐全，经过紧张的战斗训练，全团战斗力有了明显增强。

盖伊是国内战争时期的著名英雄，这时担任朱可夫的师长。上任后不久，盖伊提出要观摩朱可夫团的乘马队列训练和战术训练。对此，朱可夫感到十分荣幸。

校阅那天，盖伊骑着一匹全身乌黑、四蹄皆白的马上了山岗。马的性子很烈，但盖伊用手和小腿不动声色地控制着马，很平静地观看团的演习，样子十分潇洒。朱可夫亲自指挥部队，起初用口令，随后用马刀，后来用号音。全团动作准确整齐，流动着一种铿锵有力的节奏。最后，全团展开成散兵线向"敌人"进行冲锋包围，朝师长所在的小山岗冲去。盖伊十分满意，还没等朱可夫报告演习结束，就高举双手哈哈大笑："我投降，投降！谢谢，非常感谢！"盖伊认为朱可夫团尽到了红军战士对祖国的职责，对演习给予了很高的评价。

9月底，39团以良好成绩结束了他们的野营训练，随后同全师一起开赴奥尔沙地区参加军区演习。这是国内战争之后红军的第一次演习，备受各方的瞩目。39团奉命担任师主力的前卫，这是对朱可夫新的考验。朱可夫带领全团及时捕捉战机，迅速猛烈地展开攻击，表现得十分出色，受到了总指挥图哈切夫斯基的高度评价。

对朱可夫来说，能够得到图哈切夫斯基的亲口赞扬，实在是件值得高兴的事情。朱可夫指挥的39团的强行军和勇猛冲击，给图哈切夫斯基这位天才的年轻统帅留下了良好的印象。

在一系列的成功面前，朱可夫始终保持了清醒的头脑。在实践中，他不仅知道自己的长处，而且对自己的短处也了解得非常清楚：年仅26岁就当了团长，却只上过沙皇军队的军士教导队和红军的骑兵指挥员训练班。国内战争之后，他有意识地加紧学习军事理论，特别是战术方面的资料，但他仍感到与当团长所需要的东西相差甚远。朱可夫为此感到压力很大，但同时也鞭策他定下更大的决心。

由于工作相当紧张，光是每天在团里的工作时间就达到12个小时，所以朱可夫只有在紧张的工作之余，一点一滴地挤出时间来学习，以此弥补自己的不足。靠着过人的身体素质和坚强意志，他每天都要用上三四个小时自学理论，常常顾不上休息。

1924年，苏联共产党开始改组红军，主要目标是加强红军的战斗力，并把军事科学的新发展吸收进去。在军事改革过程中，还改组了中央和地方的军事指挥机关，以伏龙芝为首的红军总参谋部真正成了红军的首脑机关。1925年1月，伏龙芝担任了陆海军人民委员及苏联

∧ 朱可夫（三排右一）在列宁格勒高等骑兵学校深造时与学员们合影。三排左四为罗科索夫斯基，二排右一为巴格拉米扬，二排右三为叶廖缅科。

革命军事委员会主席，成为军事改革的关键人物。伏龙芝开始分步骤地起用内战时期作战积极的青年指挥员，以代替一些保守的旧军官。伏龙芝十分重视院校教育，并将其看成是造就指挥员的主要摇篮。

1924年7月底，盖伊师长建议朱可夫到列宁格勒高等骑兵学校学习。朱可夫很轻松地通过了考试，并且名列前茅。和朱可夫同时入学的还有罗科索夫斯基、巴格拉米扬和叶廖缅科，这些人都在"二战"时期成为著名将领。

朱可夫是第一次来到列宁格勒，他怀着浓厚的兴趣看遍了全城名胜古迹。当时，朱可夫绝不会想到，17年后会亲自指挥列宁格勒方面军抗击强大的德军。

在一年的学习时间里，课程安排得十分紧张，大家都拼命学。这些战场上过来的人知道，现在多学一点，战时部队就会少一点损失，战士就会少流一滴血。当时的朱可夫完全是以一种坚韧不拔、狂热执著的劲头，投入到军事知识的学习之中。后来，朱可夫对自己在那时的学习劲头都感到吃惊。

朱可夫不爱循规蹈矩，喜欢对任何事物进行创新。学习毕业时，他和其他3名同学给学校领导写了一份报告，要求不乘火车，而是骑马从列宁格勒返回明斯克。这段路程总长为963公里，他们计划走7昼夜。类似这样长距离的集体乘马行军，在世界上也是非常罕见的。朱可夫对外宣称道，他们准备创造一次集体乘马远行的世界纪录，主要目的就是检验自己所受

★铁木辛哥（1895~1970）

苏联元帅，参加过第一次世界大战。国内战争时期，曾任骑兵第6师和骑兵第4师师长，与白匪军作战。1940年1月任西北方面军司令，参加了苏芬战争。1940年5月起任苏联国防人民委员。卫国战争初期，任苏联国防人民委员、统帅部大本营主席、最高统帅部大本营成员。1941~1942年，历任西方向总司令、西南方向总司令兼西南方面军司令、斯大林格勒方面军司令等职，参与指挥了卫国战争中的多次重大战役。

的训练，是否足以进行远距离的乘骑强行军。领导批准了他们的要求，但说明不能为他们提供沿途的给养和食宿。

凡事都是说起来容易做起来难。事情一旦付诸实施后，就远没有原先想像的那么容易。但是，朱可夫一行在克服各种困难后，终于按计划出发了。他们在途中遇到了许多意想不到的困难，特别是朱可夫那匹纯种的牝马"拉季"跛了，只得骑一程马再步行一程。第7天，他们终于到达了明斯克附近。当地的群众和朱可夫的战友举着红旗、打着标语，热情地迎接了他们。

这一时期，苏军开始推行各项改革。朱可夫全力支持苏军1925年的军事改革。这不仅是因为团的编制增加，更因为在红军中实行单一首长制的形势越来越明朗了。

1926年冬季的一天，骑兵第3军军长铁木辛哥★和政委克罗赫马尔召见了朱可夫。骑兵第7师的师长、政委和政治处主任都在场，表情显得很严肃。铁木辛哥开门见山地说道，经组织上讨论决定，他们想让朱可夫除担任团长职务外，同时兼任团政委的职务，也就是成为团的单一首长。铁木辛哥问他对此有没有意见。

< 苏维埃共和国第一批晋升元帅的五人之一。苏联红军名帅布琼尼。
> 朱可夫与手下指战员们在一起。

　　朱可夫沉默了一会儿，回答说，在师首长和政治处的大力帮助下，他希望能胜任这个职务。几天后，朱可夫被任命为团的单一首长。

　　朱可夫担任团的单一首长后，压力非常大。毕竟自己只担任过军事指挥员，以前从来没有搞过政治工作，但是现在却要对军事训练、行政管理和党政工作集中领导。不过，朱可夫十分信任党组织书记和政治副团长，善于推动他们去做工作，而且他们也能够毫不客气地提出批评和忠告，又耐心细致地帮他处理一些照顾不到的工作。

　　尽管工作干得不错，但朱可夫并不因此自满，不仅虚心求教，同时抓紧时间学习政治理论，提高政治修养。这使得朱可夫的素质更加全面，很快就弥补了政治工作经验和理论的不足，把团的工作全面地抓了起来。

　　朱可夫的骑兵第39团的名声越来越响，尤其是骑马运动堪称出类拔萃，成为白俄罗斯优秀骑兵部队得奖名次的主要竞争者。这些成绩的取得，很大程度上应当归功于朱可夫。与别人不同的是，朱可夫不仅十分注重提高部队的战斗素养，而且也注意提高官兵的政治觉悟。朱可夫杰出的指挥才能也因而受到更加广泛的关注。

　　1927年春天的一天早上，朱可夫被告知布琼尼要到他们团来。朱可夫听后很高兴，也有些紧张。虽然朱可夫在布琼尼手下干了许多年，对这位骑兵第1集团军司令员的事迹很熟悉，但一直没有见过布琼尼本人。朱可夫问师长，他们应当怎样欢迎。师长让朱可夫自己定。朱可夫马上领会了师长的意思，即不搞什么隆重的仪式，按条令规定的仪式来迎接。

　　布琼尼来的时候，朱可夫和其他团领导都等候在司令部门口。朱可夫向布琼尼报告后，又介绍了自己的助手，随后便领布琼尼看了看战士的生活和工作情况。布琼尼看过之后，表示满意。

　　在接下来的时间内，重要人物接踵而至。不久，白俄罗斯军区司令员叶戈罗夫也来到朱可夫团，观看了"骑兵团隐蔽前出到敌人翼侧、猛烈冲击"的战术演练，并给予肯定。叶戈罗夫对朱可夫的带兵方式及团队的状况表示满意，还向朱可夫提了一些高层次的问题，朱可夫的回答也很令他满意。

临别时,叶戈罗夫对朱可夫提出了希望,仅仅让指挥员学习战术是很不够的,同时还应该学习战役学。必须考虑到,敌人一旦挑起战争,就要求许多指挥员应该具备战役学方面的知识。

叶戈罗夫对捐献个人财物增加国家黄金储备的事很重视,特意问及朱可夫捐了些什么。"我在骑乘比赛中得奖的四个银烟盒,"朱可夫笑了笑,补充说道:"不过我的东西太少了,妻子亚历山德拉把她的一个金戒指和一对耳环也给我交上去了。"

"怎么,连妻子的嫁妆都进了国库啦?"叶戈罗夫忍不住笑出了声,连声说他们做得好。

作为团长的朱可夫,素质不仅全面,而且是很有特点的。在所有军事课目中,朱可夫很喜欢战术,常常怀着特别喜爱的心情钻研它,并且带领全团军官多次进行示范作业和示教作业,提高军官的战术素养。

朱可夫还特别重视在士兵中开展体育锻炼运动。他从残酷的战争中深深地感受到,只有

经过锻炼的体格健壮的战士才能承受战争的艰苦,整个部队的胜利取决于对每个战士的训练。朱可夫本人就十分注意参加体育锻炼,直至晚年都保持着健壮的体魄。

突出的领导能力,坚定不移地要求部下把工作做得尽善尽美,以及对各个细节都予以注意的工作作风,在朱可夫任职不久就开始表现出来了。这些特点使他获得要求严格、具有钢铁般意志的指挥员的声名。

有一次,朱可夫在一队哨兵前听取值日官的报告,然后决定检查一下来值勤的哨兵。他对所有人的仪容都很满意,唯一遗憾的是有一个人的皮鞋擦得不亮。于是,他问这位初次见到的值日官,觉得这个哨兵的皮鞋怎么样。值日官对朱可夫的提问没有直接回答,而是回过头来命令这个士兵解释他的皮鞋为什么没有擦。

朱可夫打断值日官的话,直截了当地说道:"我问的是你,而不是他,我感兴趣的不是你的反应,而是你的意见。解释一下,鞋也不会干净起来!"值日官很难为情,不知说什么好。朱可夫口气比较缓和地接着说道:"在这件事情上,重要的不是鞋没有擦,而是你没有注意这个问题。他可能由于疏忽没擦鞋,但你应当要求战士在值勤巡逻之前一律把鞋擦干净。问题是,看来团里除了团长就没有别人去帮助他擦鞋。"

朱可夫命令副官拿来一张小凳和一套擦鞋用具,然后让这名士兵把一只脚踏在凳子上。接下来,朱可夫开始为这个哨兵擦一只鞋,并让哨兵仔细看清楚皮鞋应当怎样擦。不一会儿,这只鞋被擦得很光亮了。朱可夫把刷子递给那个士兵,让他擦另一只皮鞋,擦完之后和值日官一道到团部报告,把鞋给团长看。等这个士兵用心地把鞋擦好,值日官和哨兵队长仔细地把两只鞋比较了一番,然后才到团部把鞋给朱可夫看。

这件事在部队里引起不少的笑谈,但从此以后士兵们擦鞋就更卖力了。大家都以为在这个问题上会颁布严厉的命令,但一直没有命令下来。这样,朱可夫逐渐在团里造成了一种有秩序的气氛。团里的士兵并不害怕他,但大家都感到他的威信,他们常常不自觉地依靠他。

> 时任骑兵第 7 师师长的罗科索夫斯基。

18

在演习和检查中，朱可夫的团都名列前茅，处于最突出的位置。这一切自然受到上级的注意，整个苏联红军都知道朱可夫及他的这个团。军事学院的学生经常到他的团来实习，完成各项训练任务。这个部队还作为代表出席观看演习，有时还为外国军事武官和重要外宾进行表演。

这时，白俄罗斯军区的报纸、红军的《红星报》也开始十分注意朱可夫，常用整版的篇幅报道他的军事经历、他在内战时期的功绩，以及他对列宁和斯大林、对党的无限忠诚。

朱可夫的成长及进步，正日益受到各方面的密切关注。

1930年1月，朱可夫在列宁格勒学习时的同学和好友罗科索夫斯基被任命为骑兵第7师师长。5月，朱可夫被任命为该师骑兵第2旅旅长。从此以后，朱可夫在仕途上一路攀升，成为引人瞩目的一名红军指挥员。

朱可夫任旅长的第2旅，由39团和40团两个团组成。上任伊始，朱可夫就对两个团进行了详细的研究。他意识到，39团是自己的老团队，自然比较熟悉、亲近，但如果把39团作为40团学习的榜样，40团的指挥人员和政工人员会不高兴的。于是，他努力去发现骑兵第40团的一切优点，即使是很微小的地方，也作为其他部队学习的榜样。他常常组织这两个团一起进行战术、射击及政治教育等活动，交流两个团的工作经验。

在一篇报告中，罗科索夫斯基对朱可夫作了很高的评价："他是一名意志坚强、行动果断的指挥员。他有充沛的创造精神，并很好地倾注于工作之中。他重视纪律，对部下要求严格，始终如一。在军事方面，他有良好的训练，他热爱军事工作，不断提高自己。在一年之中，由于他在作战训练方面的得力领导，全旅在操练和战术射击以及在全面进展上都取得了巨大的成绩。"

1929年底，朱可夫曾被派往著名的伏龙芝军事学院★的高级干部深造班学习，这是朱可夫第二次进入正规院校学习。他在这次学习中受益颇大，以致令他终生难忘。当时高级干部的课程具有相当高的水平，教员们都是战术、战役方面很有修养的专家。这时，正是苏联军

★伏龙芝军事学院

苏联军队培养诸兵种合成军队军官的高等军事学校，校址设在莫斯科。1918年成立，1925年被命名为伏龙芝军事学院。第二次世界大战前夕和苏德战争初期，学校缩短了学制，同时参与了莫斯科防区的建立。在整个战争年代共为苏军输送了1.1万名指挥官。在此期间，学校的军事科研工作主要是总结作战经验，以讲义、战例汇编、情况通报等形式向学院和苏军前线部队加以介绍。

事科学的形成时期。在这里,朱可夫阅读到了大量的军事著作,譬如刚刚出版的《伏龙芝选集》,沙波什尼科夫的巨著《军队的头脑》《骑兵》,叶戈罗夫的《消灭邓尼金》,特里安达菲洛夫的《现代军队的作战特点》及图哈切夫斯基的著作。特别是《现代军队的作战特点》一书中对坦克在未来战争中的作用的描绘,引起了朱可夫浓厚的兴趣。

在学校里,朱可夫仿佛来到了一个广阔无垠的知识海洋之中,在兴奋之余又感到时间与精力的不足。他描绘说,精神粮食已足够了,只是来不及消化。除了读书外,高干班课堂还经常组织旨在培养创造精神的讨论,常常爆发激烈的争论。同朱可夫争论最多的是戈尔巴托夫,他是骑兵第2军的一个旅长,是一个知识渊博、思维敏锐、富有辩才的指挥员。朱可夫在同他的辩论中获益匪浅。

在高干班里,朱可夫和同学们一起深入地研究了一系列极其重要的战役战术题目,进一步熟悉了现代武器及技术。1930年春从高干深造班回到了自己的部队后,他把所学到的理论用于实践,不断验证,不断融进自己的创造,军事素养更趋成熟。

1930年底,朱可夫被任命为红军骑兵监察部的助理,但他得到通知时并不高兴。尽管骑兵监察部在红军中有很重要的地位,但朱可夫认为他和第7师太有感情了,已经成为这个和睦的大家庭中不可分离的一员。但是服从命令是军人的天职,朱可夫最后还是服从了上级的安排。

临行之时,39团、40团的全体军官为朱可夫举行了欢送宴会,师首长也应邀参加。大家在会上说了许多赞扬、肯定的话,朱可夫深受感动。毕竟,这是倾注了自己许多心血的部队,同时也是自己迈出成功第一步的地方!

宴会结束之后,朱可夫把全部家当装进一个手提箱,带上妻子和两岁的女儿前往莫斯科,开始履行新的使命。

>> 独有钟情于坦克

1930年底,朱可夫就任红军骑兵监察部助理,得以从更高层次认识战役战术问题,其中包括对机械化部队的关注与思考。

当时,布琼尼负责领导骑兵监察部。朱可夫被指令分管骑兵战斗训练,主要是考虑到他有这方面的丰富经验。骑兵监察部除进行日常工作的检查外,还组织首长——司令部演习、野外演习以及交流军事训练先进经验的各种集训和作业。

在监察部工作期间,朱可夫参与制定了各兵种和勤务部门的条令和教令。这些条令属于红军的第二代条令,其鲜明特点是要求把战斗看成是诸兵种协同战斗,认为战斗的胜利取决于诸兵种协同作战。同时,还规定了使用坦克、组织对坦克防御、对空防御和对化学武器防

∧ 骑兵出身的朱可夫早期预见到了坦克的重要性，给予了高度重视。

御，以及使用航空兵和工程兵的方法。这些条令反映了苏联军事科学的最新成就和现代技术的发展水平。

朱可夫在部里任职的时候，正是苏联大力发展机械化力量的时期。这正是他一直渴望和倡导的。其实在此之前，朱可夫已经对坦克的发展参与了实践并给予了高度关注。

1929年，苏联革命军事委员会通过了一项决议，决议指出：由于装甲武器是一种新式武器，我们对它无论在战术运用上（单独使用或与步兵、骑兵协同使用）或是有利的组织形式上都没有充分的研究，因此，有必要在1929～1930年组成常备试验机械化部队。

按照这一决议，在1929年首先就从白俄罗斯军区的骑兵军开始，每个师配置一个试验机械化团。朱可夫任团长的第39团被选中改为机械化团，他也成为第一批机械化部队的指挥官。担任这样一个团长是十分不容易的，因为机械化部队的一切都是新事物，组织指挥、开展训练、处理问题不能求助于军事手册，更重要的是依靠自己的直觉。朱可夫完全理解这一岗位的要求，并以极大的热情和上进心投入到这项创造性的工作中去。

朱可夫认为，坦克是复杂的机器，坦克部队应该特别注意后勤、维修、操纵等方面的细节。朱可夫下决心要培养一种严谨、细致、工作力求尽善尽美的坦克兵作风，并为此做出了详细要求：除了在车间、汽车房或是坦克停放场外，禁止任何人穿工装，在任何时候都始终要穿规定的制服。作战车辆演习回来后，必须立即擦洗得干干净净，不管什么时候都是这样。

　　每次军事训练结束时，朱可夫都要到现场看一看，背着手一声不响地观察工作进展情况，亲自了解手下的士兵，特别是那些军官的表现。要是朱可夫断定哪个人不可能把工作干好，就会马上让他离开部队。

　　不过，尽管朱可夫的管理相当严厉，大多数人都不愿意离开这个团。因为和朱可夫在一起比和别人在一起工作更好干，并且可以向朱可夫学习很多东西；同时他是有名的公正的指挥员。朱可夫对自己和对部下的要求一样严格。只要工作需要，朱可夫不管白天黑夜都照样干。他经常夜间出来巡视，如果发现什么事有毛病，就要求加以纠正，或者要求把没有干好的事情从头再干，哪怕已经是深夜。

　　一天夜里，一连坦克进行战术演习回来，士兵都疲惫不堪。连长要求坦克场的值日军官允许将稍加擦洗的坦克停在场里，保证第二天早晨彻底擦洗。值日军官犹豫了一下，但最后还是同意了，尽管他知道团长是禁止这样做的。

　　一个小时之后，朱可夫突然来到坦克场检查坦克。值日军官惊惶失措，竭力为未曾擦洗干净的坦克寻找借口，辩解道：坦克手在完成演习回来后，都已经精疲力尽了。

　　朱可夫听完值日军官的解释，表情显得非常严肃，当即命令连长和营长负责让大家把坦克擦洗好，任务完成之后立即向他报告。两个钟头后，他们完成了任务。朱可夫命令连队士兵休息，但连长和营长得留下。然后，他把坦克又检查了一遍。在离开时，他对连长说道："我感到你还不够成熟，不足以担任连长。你认真考虑考虑，然后告诉我你自己的意见，太晚就不行了。我警告你，下次再发生这样的事情，绝不会这样轻易放过你。"

　　朱可夫的才能加上努力，使这个机械化团保持了骑兵时代训练有素，作风优良的传统，出现了勃勃生机，也为机械化部队的大规模建立提供了成功的经验。在监察部工作期间，朱可夫进一步接触到了当时任第一副人民委员的著名军事家图哈切夫斯基，他发现，图哈切夫斯基拥有军事科学的广泛知识，尤其对战术和战略问题有十分深刻的见解，这是常人根本无法比拟的。

　　早在1930年，富有远见的图哈切夫斯基就提出，苏联的头号敌人是德国，它正在准备大规模战争，矛头首先是针对苏联的。他之所以看问题能够入木三分、符合实际，一是对苏联武装力量各个不同的军兵种在现代战争中的作用十分了解，实践经验非常丰富；二是在战略和战术方面得出的一切原则性结论，都是以国内外科学技术的迅速发展为依据的。他始终

∧ 苏联著名军事家图哈切夫斯基。
（上图）

∧ 时任骑兵第 4 师师长的朱可夫。

认为，科学技术的迅速发展对武装力量的组织和未来的作战方法有决定性影响。

在 1931 年的一次党的积极分子大会上，朱可夫听了图哈切夫斯基的国防形势报告。在报告中，图哈切夫斯基把他正在写作的论文中的一些观点提了出来，朱可夫听得如痴如醉，他称图哈切夫斯基是"伟大的军事思想库"，是"军事界杰出人物中的一颗灿烂的明星"。尽管从内心里很钦佩图哈切夫斯基，但朱可夫是一个有主见的人，不会轻易盲从别人的意见。有一次，朱可夫把拟制好的《骑兵战斗条令草案》提交图哈切夫斯基审查。图哈切夫斯基认真、仔细地看了一遍，提了不少意见。起初，朱可夫不止一次地坚持自己的意见，但最后不得不举手"投降"，因为图哈切夫斯基的意见太有分量、太有说服力了，让人心服口服。经过图哈切夫斯基修改的这个草案，下发后受到部队的广泛赞扬。

骑兵监察部经过长时间的讨论，决定将骑兵编制进行变动。新的编制是：骑兵师下辖 4 个骑兵团、1 个机械化团和 1 个炮兵团；骑兵团下辖 4 个骑兵连、1 个机枪连、1 个团属炮兵连、1 个独立防空排、1 个独立通信排、1 个工兵排、1 个防化排和有关后勤机构；机械化团则配有新式坦克。这样，骑兵部队的技术兵器和火器大大增强，已能用自己编成内的火器和用坦克突击的方法开辟前进道路。

这一时期，苏联军事学术取得了一项重要成就，即纵深进攻理论的诞生。这一理论的主要内容是：首先对敌人的整个战术纵深同时实施突击，以突破敌人正面；然后，立即将机械化部队投入突破口，并在空军协同下向敌整个战役防御纵深进攻，直至全部消灭敌军集团为止。这一理论的特点就是大量使用坦克、航空兵、炮兵、空降兵，实施全空间、多方位的立体战争。这一理论在当时世界军事领域中是处于领先地位的。朱可夫熟练地掌握了这些理论，并把它体现在新的战斗条令之中。

朱可夫在监察部的这几年，正是骑兵受到高度重视的时期。因为当时骑兵部队机动性好，军事素质高，战斗力强，大多数骑兵部队都驻在极为重要的战略方向上，责任十分重大。这样，朱可夫得以较快地掌握现代战争的理论及技术，取得了在总部工作的丰富经验。

对朱可夫来说，又一个重要的时刻降临了。1933年3月的一天，监察部副部长科索戈夫告诉朱可夫，已向人民委员伏罗希洛夫推荐，准备任命朱可夫为骑兵第4师师长，问朱可夫有什么意见。朱可夫十分兴奋地说，自己为担任这一著名的骑兵师师长职务而感到非常荣幸。他知道，这个任命意味着领导层对自己的信任和赏识。

骑兵第4师的首任师长是人民委员伏罗希洛夫。该师是著名的骑兵第1集团军的核心，并且以伏罗希洛夫的名字命名，所以，伏罗希洛夫对该师的声誉倍加珍惜。而此次更换4师师长也是有一定原因的。1931年以前，该师在列宁格勒军区。1932年，该师匆忙被调往白俄罗斯军区。由于换防仓促，各方面的设施都没建立，对全师的总体状况和战备造成了极严重的影响，因此出了若干次事故。白俄罗斯军区司令员乌博列维奇把此事报告了伏罗希洛夫。伏罗希洛夫听后很不高兴，将这一情况转告了布琼尼，要他物色一个新师长。布琼尼对朱可夫十分赏识，力荐朱可夫，并得到了伏罗希洛夫的认可。任职仪式是布琼尼主持的。临结束时，布琼尼激动地对朱可夫说："第4师过去一直是优秀的骑兵师，它将来也应当是优秀的骑兵师。"

于是，朱可夫又带上全家，在阳春三月里踏上了新的征途。

第4师所在的白俄罗斯军区是苏联国防最重要的军区之一，也是将来许多战时领导人的培养场所。它的花名册上有许多军官后来成为"二战"中最杰出的军事领导人。如：铁木辛哥担任过军长；朱可夫、科涅夫、索科洛夫斯基都曾担任过师长；巴格拉米扬、马林诺夫斯基也都在这个军区担任过职务。

担任一段时间的师长后，朱可夫更加认识到建立大规模坦克部队的重要性，认为应独立发挥坦克部队的作用。这时，苏军已成立了世界上第一批机械化军。每个军编制内有2个机械化旅、1个步兵机枪旅和1个独立高炮营。一个军当时大约有500辆坦克、200辆汽车。

尽管组建了机械化军，但苏军内仍有一种意见，反对建立专门的装甲部队,认为装甲部队只有分散在步兵及其他部队中才能发挥作用。持这种意见的人不少是国内战争时期的著名将领,因此对最高统帅斯大林的影响很大。

在这种情况下,朱可夫通过红军参谋长沙波什尼科夫,向最高领导层作了反映。他反复阐明,坦克在现代战场上可以发挥独立的作用,这个新的强有力的武器不应和行动缓慢的步兵部队一道展开,这样会降低威力。朱可夫是一个善于钻研的人,成功地解决了快速的坦克部队和速度较慢的步兵不容易协调起来的难题,有力地推动了机械化部队的发展。

朱可夫对坦克部队的战术使用、对管理的深层次研究,以及丰富的实践经验,这一切使他的意见很有说服力,并且一度说服了最高领导层。但是后来,斯大林又被另一种意见说服,并因此解散了大的坦克部队,把坦克部队以团或营的规模编到了步兵师或骑兵师里。朱可夫对此也无可奈何,只有到了1941年苏军大规模溃败时,他的正确意见才得到实践的证明。作为王牌师的骑兵第4师,真可谓"盛名之下,压力日甚"。在骑兵第4师工作时期,朱可夫是极其努力,也是极其谨慎的,因为他知道这是对自己的一次严峻考验。

在军事训练方面,朱可夫集中主要力量对各级指挥干部进行教学法训练。朱可夫从每个团里挑出一项最强的项目进行示范,以先进促后进,以点带面,提高全师的整体水平。在训练的内容上,他把主要力量放到对中、高级指挥人员进行战术训练上。朱可夫认为,战术训练是全部军事训练的重要部分,只有在战术上有修养的指挥员,才能在平时训练出过硬的部队,才能在战时以最少的牺牲获取胜利。

在战术训练中,朱可夫处处按实战标准进行要求。他通常对演习企图严格保密,对参加演习的团发出战斗警报,指定集合区域,在集合区域向团领导说明战术情况,发出战斗命令,规定他们实施机动,通过难以通过的地域,包括沼泽或森林地带。在这种情况下,朱可夫通常不给这些部队加强任何工程器材,以便训练各级指挥员善于靠自己的力量,利用就便器材脱离困难的能力。

演习中,朱可夫十分注重对指挥人员能力的培养,尤其是隐蔽部队和分队行动的能力。朱可夫深知,只有这样,才能在战争中完成对敌突击时的突然性,达到出奇制胜的效果。

在朱可夫的领导下,骑兵第4师得到了全面进步。1935年是骑兵第4师发生重大转折的一年,在当年的军区大校阅中,全师各部队在作战训练和政治训练中都表现出色,获得了很好的成绩,受到全军的瞩目。为此,第4师获得了政府的最高奖励——列宁勋章,朱可夫本人也获得了这枚象征极大荣誉的勋章。

1936年4月,苏联国防人民委员伏罗希洛夫视察了骑兵第4师。这位第一任师长重回英雄的部队,心情格外激动,意义非同寻常。第4师的全体官兵以高昂的情绪欢迎着他们的老首长的到来。

在朱可夫冷静的指挥下,所有的检阅动作都进行得很出色。检阅完毕后,伏罗希洛夫和陪同他的高级将领们进行了一番关于骑兵与坦克的对话,充分表明了上层对发展坦克部队的

∧ 正在进行训练的红军骑兵。

意见。当时，朱可夫也在场，亲耳聆听了全部对话。

伏罗希洛夫认为，骑兵的变化是巨大的。早在国内战争期间，在整个骑兵集团军中，他和布琼尼只有几辆原始的装甲车，而现在每一个骑兵师就有一个出色的坦克团。伏罗希洛夫问军长科斯坚科："你对坦克持什么看法？坦克不会无用吧？"

科斯坚科说："不，马匹、马刀和长矛我们目前还不能抛弃，但我们应对坦克给予充分注意，它是新型的快速机动兵种。"

伏罗希洛夫又拿这个问题问政委津琴科，津琴科回答说："我认为军长的意见是正确的，如果我对装甲坦克兵器的前途表示怀疑的话，那我就是一个可怜的、不合格的机械化兵团的政治委员。我认为，应尽快发展机械化部队，特别是坦克兵团，目前我们还太少。"伏罗希洛夫连连点头。

朱可夫看到这种情况很高兴，为上级的看法与自己相同而振奋。

自从担任第4师师长后，朱可夫的名字在报刊上出现得越来越频繁。1936年，朱可夫还被指定为参加起草新宪法草案的军事委员会的成员。

在此期间，国际形势正在发生着重大的变化。1936年春，西班牙内战★爆发了。此时，正是德、意法西斯势力急剧膨胀的时期，他们叫嚷要对西班牙内战进行武装干涉，支持叛乱分子推翻新生的民主政权，西班牙民主政权面临即将被颠覆的危险。

> 希特勒与西班牙法西斯头子佛朗哥。

★西班牙内战

1936年至1939年西班牙人民反对国内反革命叛乱和外国干涉的民族民主革命战争。1936年1月，西班牙人民阵线成立。7月18日，西班牙驻摩洛哥殖民军首脑、法西斯分子领袖佛朗哥领导发动了反对人民阵线政府的武装叛乱，内战爆发。叛乱迅速蔓延，并得到德、意法西斯政府大量援助。1939年3月28日，马德里陷落，西班牙共和国和人民阵线政府被法西斯势力所绞杀，建立了以佛朗哥为首的法西斯独裁政权。

　　面对这一危急形势，斯大林经过反复思考，决定出兵西班牙。1936年秋，由伏罗希洛夫举荐，并经斯大林同意，朱可夫离开骑兵第4师，参加了苏联派往西班牙的军事观察团。这次选派的军事观察员都是杰出的将领，包括马林诺夫斯基（后任苏联国防部长）、炮兵元帅沃罗诺夫、著名坦克战专家帕夫洛夫将军等。军事观察团团长由扬·别尔津将军担任。

　　聚集这样一批精英组成观察团，不仅对西班牙民主政权是个很大的帮助，同时，对苏军建设也有较大的推动。因为在西班牙内战中，朱可夫和其他军事专家一起，利用这一机会检验了苏军关于装甲车战的理论，考察了苏制各型坦克的性能。可以毫不夸张地说，这是对现代军事理论和现代装备的一场实验，是苏军未来进行现代化战争的一次实战演练。

　　苏联在西班牙参战，不仅仅是派遣了观察员，而且派出了由正规部队组成的有组织的部队，只是派的不是按照标准编成的正规战斗部队。在苏联坦克部队开到战场以后，红军的作战大多是由坦克部队来完成的。在很多情况下，一个中尉或少尉只是充当地位很低的装弹手，来试验装备的性能，并取得实战经验。实际上苏联坦克部队里的人员几乎都是军官，或是正在培养作为军官的高级士官学校学生。

　　在军事观察团的直接指挥下，苏军这些小规模的坦克部队到达西班牙后，参加了几次激烈的战斗，有的打得很出色，但也有好几次失利，比较典型的是韦特·德·爱布罗之战。当时军事观察团命令40辆苏制新式坦克投入战斗，并通过泥泞地带向敌人发起攻击。由于地面较滑，坦克行动迟缓，结果成了敌人的活靶子。战斗结束后，只剩下12辆坦克。

　　不久，德国和意大利进一步扩大了它们干涉的规模，莫斯科认识到只有大量增加援助，才能挽救西班牙共和国政

< 参加西班牙内战的苏军飞行员。

29

府，但这须承担同轴心国发生战争的风险。然而，西方国家中有的是不愿意向西班牙共和国政府提供哪怕一点点援助，有的则是无能为力。在这种背景下，西班牙共和国的事业归于失败。

苏军参加西班牙的内战，使朱可夫及其战友能够在战斗中验证红军的装甲战理论，并让俄国坦克一试身手。尽管遭到失败，但这次内战给朱可夫和其他军事专家带来许多宝贵的经验及教训。他们试用了新武器，研究了现代战术一些有争论的概念是否可行。坦克虽说在第一次世界大战中经过短时间使用之后，被誉为有前途的武器，但它在快速机动的作战行动中的效果，大体上说仍然是没有经过检验的。西班牙战争正好提供了这种机会，而朱可夫、帕夫洛夫、罗特米斯罗夫、科涅夫等人也充分利用了这次难得的机会。可以说，西班牙内战加速了朱可夫坦克战理论的成熟。

1937年夏季，朱可夫回国就任骑兵第3军军长一职，为期7个月。次年初，朱可夫改任骑兵第6军军长，不久便升任白俄罗斯军区副司令员。随着地位的提高，以及对胜任更高指挥位置的信心，朱可夫着手进行重大战役的研究工作。虽然在红军中建立机械化大兵团的努力暂时受挫，朱可夫仍然坚信自己的主张是正确的，因此集中力量研究"骑兵机械化集团军中的骑兵战斗使用问题"，关注的焦点是"机械化集团军"。

1937年到1938年，苏联曾进行了震惊世界的大肃反运动，重点是对军事机构的干部特别是高级干部进行大规模清洗。

在大清洗的几年中，朱可夫不但没有受到影响，而且在军内的地位逐步上升。这中间原因很复杂，有多方面的因素在起作用。朱可夫就任骑兵第4师师长时，曾在他手下任团长的安东诺夫上校对此作出了自己的解释：

可能客观环境起了令人羡慕的作用，因为斯大林对骑兵领导人特别宽厚。早在他（斯大林）担任西南军事委员会委员时，已经和他们有了个人联系，布琼尼的部队就属于这个战线。斯大林对这个部队及其高级指挥人员（布琼尼、伏罗希洛夫、铁木辛哥、阿帕纳森科、叶廖缅科等）一向特别友好。布琼尼骑兵部队的作战成绩，特别是1918年到1919年保卫察里津的战斗，开始越来越引起斯大林的注意。

无论如何，由于种种原因，朱可夫不仅没有受害或丧失职位，反而是在1937年夏受到提升，取代被捕的前任塞尔基奇担任了骑兵军长。

∨ 1935年，苏维埃共和国第一批晋升元帅的五人。前排左起：图哈切夫斯基、伏罗希洛夫、叶戈罗夫；后排左起：布琼尼、布留赫尔。

第二章
战争的乌云逼近

朱可夫首先肯定了这次演习对提高高级指挥员水平的价值，并建议应尽可能多地

进行这类演习，随后转入了他真正想要讲的问题——白俄罗斯筑垒地域的构筑。

他指出现有的筑垒地域离边界太近，而且布局不合理，一旦战争爆发，敌人的炮

火可以覆盖整个纵深……

★日军进攻卢沟桥

即″七七事变″，是日本帝国主义入侵中国过程中所发动的战争挑衅事件。1937年7月7日，日本军队在北平城西南的卢沟桥非法举行军事演习，借口一名日本士兵失踪，向中国方面提出进入宛平城进行搜查的无理要求。在其要求遭到中国方面拒绝之后，即向宛平城发动大举进攻。当地中国驻军进行了顽强的抵抗。此事变是日本帝国主义全面侵略中国的开端。中国守军在卢沟桥的抗战，揭开了中国全国性抗日战争的序幕。

>> 哈勒欣河之役

1937年7月7日，日军进攻卢沟桥★，中国全面性抗日战争爆发。8月21日，中国和苏联签订互不侵犯条约，双方同意″互相间不单独或同另一个或几个国家联合侵略对方″。随着日本、德国和意大利三国联盟的迅速形成，莫斯科开始认为，中日战争可以使苏联免遭来自东方的进攻。南京陷落后，日军向武汉推进，苏联加强了对中国的物质援助，苏中建立了比较密切和友好的关系。

同年底，为支援中国的抗战，第一批苏联飞行员来到中国，接着又派来了一些教官和更多的飞行员、地勤技术人员、炮兵专家、坦克专家和工程师。次年夏，21名苏联高级军官来华。这一批杰出人物中包括朱可夫、崔可夫(后来参加过斯大林格勒保卫战)和巴季茨基(后来晋升为苏联元帅)。

苏联在华军事人员不久便达到了一千人。虽然苏联飞行员参加空战相当多，但顾问们大多被派到战地指挥部，在技术问题上提供咨询，不做日常参谋工作，或者在坦克和炮兵训练中心，以及伊宁的航空学校任职。一些苏联军事专家有的人在参谋学院讲课，还有一些人在国民党军事委员会担任顾问。但大体上说，高级苏联顾问们的才能没有得到发挥，因此朱可夫和他们不久就离开了，只有崔可夫留下来任驻华武官，直到苏德战争爆发。

1938年底，朱可夫被提升为白俄罗斯军区主管骑兵工作的副司令员。平时，朱可夫的任务是领导军区骑兵部队和独立坦克旅的军事训练。一旦战争爆发，他就应指挥4~5个骑兵师、3~4个独立坦克旅和其他加强部队组成的骑兵机械化集群，成为独当一面的将领。这个职务的级别并不比第6军军长更高，但是却具有指挥一个大战役军团的前景，这对朱可夫来说有着强烈的吸引力。

1939年6月1日，朱可夫正在骑兵第3军司令部讲评刚结束的一次首长——司令部演习，突然接到莫斯科的紧急电话通知，要他立即前往国防人民委员部。朱可夫顾不上回家，直奔火车站，登上了一列开往首都的火车。抵达莫斯科后，朱可夫走进了国防人民委员部前厅，有人告诉他：正为您收拾供远行用的行李箱！听到这消息，朱可夫不禁大吃一惊。

伏罗希洛夫站在办公室中间迎接他，询问完身体情况后，随即转入正题："日寇突然侵入我们友好邻邦蒙古。根据1939年3月12日签订的互助条约，我国政府有责任保卫蒙古免受外来侵略。这是5月30日日寇入侵的形势图。"

朱可夫走近地图，看到日军已经侵入蒙古腹地，直抵哈勒欣河东岸。一个念头在他脑海里一闪：要打仗了，可为什么偏偏派我去？

朱可夫的疑问不无道理。其实在前一天，伏罗希洛夫召开了会议。总参谋长、苏联元帅沙波什尼科夫在会上报告了哈勒欣河的局势。伏罗希洛夫在会上说："派一个出色的骑兵将领去那里指挥作战更合适些。"朱可夫于是立刻被提名为候选人。总参谋部的领导人对他评价很高，认为他是一个训练有素的将领。伏罗希洛夫接受了参谋部的建议。于是，这个"出色的骑兵将领"就出现在国防人民委员面前，并开始全神贯注地研究起作战地图来。

6月2日下午4点，朱可夫乘坐飞机从莫斯科中央机场起飞，一直向东飞去。

哈勒欣河地区在蒙古的最东端，像个锥子尖一样楔在中国内蒙古东部，直指大兴安岭。日军为了集结兵力，着手提高哈尔滨-齐齐哈尔-海拉尔铁路线的运输能力，并开始修建一条与蒙古边界平行的从索伦到甘珠尔庙的新铁路。

经过事前的反复勘探，日军高层决定夺取哈勒欣河东岸的蒙古领土。这不仅是由于该地位置重要，而且苏、蒙军的防守力量很薄弱。河东岸这块地区是一片荒无人烟的草原，蒙古的边境哨所距边界18~28公里，

∧ 担任白俄罗斯军区副司令员的朱可夫与司令员卡瓦列夫一起检阅部队。

∧ 在蒙古担任第 1 集团军司令员的朱可夫正研究作战计划。

而且附近没有蒙古正规军。根据互助条约，红军第57特别军驻扎在蒙古，但是距这块岌岌可危的地区约有500公里。

1939年5月，日本声称有700名蒙古牧民侵犯了哈勒欣河边界。11日，日军以此为借口，向边界发动进攻，几天之内即击溃了一支蒙古边防部队。到5月底，日军指挥部在哈勒欣河东岸集结了一支拥有1,600多名步兵、900名骑兵、一小批装甲车和40架飞机的兵力。蒙军将骑兵第6师调到前沿，而苏军则从坦克第11旅调去一个步兵机枪营，加强一个装甲车连、一个工兵连和一个炮兵连。其他蒙军和苏军部队也正开往作战地区。

5月28日，日军发动突击，企图从两翼包抄苏蒙军，从后面实施攻击，切断他们返回哈勒欣河渡口的后路。数量上占优势的日军在一开始处于主动地位，把苏蒙军压得步步后退，但苏军很快就稳住了阵脚，炮兵部队和一个步兵连抵挡住日军的攻势。当晚，苏军步兵第149团乘卡车陆续抵达，旋即投入战斗。双方的战斗持续了整整一夜。5月29日晨，苏蒙军队发动反击，激战一整天，把日军赶回边界。两天激战中，苏军共击毙了400名日军官兵。

6月5日，朱可夫抵达前线，来到驻蒙步兵第57独立军的司令部，见到了军长和政委等人。朱可夫要求他们介绍最新态势，出乎意料，他们根本不了解前线动态。其中只有政委一个人到冲突发生地域去过，尚能够向他汇报军里人员、装备和相关的具体情况。

于是，朱可夫建议军长立即到前线去，在那里现场研究情况。但军长借口莫斯科可能随时有电话找他，让政委陪朱可夫同去。朱可夫不由得劈头质问军指挥员，在离战地120公里处指挥部队，难道没有困难吗？

> 在哈勒欣河与日军作战的苏军飞机和飞行员们。

还没有听完对方的解释，朱可夫就下部队去了。

朱可夫首先对当地的地形作了勘察，发现日军所选择的入侵地点肯定是经过深思熟虑的。哈勒欣河西岸是一望无际的草原，日军对此一目了然。这里距苏联边界约650公里，有唯一的土路相连。由此往东，大兴安岭的支脉逐渐高耸，那里不仅可隐蔽部队，还可隐蔽后勤。对日军来说，这里还有两条铁路和数条土路，可让他们迅速集结部队。

通过对发生冲突地域的观察，和苏、蒙军指挥员的谈话，朱可夫对已发生的战事的性质和规模有了进一步了解。与此同时，朱可夫还发现了苏、蒙军行动中的缺点，主要是对日军缺乏周密侦察。

朱可夫乘坐汽车在草原上奔驰了好几天。军人灵敏的嗅觉告诉他，暴风雨就要来临了，敌人一定正在调集兵力，否则日军飞机为什么成天狂轰乱炸，甚至连一辆辆单独行驶的汽车都不放过？

通过一系列的情况，朱可夫做出了判断，并向莫斯科紧急报告：必须加强苏联航空兵，至少派3个步兵师和1个坦克旅来蒙古，准备反突击。朱可夫的建议被采纳了，随后担任了第57军的指挥。该军很快便扩编为第1集团军级集群。第一批飞行员也抵达战场，其中有以斯穆什克邦奇为首的21名苏联英雄。他们带来了最现代化的伊尔－16和"鸥"型飞机。

从6月中旬起，蒙古上空便展开了一场空前残酷的战斗。空战最激烈的时候，双方的飞机多达200余架。日军统帅部动用了最好的飞行员，企图夺取制空权，但未得逞。苏联飞行员严密封锁天空，草原上不时浓烟腾起——日军飞机一架接一架被击毁。从22日至26日，在连续三场激烈的空战当中，日军损失飞机64架，居于明显劣势。

> 在蒙古前线指挥作战的朱可夫。

朱可夫从日军飞机活动的频率和规模判断，对手必然有更大的战略意图。事实正是如此。7月初，日军集结部队，准备发动一次新攻势。这时候日军兵力约38,000人，得到135辆坦克、10辆装甲车和225架飞机的支援。而保卫哈勒欣河东岸一条75公里长正面的，只有12,541名苏蒙军。但苏军的装甲车辆较多，共有186辆坦克、226辆装甲车，这给朱可夫提供了一次极好的机会，以此来检验苏联坦克的效能，检验各种战术的效果。

　　日军在拥有三倍于苏军的兵力优势的引诱下，企图包围并歼灭哈勒欣河东岸的苏蒙军队。他们的作战计划是：用一支强大的部队绕到守军左翼，偷渡哈勒欣河，夺占巴彦察干山，从背后实施攻击。这次攻势是7月2日发动的。步兵和坦克楔进苏、蒙军阵地，一直进抵河边，才被阻止。日军在很快占领下一个目标——巴彦察干山，然后继续向南开进，大有包围东岸苏、蒙军之势。

　　朱可夫猜到了日军的图谋，急忙加强哈勒欣河地区，特别是登陆场的防御，尽快从苏联调来预备队。当时正是烈日炎炎的酷暑，在被太阳晒得烫脚的大草原上，一队队步兵纵队迅速通过，一辆辆坦克疾驰而行，掀起一团团巨大的尘土。红军战士在听到警报后，正从西伯利亚地区火速赶来。

　　朱可夫决定发动一次三管齐下的反突击行动，即：坦克第11旅从北面攻击日军，摩托步兵第24团从西北进攻，而装甲第7旅从南面进攻。3日上午，苏军150辆坦克一起向日军发起冲击。苏军的打击非常突然，日军士兵乱作一团，惊慌失措，战马嘶叫，拖着火炮四处奔跑，汽车也到处乱窜。苏军的反突击取得了良好效果。

　　日军三面被包围，但仍死守阵地，企图保住巴彦察干山。7月4日，战斗继续激烈进行，日军的疯狂反扑被苏联红军空军和炮兵部队粉碎。随后，苏、蒙军各部队对巴彦察干山发动总攻。司令员朱可夫坐在墙角自己的那张帆布凳上，告诉正俯身看地图的装甲旅旅长，应该调一个营在拂晓前渡过河东岸。

　　"当我们把日军从巴彦察干山击败、滚到渡口时，你用火力和坦克实施敌后突击。"司令员朱可夫大声说道，并且把"滚"字说得很重，"任务明确了吗？"

　　"明确了，司令员同志！"

　　"你的脸色怎么这么难看？靴子夹脚吗？"

　　"那样损失太大，司令员同志。"

　　"损失是会有的，"朱可夫说，"明天等任务彻底完成后再统计。也许和战果比起来，那点损失还不算大呢。"

　　朱可夫和指挥员们一起走出了帐篷。薄雾在谷地的上空飘浮着，但地平线已清晰可辨，昨天被击毁的黑乎乎的坦克就在不远处。

　　"战场，死场，胜利场——全在一起，"司令员像朗诵诗一样庄严地说："等一切都结束时，我们在巴彦察干山上放一辆坦克代替纪念碑，就放其中的一辆。"

7月5日凌晨，日军被击溃，数千具尸体漫山遍野，到处堆着被压坏和击毁的火炮、机枪、汽车。日本残军向渡口拼命奔去，并企图撤过哈勒欣河。朱可夫不失时机地投入坦克部队追击敌人。日军司令员蒲池原将军（原日本驻莫斯科武官）随第一批人逃上了对岸，但是为了阻止苏军坦克冲上来，渡口浮桥很快就被日军的工兵炸毁了，许多日军官兵带着全副武装直接跳入水中，在企图泅水逃命时溺死河中。

　　巴彦察干山一战，粉碎了日军的重兵集团，并且守住了哈勒欣河东岸的防御阵地。苏、蒙军在朱可夫的指挥下以少胜多，极大地鼓舞了斗志。与此相反，日军则损失了1万人、几乎全部的坦克和大部分火炮，士气受到极大的打击。这次战役是苏联红军积极防御的典型战例。经过初战，日军再也不敢贸然渡过哈勒欣河到西岸来了。

　　初战告捷之后，苏军指挥部认识到，由于兵力不足，只能进行长期的防御战，此外别无他法。现在唯一的办法是继续从内陆调来部队，并改组指挥部。朱可夫军长被任命为第1集团军群司令员，肩负起彻底打败日军的重任。

　　大批苏联援兵陆续开来，加强了朱可夫的军队。朱可夫有他自己的风格，他总是等到自己掌握了相当大的优势才发动反攻。正是这种风格，使他后来成为非常杰出的统帅。

　　按照发动反攻时的兵力计算，朱可夫的兵力与日军相比，已占有一定的优势：步兵1.5∶1、机枪1.7∶1、火炮2∶1，飞机也是2∶1，而坦克则拥有4倍的优势。司令部经过改组，全部苏、蒙军都归朱可夫军长指挥。此后又为远东苏军调来增援部队，这两件事是具有极其重要的意义的。

　　哈勒欣河战役绝不是通常所认为的那么简单，当时全世界都在注视着这次战役的结局。它关系到苏联的国际威信，而且这也是在实战条件下检验新武器装备和新战术的难得的机会。朱可夫深知自己必须赢得这次战役的胜利，因为这是一次对他的能力的真正考验。

　　与此同时，暂时受挫的日军正开始策划新的行动。到8月1日为止，日本人已调来了步兵第7师和第23师、3个重炮团、3个骑兵团，还有伪满洲国★的一个步兵旅。他们的步兵第14旅也从满洲里抵达，还把步兵第1师的所有防坦克炮兵连悉数调到哈勒欣河地域。日军还加强了空军力量，并从旅顺要塞派出一支重炮部队。总兵力（包括伪军在内）为7.5万人，装备着304挺重机枪、500门多人操作的火炮、182辆坦克、300～500架飞机。

8月10日，集结起来的各部队组成日军第6集团军，由狄州立兵将军指挥。他们预定，24日在日军占领的桥头堡共70公里的正面发动总攻，并已修好了出击阵地。

朱可夫认为，能否达成战役战术的突然性，是决定这次战役胜败的决定因素。苏军必须以突然的行动歼灭日军，使其无法反击，因为日军没有良好的坦克兵团和摩托机械化部队，无法迅速从次要方向调来反突击部队。

为了使日军摸不到苏、蒙军的真实意图，朱可夫认为必须隐蔽苏军行动，造成敌人错觉。于是采取了一些欺骗日军的措施，主要是广泛地发布假情报，朱可夫让部下用无线电发送有关修筑防御工事和询问施工设备状况的假消息；把一架大功率的音响设备运到前方，模拟打桩的声响，造成正在大修防御工事的逼真假象。通过类似措施，给日军造成一种假象，从而掩盖苏军的进攻准备工作。

为了有效地迷惑日军，朱可夫规定：部队的调动一概在夜间进行，以各种嘈杂音响，如飞机飞行、火炮、机枪等射击作掩护。各部队严格按照调动计划制定的时间表制造各种嘈杂声音。总攻前一连十几天，若干辆已拆除了消音器的坦克，沿着前线不停地来回开动。这样做的目的，是要使日本人越来越对苏蒙军车辆的响声习以为常，这样就会在苏蒙军进攻时完全摸不准方向。起初一有声音，日军就向苏军阵地射击，十几天之后就习以为常，对任何声音都不在意了。

朱可夫甚至采取了一种别出心裁的做法，就是散发《战士防御须知》小册子，将其空投到日军阵地；命令施工队不停地修筑防御阵地，把卡车的消音器拆掉，以掩护坦克的调动；命飞行员进行特别侦察飞行以侦察地形，同时派出夜间巡逻队摸清敌方阵地的位置。

> 溥仪与伪满洲国官员合影。

★**伪满洲国**

"九一八事变"后，日本帝国主义抛出一个在中国东北建立"独立国家"的统治案，企图把东北从中国分裂出去。1932年3月，日本帝国主义扶植早已退位的清朝末代皇帝溥仪，在长春建立伪满洲国傀儡政权，对东北人民实行殖民统治。伪满洲国没有丝毫的独立性，所有政治、经济、军事大权都掌握在日本帝国主义手中。这个政权完全受日本关东军支配。

< 朱可夫与手下指挥员在一起制订作战计划。
> 苏军步兵在坦克掩护下向日军阵地发起冲击。

　　最保密的自然要算是战役计划本身了。总攻计划由朱可夫会同军事委员、政治部主任、参谋长和作战部长亲自拟定，各兵种的司令员和后勤部长只根据他的批准分别制订相应计划。而所有的计划、命令、战斗号令及与进攻作战有关的文书，一律只由一名特选的打字员负责。至于各级具体指挥人员，到行动开始前4天至1天，才按由高到低的级别逐次了解本人的任务。8月18日前，一切部队禁止进入进攻出发地域，现地勘察的军官只能着战士的服装。战斗开始前3个小时，才向士兵们下达战斗任务。

　　朱可夫制定并实行的这些手段收到了奇效。日军认为，苏蒙军无意也无力发动一场进攻战役，只能消极防御，而他们则掌握着战役的主动权。

　　为了便于进行监督和联络，朱可夫在参谋部里配备了12名联络军官。在准备下令发动进攻的时候，朱可夫已经把35个步兵营、20个骑兵连、498辆坦克悄悄部署到出发地域。坦克当中还有一些新式坦克——T－34型的前身。

　　这些措施显示出朱可夫作战中的一些特点。

　　作为斯大林的解决问题的能手，朱可夫不断地被派往各地去处理重大而紧急的事态，并很快得到了这样的名声：他是一个对下级行动迟缓、犹豫不决或反应迟钝不能容忍的说一不二的指挥员。

　　显然，在那段充满危险的岁月里，朱可夫是无暇顾及讲客气、拍肩膀那些俗套的。

　　即使在强大的压力下，朱可夫也能够始终保持沉着镇定，同时表现出对战局的发展胸有成竹。

　　日军打算8月24日发动攻势，朱可夫则比日军提前4天抢先动手。8

月 20 日正好是星期日，日军统帅批准许多将军和高级军官去后方休假。

　　清晨 5 时 45 分，苏联炮兵突然向敌人开火，紧接着 150 架轰炸机在 100 架歼击机的掩护下，对日军炮兵阵地、日军防御前沿及其就近的预备队实施了一次大规模空袭。在经过近 3 个小时的炮火准备和空中轰炸之后，朱可夫命令部队沿 70 公里的正面发动全线进攻。战士们在"国际歌"的乐曲伴随下实施冲击，在两翼实施主要突击。很快，苏军坦克在两翼冲破了日军的防御，机械化部队和蒙古骑兵跟在坦克后面，迅速冲向敌人阵地。

　　总攻的第一天，南部集群打了大胜仗。北部集群占领了敌人的前沿阵地，到达坚固筑垒

的帕列次高地的山巅，但经过激烈战斗之后，被迫后撤。

　　苏蒙军在第一天战果的基础上，继续在日军防线内顽强战斗。在南部集群的地段上，坦克第 6 旅和摩托装甲第 8 旅包围了敌军侧翼，8 月 21 日占领了在海拉斯台音河（哈勒欣河的一个支流）南岸活动的日军后方的地域。这一天，南部集群的步兵部队深深楔入敌人主要防御地区，歼灭了敌人就近部署的战术预备队，占领了若干炮兵阵地。但是战斗打得很艰苦，每个火力点都要强攻夺取，有时候还要出动喷火坦克。苏联飞机特别活跃，积极地支援地面部队。仅 8 月 21 日一天，轰炸机就出动 256 架次，投下了 90 多吨炸弹。

　　8 月 23 日，北部集群得到空降兵第 212 旅的加强，终于粉碎了敌人的抵抗，夺占帕列次高地。在激烈的肉搏战中，600 名日军士兵毙命，战壕里、掩蔽部里到处都是日军横七竖八的尸体。

　　朱可夫的合围计划只用 3 天时间就完成了，接着便开始了歼灭被围日军的战斗。8 月 26 日，坦克第 6 旅粉碎了日军的一次增援企图。8 月 27 日，日军的突围企图也被粉碎。空军部队成功地阻止了敌人向作战地区调集新的预备队。仅 8 月 24 日和 25 日两天，苏军飞机出动了 218 架次，进行了 10 次空战，击毁日机 74 架。

　　山冈上、沙丘中的交战昼夜不停地持续了几乎一个星期。苏军将日军分割成若干部分，

逐个加以歼灭。

在战斗进程中，朱可夫命令手下的一个师进攻日军坚固筑垒阵地，整个战役的结局取决于这次进攻的胜败。可是，这个师败下阵来，损失惨重，而且被敌方火力压得不能动弹。师长打电话报告情况，并请求新的指示。朱可夫命令师长再次发起进攻。过一会儿，朱可夫亲自拿起话筒，要这位师长接电话。

当朱可夫得知这位师长还没把部队拉上去时，便问道："你到底能不能开始进攻！"

师长小心翼翼地表示没有把握。于是，朱可夫说道："我现在解除你的师长职务。叫你的参谋长接电话。"

朱可夫又向参谋长提出同样问题，参谋长作了肯定的回答。朱可夫说："我现在任命你担任师长。"

但是参谋长也未能重新发动进攻。当参谋长向朱可夫报告以后，听到了同样的命令："我解除你的师长职务。等待新师长的到达！"朱可夫派手下的一名参谋去指挥这个师，而且派出炮兵加强了这支部队，并给予空中支援。在付出巨大牺牲之后，终于攻克了敌军阵地。朱可夫所制订的反攻计划的其余各阶段也都取得了胜利。

朱可夫是个急性子，不允许采取将敌人团团围困、迫使其投降的消极办法，而是发动一系列进攻，不断地消灭敌人。在这次攻势的最后阶段，朱可夫再次表明自己是个足智多谋的将领。海拉斯台音河水位很浅，而且到处是泥淖，敌军指望它能够保护列米佐夫高地的南翼。但使日军沮丧的是，朱可夫命令工兵部队趁黑夜加固了河床，使苏军坦克部队可以从这个方向发动进攻。夜间，苏军坦克突然冲过河来，粉碎了日军防御，并开始巧妙地肃清孤立的抵抗据点。

随后，朱可夫下令从背后和两侧对列米佐夫高地发动进攻。苏军的火炮直接瞄准日军射击，喷火坦克不时喷出一团团火焰，烧死躲在掩蔽工事里的日本武士。战斗至8月31日晨，侵入蒙古人民共和国领土的日军已经全部被肃清。

8月31日，朱可夫在塔木察格布拉克市举行的战役总结会上说："集团军的进攻战役是一次围歼敌军的成功战役。双方参加战斗的飞机815架，火炮和迫击炮1,000余门，人员约13.2万，坦克和装甲车1,065辆。日军在哈勒欣河死的死，伤的伤，被俘的被俘，共损失近6.1万人。"

至于苏蒙联军，总共伤亡不到1.9万人。

战后，关东军★司令植田谦吉将军和司令部参谋长矶谷将军被撤职，而朱可夫等70名苏联军人获得了"苏联英雄"的称号。

1939年9月15日，苏联、蒙古人民共和国和日本作为战争的两方在莫斯科签订了一项协议，要求9月16日以前停止哈勒欣河地域的一切战斗行动。双方同意交换战俘，并建立一个委员会来确定哈勒欣河地区蒙古人民共和国和中国东北之间的边界。日本当局似乎受到一

∧ 朱可夫在战争胜利后向指战员们发表讲话。

∧ 哈勒欣河战役结束后，朱可夫与战士们共享胜利的快乐。

*日本关东军

中国抗日战争胜利前，日本帝国主义驻扎在中国东北地区的军队。1905年日俄战争后，日本在南满建立所谓关东州租借地，并开始在该地驻军。1919年起这些驻军和长春、旅顺间铁路的守备部队被称为关东军。关东军在中国东北扶植伪满洲国，掠夺中国财富，屠杀中国人民，犯下了累累罪行。1945年8月8日，苏联红军参加对日作战，彻底歼灭了日本关东军。

∧ 就任基辅特别军区司令员的朱可夫。

次痛苦的教训，于是双方都采取步骤来维持和平。从1941年4月1日，日苏签订互不侵犯条约，直到1945年苏联出兵中国东北以前，两国一直避免进攻对方。

尽管朱可夫使用装甲部队打了胜仗，但也发现T－26型和T－28型坦克存在某些缺陷。此后，苏联研究设计了一个新的装甲车辆序列，其中包括第二次世界大战中赫赫有名的T－34型坦克。

朱可夫回到莫斯科，备受嘉奖和礼遇，斯大林亲自向朱可夫表示祝贺，情绪非常激动。

哈勒欣河战役取得的胜利，不仅消除了笼罩在苏联盟国蒙古人民共和国头上的危险，而且稳定了远东的局势。从此以后，日本再也不敢轻举妄动，肆意地进攻苏联了。

索尔兹伯里在《朱可夫元帅的伟大战役》一书中强调：

朱可夫给日本人上了很厉害的一课，使日本军国主义者记住了苏联可怕的火力、威力。这一切起了最重要的作用。在俄国处在最危险的时刻——它正在西方和纳粹分子进行殊死搏斗，日军最高统帅部放弃了出兵远东的计划。

>> 进入战略层面

朱可夫大败日军、取得哈勒欣河战役胜利之时，欧洲局势已经发展到爆发危机的严重地步。

早在1938年3月，希特勒就已经发动他的战争机器，迅速占领了维也纳，并宣布解散奥地利共和国，全部领土并入德国。1939年3月15日，德国人确信英法不会介入，又入侵捷克斯洛伐克，完成了对这个年轻国家的肢解。9月1日，德军进攻波兰，发动了第二次世界大战。英、法两国形式上对德宣战，但一直没有采取相应的有效军事行动。苏联同德国签订互不侵犯条约，为加强自己的国防力量和进行战争准备赢得了宝贵时间。

1940年4月，德军占领丹麦并开始侵犯挪威。与此同时，苏联紧急召开总军事委员会会议，主要研究当前的严峻局势。朱可夫被召回莫斯科，参加了这次重要会议。

会议决定恢复原来实行过的将军军衔和元帅军衔。朱可夫、麦列茨

< 朱可夫陪同国防人民委员铁木辛哥一起观看军事演习。

科夫等被任命为大将。铁木辛哥被任命为元帅，并接替伏罗希洛夫的国防人民委员职务，而伏罗希洛夫则被提升为人民委员会国防委员会主席。

几天以后，朱可夫受到斯大林的接见，同时在场的还有加里宁、莫洛托夫和其他政治局委员。斯大林见到朱可夫后，热情地向他问好，并问道："你认为日军怎么样？"

"与我们在哈勒欣河作战的日军士兵训练不错，特别是近战。他们守纪律，执行命令坚决，作战顽强，特别是防御战。下级指挥人员训练有素，作战异常顽强。……但中高级军官训练差，缺乏主动性，习惯于墨守成规。至于日军的技术装备，我认为是落后的。"朱可夫答道。

斯大林很感兴趣地听着，然后又问道："我们的部队打得怎么样？"

这位刚刚被任命的大将详细地叙述了他所看到和所知道的一切，谈了苏军的自身情况，对坦克兵、炮兵和航空兵给予了很高的评价，同时对步兵存在的问题提出了解决的办法，并建议在红军编制中增加装甲部队和机械化部队。

会见结束时，斯大林对朱可夫说："你现在已经有作战经验了，接管基辅军区吧，把自己的经验用于部队训练。"

在这次谈话中，斯大林对问题深刻的分析，渊博的军事知识，以及听汇报时聚精会神的神情，都给朱可夫留下了难忘的印象。

晋级以后，朱可夫受命指挥兵多将广的基辅特别军区。基辅军区在当时是一个最大的军区，并且紧靠欧洲战场，军事地位十分重要。对于朱可夫来说，这是一个前所未有的挑战，但他对前途充满信心。

朱可夫首先需要在最短的时间内熟悉同事，了解他们的才能和性格特点，以便于开展工作。作为一个大军区的司令员，朱可夫所要涉及的工作不仅局限于军队，还要与地方党政机关打交道。当时担任乌克兰共产党第一书记的赫鲁晓夫后来评价说："朱可夫接替铁木辛哥的职务是非常令人满意的。他是一个天才的组织者，一个强有力的领导人。"

随着地位的提高,朱可夫的能力也更加充分地表现出来,讲话也比以往更加直接与大胆。朱可夫对苏军出现的令人不满意的现状公开给予指责:许多高级指挥人员未能很好地训练较年轻的军官;军事史的研究很不够,俄国军队与人民的军事传统仍需继承,等等。同时,他还提醒人们要警惕复杂的国际环境中可能出现的"诡计"。这显然是指德国人。

朱可夫深深懂得,苏联必须通过签订互不侵犯条约来争取时间,但他私下总是预言苏德之间必定会发生战争。出于此判断,朱可夫主张让俄国西部的红军部队保持全面动员状态,以便使部队在敌人发动进攻时不致措手不及。

1940年夏、秋两季,边疆军区部队组织近似实战条件下的演习。演习日夜进行,风雨无阻,整个过程十分紧张。许多演习都进行得十分顺利,国防人民委员铁木辛哥也参加了这些演习。在这两个月中,基辅军区司令部的工作人员几乎见不到朱可夫的身影,因为他经常下到部队指导工作。

而在这段时期内,欧洲局势发展极快,风云突变。

1940年5月10日,德军在西欧展开进攻,狂妄骄横的希特勒发动了震动世界的"闪击战"★。德军在俯冲轰炸机震耳欲聋的吼声中,利用坦克的楔形攻势,突破了法军的防线。德军机械化部队不顾翼侧,迅猛地向前推进,法西斯伞兵从天而降,对英法联军实施前后夹击。一个半月后法国被吞并,荷兰、比利时和卢森堡也相继遭到同样的命运,英国在德国和意大利面前陷入了孤立。

朱可夫详细地研究了法国的战事,尤其注意研究了德军的新战术。他很善于思索,看问题时往往能够抓住实质,比如在对比了德国与法国的武器装备后,发现德国人并没有什么特殊的战斗技术装备。法国人和英国人所拥有的坦克和飞机,不仅不比德国的武器差,而且不比德国的少。德军之所以能取得如此战绩,主要在于希特勒将部队的战斗技术装备全都集中在选定的方向上,因而能快速实施突击,不回头地拼命向前推进。已经取得的战果反过来又加剧了他们推行这一战术的决心。就这样,希特勒分子越来越相信突然性,依赖突然性。

> 朱可夫在演习中视察。
> 朱可夫陪同铁木辛哥、总参谋长麦列茨科夫（朱可夫右侧者）一起视察部队装备。

　　朱可夫在思考的过程中，深切地感受到战争越来越近了，当前最紧迫的工作，就是必须使军队做好战争行动的各项准备。但是，苏军这时在制定作战计划中出现了一个战略性的错误，即主要防御方向的选择出现了失误，当时认为最危险的战略方向是西南方向的乌克兰，而不是西部方向的白俄罗斯。但是大战爆发后，德军统帅部不是在乌克兰，而是在白俄罗斯方向集中使用了最强大的陆军和空军集团。1941年春天，苏军统帅部对作战计划进行了修改，遗憾的是，并没有完全纠正原计划中的错误。

　　斯大林分析认为，希特勒在对苏战争中将首先是力图占领乌克兰和顿河流域，以夺取苏联最重要的经济地区，掠夺乌克兰的粮食、顿巴斯的煤、高加索的石油。斯大林指着作战计划强调说："没有这些最重要的资源，德国法西斯就不可能进行长期的大规模的战争。希特勒已在巴尔干站稳了脚跟，看来他将准备对西南方面实施主要突击。"

　　尽管朱可夫及一批杰出的苏军将领都在场，但未能纠正斯大林的错误。因为当时斯大林在苏联全党、全军、全国人民中享有崇高的威望，任何人都没有想到去怀疑斯大林的意见和他对形势的分析，以至出现战略错误，在战争初期产生了极为不利的影响。

　　与此同时，苏军也一直在积极备战，紧张而有条不紊地进行战备工作。1940年12月到1941年1月初，苏联最高指挥部在莫斯科举行了一次重要会议，接着进行了图上军事演习。这次会议得到了斯大林和整个国防机构的关心，对于提高红军高级指挥人员在战术、战役学、战略、各兵种的进攻战和防御战方面的训练水平起了极其重要的作用。

　　会议的第一项议程是审查1940年的全部军事和政治准备情况和本年度任务的组织安排。总参谋长麦列茨科夫大将作了关于影响战斗训练的一系列问题的报告，特别指出了步兵的机动能力问题。麦列茨科夫在谈到防御能力时，对于苏军指挥人员仍然未能表现出估量战局和组织战场情报工作的能力表示遗憾。总参谋长麦列茨科夫特别赞扬了朱可夫的基辅特别军区

的炮兵部队。在随后进行的讨论中，包括28名将军在内的与会人员，就提高红军训练水平问题提出了许多宝贵建议。

会议的第二项议程是探讨军事艺术的理论问题。会上作了五个非常适时的报告，其中包括朱可夫所作的《现代进攻战役的特点》的报告。朱可夫明确指出，在空军配合下的坦克突击部队不仅能够突破前沿阵地，而且能突破多层次纵深防线。突破口一经撕开，大批步兵就会跟上，这能取得兼容性成果。因此，必须拥有以军、师建制的坦克和摩托化装甲部队，形成强大的机动力量，而不是消极防御。朱可夫的见解受到了与会者的高度重视。

朱可夫的报告，特别是关于大规模使用机动部队的论述，引起了与会者很多有益的讨论。最高指挥部的人员对朱可夫所做的结论没有什么重大的不同意见，他们关注的是这种作战的细节，例如用于扩大突破的集群的编制、战斗序列的结构、地域宽度、摩托化部队投入突破口的时间、摩托化部队同空军的协调，以及在敌军防御的战役纵深内，机械化部队独立作战时的控制和后勤支援问题，等等。会议最后接受了朱可夫关于机动部队作战问题的理论，并对其作了进一步的充实和完善。由于德军在西欧的胜利，与会者一致认为，必须继续组建坦克和机械化兵团，以便在兵力上与德军对等。朱可夫评论道："整体上说，这次会议的工作表明，苏联军事理论思想基本上正确地决定了现代军事学术发展的主要方向。需要尽快把这一切变成事实。"

1941年1月11日，会议正式结束之后，在国防人民委员铁木辛哥领导下，又进行了一次战略性的对抗军事演习。演习的基本目的，是要帮助参加者掌握战略性作战行动的原则；确定可能发生军事行动的战场；教练高级指挥人员在复杂的条件下，对各种情况进行估量并作出决定；就大规模使用炮兵部队、坦克大部队和空中力量的现代进攻战役如何实施，统一人们的认识。

演习前，斯大林简单询问了演习的指挥员人选。这次会见，无疑使大家心理上感到了压力。演习红方（东方）由西部特别军区司令员帕夫洛夫和克利莫夫斯基指挥，蓝方（西方）由朱可夫和波罗的海特别军区司令员库兹涅佐夫上将指挥。双方都煞费苦心，企图用突击部队实施深远突破，以击败敌方重兵集团。在演习过程中暴露了一些问题，其中包括双方都未能为自己的第二梯队和预备队提供足够的兵力。

演习结束后，演习结果不是由国防人民委员铁木辛哥或者总参谋部来讲评，而是由参加者本人，即朱可夫和帕夫洛夫来讲评。讲评结束，军区司令员们准备立即离开莫斯科，可是所有的人突然于5月13日被召到克里姆林宫，在那里进行了第二次讲评。中央委员会政治局委员和苏联政府委员都出席了。其中，军方的代表包括国防人民委员、总参谋长，副国防人民委员、各军种司令员和一些军区的司令员。

这次会议的地点选在克里姆林宫，表明它特别受到重视，而且所有与会者对这次军事演习后将采取的防御措施极为关心。但是，由于斯大林突然改变了开会的时间和地点，各种材料未能完全准备妥当，麦列茨科夫在会议上试图凭记忆来作报告，结果汇报得毫无条理，结论和建议与实际情况相脱离，显然缺乏经验支持。斯大林对此非常不满。

当麦列茨科夫说到拥有60～65个师的东方（红方）成功地突破了西方（蓝方）及其55个师的防御时，在座的人都不安起来。

斯大林问了一个显而易见的问题："兵力优势这么小，怎么会出现这样的结果呢？"

麦列茨科夫的回答很勉强：东方部队从战线上战事较少的地段抽调部队，使它获得了局部兵力优势。

斯大林立即反驳道："在我们这个使用机械化和摩托化部队的时代，'局部'兵力优势不能保证进攻一方获胜；实施防御的敌军，拥有同样的机动手段可供使用，能够在短时间内变更部署，加强遭到威胁的地段的兵力，这样也就抵消了进攻者建立的'局部'优势。"

显然，麦列茨科夫未能作出一个令人满意的回答。

这时候，朱可夫站起身来，适时地转移了话题，并借机发表自己思忖已久的重要观点。朱可夫首先肯定这次演习对提高高级指挥人员水平的价值，并建议应尽可能多地进行这类演习，随后转入了真正想要讲的问题——白俄罗斯筑垒地域的构筑问题。朱可夫指出，现有的筑垒地域离边界太近，而且布局不合理，敌人的炮火可以覆盖整个纵深，因此必须重新加以布置。不出所料，这一见解招来了强烈的回应，很大原因在于白俄罗斯恰恰是西部特别军区的防地。

帕夫洛夫立即反问道："在乌克兰筑垒地域的位置是否合适呢？"争执一起，朱可夫只好中止了发言。

筑垒地域的工作是由副国防人民委员沙波什尼科夫元帅具体领导的，依据是总军事委员会批准的计划。因此这个问题牵扯得十分广泛，连伏罗希洛夫也很不高兴。像刚才一样，有人站起来岔开了话题，才避免了一场激烈的争吵。

会议继续进行，轮到负责武器装备的副国防人民委员库利克元帅说话了，但其主张显得非常不合时宜。库利克建议，把步兵师的编制扩大到1.6万～1.8万人；火炮用马拖运；坦克部队以连、营为单位支援步兵，并强调说："组建坦克和机械化军，目前还不宜开始。"当时已经是1941年1月。早在7个月前，德国机械化部队横扫欧洲大地，号称世界第一陆军强国的法兰西仅抵抗了一个月就告投降，英国远征军丢弃全部重装备

★ 敦刻尔克大撤退

第二次世界大战全面爆发以后8个月，盟军被迫采取的一次重大撤退行动。
1940年5月10日，德国法西斯向西欧发起了全面进攻。5月底，德军将
英法联军约40个师包围在比、法边境的敦刻尔克地区。5月26日，英国
海军开始执行从敦刻尔克撤退的"发电机"计划。至6月4日，共运走英
军22万人，法军8万余人及少数比利时军队。在这次撤退中，盟军虽然
遭受了损失，但毕竟保存了有生力量，为日后反攻欧洲大陆奠定了基础。

在敦刻尔克大撤退★，英伦三岛正在戈林的空军打击下苦苦挣扎。有
人想到了1939年世界大战爆发时被德、苏两家瓜分的波兰，他们的军
队用骑兵冲击德国坦克，倒是与库利克元帅上述的理想军队相差不远！

铁木辛哥听到这里，毫不客气地批评道："部队的领导干部都懂
得部队尽快机械化的必要性，而只有库利克对这些问题还弄不清楚。"
最后，斯大林做了结论："现代战争是一场摩托化战争——在陆地、在
空中、在水上和水下都是如此……战争的胜利将属于握有更多的坦克
和部队摩托化程度较高的一方。"这一结论当然是正确的。无论如何，
这一争论的结果使朱可夫等人非常满意。此后，会议宣告结束。

第二天，当朱可夫等军区领导人正准备回到原岗位上去的时
候，他再次被斯大林叫到了克里姆林宫的办公室，与之单独见面。
最高领袖开门见山地说道："政治局决定解除麦列茨科夫的总参谋
长职务，任命你接替他。"朱可夫接受了这个新职务，并对这种巨
大的信任和荣誉表示感谢。不过，朱可夫声明自己从未在司令部
当过参谋长甚至普通的参谋。见过伏罗希洛夫之后，朱可夫先返
回基辅，在交接完基辅特别军区的事务后飞回了莫斯科。

1941年2月1日，朱可夫正式接替麦列茨科夫大将，担任了
苏联武装部队总参谋长。在2月15日至20日的苏共第18次代表
会议上，朱可夫当选为苏共中央候补委员，这标志着他政治地位
的进一步上升。除朱可夫之外，丘列涅夫、基尔波诺斯（继朱可
夫担任基辅特别军区司令员）、特里布茨、奥克加布里斯基等许多
军人当选为候补中央委员和中央监察委员会委员。

★苏芬战争

★苏芬战争

第二次世界大战全面爆发后，苏联因领土扩张与芬兰之间爆发的一场战争。第二次世界大战爆发后，苏联以保障列宁格勒附近边界的安全为由，向芬兰政府提出了租借汉科半岛和交换卡累利阿海峡的要求，遭到芬兰政府拒绝。1939 年 11 月 30 日夜，苏联发动苏芬战争。经过三个月的战斗，芬军战败求和。1940 年 3 月 12 日，苏芬两国在莫斯科签订了和约，战争结束。

>> 仓促的战争准备

从未干过司令部工作的总参谋长朱可夫，每天工作都在 15 个小时以上。朱可夫常常在办公室过夜，一天的休息时间非常短，强烈渴望在较短的时间内熟悉繁杂的业务。和朱可夫一道工作的军官都知道，他们不能也不敢稍有疏忽，因为战争已迫在眉睫。

朱可夫是个善于发挥部下能动性的领导人，几乎立即就认定瓦杜丁、华西列夫斯基等人是名实相符的优秀人才，放心大胆地将很多事务交给他们去办，自己则全力投入到重大的全局性工作中去。

2 月 23 日，恰逢红军建军 23 周年，朱可夫在《真理报》上发表了一篇重要文章。在这篇文章里，朱可夫论述了红军取得的进步，指出："人员、武器、军事思想——这是一支军队的三个基本要素。"朱可夫一反总参谋长好话连篇的传统，在文章中明确指出当时红军中存在着严重缺点，特意提到了在士兵训练方面已经暴露出来的一些问题。朱可夫在总结苏芬战争★时说道：

我们如果让胜利迷住了眼睛，对于我们在士兵训练方面已经暴露出来的缺点视而不见，那我们指出这些缺点是由于训练方法中普遍存在的因循守旧和墨守成规造成的。

朱可夫进一步提醒道，在战争的初始阶段，这些缺点显露出来，自然对作战产生了有害影响。朱可夫在指出恢复军官"单一首长制"之后，进一步强调了单一指挥的必要性。朱可夫想方设法扩大指挥员的权限，提高他们的权威，进一步加强军纪，同时极其重视官兵之间的良好关系，强调指出互相信任和尊重的极端重要性。

总参谋部是一个事务性工作部门，国防人民委员要通过总参谋部和各兵种总部领导红军。朱可夫本人的地位虽然已经大大上升，但所拥有的自主决策权是很小的，许多主张无法迅速变为现实。这使他十分焦急。

朱可夫立即着手加速实施由斯大林和铁木辛哥发起的对军事机构的改组，清除不称职的军官，谴责官僚主义作风。通过这一番大刀阔斧的整顿，全军的状况得到了普遍改善。3月中旬，朱可夫和铁木辛哥面见斯大林，请求批准征召预备役人员补充步兵师，以便根据现代战争要求重新加以训练。最初，斯大林担心这样大规模地征召预备役人员会成为德国开战的借口，但是征兵工作看来势在必行。到3月底，50万士兵被派往边境各军区补充部队，使每个师达到至少8,000人。到6月，共有80万名补充兵员汇入到红军中去。战争爆发前，各边境军区的170个师中，有19个师达到每师5,000人～6,000人，17个骑兵师平均每师6,000人，144个师每师各有8,000人～9,000人。而内地军区的大多数师仍保持着简编师编制。

朱可夫任总参谋长之后，立即提出了一个组建装甲坦克兵团的计划，这需要利用现有的坦克旅以及最接近坦克兵的骑兵兵团。和征召预备役人员一样，斯大林在这个问题上犹豫不决，直到3月才同意组建他们所要求的20个机械化军——其实即便2月就着手去办，也是为时已晚。因为当时苏联的工业生产能力有限，要装备这些机械化军还需要3.2万辆坦克，其中新式坦克1.7万辆，这实际上是一年之内所办不到的。到战争开始时，苏军的机械化军还不到计划数的一半。朱可夫等人于1941年春试图组建10个反坦克旅，以应付德军的快速集群，但是却不能在6月份之前获得足够的装备，而且已经到位的装备也因缺乏有力的牵引工具，无法进行越野机动。

在总参谋长的位置上了解全局之后，结合自己对战役战略问题的研究，朱可夫和他的主要助手们得出了这样的结论：苏联在防御方面存在着许多严重的缺点。事实上，朱可夫的几位前任，包括不走运的麦列茨科夫大将在内，都曾不止一次地提出这样的意见。当时，大量德军集结在东普鲁士、波兰和巴尔干半岛诸国，而苏联西部边境各军区的战备状况是令人担忧的。为此，朱可夫和他的第一副总参谋长瓦杜丁中将一起，向铁木辛哥详细报告了苏军组织编制和战备方面的缺点，并特别提及工业战线来不及完成技术兵器订货的问题。

听完朱可夫的报告，铁木辛哥默然片刻，一时无话可说。铁木辛哥知道，关于朱可夫所汇报的这些情况，最高层基本上都是清楚的，但现在正是非常时期，方方面面都伸手要装备。虽然苏联的工业生产能力仅次于美国居世界第二，但仍旧不可能让每个人都满意，甚至一些很重要的部门也只能"忍饥挨饿"。能够解决问题的当然只有斯大林一个人，铁木辛哥想方设法为朱可夫争取了一个向斯大林面陈机宜的机会，但时间限定为10分钟。

　　一个星期六的晚上，朱可夫带上一份汇报清单赶往斯大林的别墅。当时在场的还有铁木辛哥、库利克和几位政治局委员。朱可夫将最紧要的东西简明地向斯大林做了陈述，强调必须采取措施，克服西边境防御中的严重缺点。身为外交人民委员的莫洛托夫问道："你认为我们很快要同德国人打仗吗？"但是斯大林要求莫洛托夫等一等，直到听完朱可夫的报告。

　　之后，斯大林又请所有人进餐，并在餐桌上继续他们的话题。斯大林还询问了德国空军

ZHUKOV

∨ 朱可夫陪同国防人民委员铁木辛哥查看新研制的武器装备。

的一些情况。朱可夫认为，德国空军异常强大，尽管苏军的新式飞机性能优越，但数量却太少了。最后，斯大林指示要认真研究最紧迫的问题，提交政府做出决定，但同时提醒朱可夫，不要去空想物质条件暂时还不允许的东西。有这些已经足以使朱可夫感到欣慰了。晚宴一结束，朱可夫立刻赶往总参谋部办公室，连夜记下斯大林讲的一切，写出要优先解决的问题，并将这些都交给了政府有关机构。

1941年4月底，苏联已经意识到德军开始在俄国边界集结军队。朱可夫向苏军各部门和各集团军发出警告："整个3月和4月，德军统帅部一直紧张地把部队从西线和德国中部地区调到邻接苏联边界的地区。"

朱可夫这番话的含义是很明显的。苏军指挥部着手重新组织西部边境的防御——这个边境是从巴伦支海到黑海，共有5个军区，即列宁格勒军区、波罗的海特别军区、西部特别军区、基辅特别军区和敖德萨军区。3个特别军区的司令部所在地分别是里加、明斯克和基辅。朱可夫就任总参谋长以后，直接领导红军在1941年春、夏完成了一些具有决定意义的战争准备工作。

在有限的时间里，5月中旬，朱可夫领导总参谋部制订了一个补充作战计划。这是一个十分重要的计划。计划规定，边境地区的部分部队将沿着边防线担任掩护任务。这些部队应顽强抵抗，掩护全国主力的动员和战略集中。主力将沿着离边界若干距离的战线展开，防御纵深约95～150公里。如敌人突破防御阵地，防御部队应由阵地防御转入机动防御，使敌人尽量长久地阻滞在各条战线上。在两道防线之间，可以用设置障碍，炸毁桥梁，以小股部队进行伏击等方式减慢敌前进的速度。按照这个计划，由帕兰加伸展到多瑙河口的约2,000公里的边防线，将由9个掩护集团军防守，由40个步兵师和2个骑兵师构成第一道防线。

总参谋部执行着繁重的作战、组织和动员的任务，即使在朱可夫和他的有才干的助手领导下，在运转过程中也不可能堵上所有的纰漏。战前的最后一个春天，他们才发现还没有为国防人民委员、各军兵种司令员，乃至总参谋部本身构

筑战时指挥所。当战争爆发时，统帅部、总参谋部、各军兵种司令部和各个总部，都不得不在平时的办公室里承担战时繁重而又危险的工作。更紧张混乱的情况是，有关统帅部大本营的机构问题，如位置、人员、组织结构、保障机关和物质技术器材等，没能在战前提出预案。

不可讳认，即使像朱可夫这样对德军有着较深了解、对现代战争理论做了详细研究的总参谋长，也犯下了一些较严重的错误。这主要表现在总参谋部修订作战计划时，错误地估计了战争初期的形势，认为像德国和苏联这样的大国，还会在边境交战数日之后才进入主力之间的对抗，以为德军的集中和展开时间与苏军相似。战前的苏联，存在着低估德军战斗力的问题。

朱可夫本人和伏罗希洛夫及总参谋部一致认为，应当把物质技术器材更加靠近前沿部队加以储备，但是后来的结局是，德军迅速突破苏军防线，夺取了军区物资储备区，给军队供应和预备役部队的组建造成极大困难。也是出于上述那种估计，总参谋部要求乌克兰和白俄罗斯筑垒地域发射点的武器在开战10天内做好准备，可是早在这个期限之内，大部分这种筑垒地域就被德军占领了。

可贵的是，朱可夫在晚年著书立说时承认了自己的失误，而没有像一些人那样，将一切都推到当时已经去世的斯大林身上去。

应该指出的是，斯大林尽管知道苏德战争是不可避免的，但却一直在想方设法、竭力推迟这场战争。在此之前，因为担心给希特勒提供进犯苏联的借口，斯大林尽最大努力避免与德国发生任何武装冲突。斯大林有自己的考虑，即为即将到来的战争进行更充分的准备。

1941年6月14日，在德国柏林的帝国大厦内，法西斯德国空军司令戈林狂叫着："元首将带领德国走向胜利，就

∧ 希特勒在帝国大厦一次战争动员秘密会议上讲话。

∧ 德军南方集团军群司令伦德施泰特元帅。

∧ 德军中央集团军群司令博克元帅。

像在西方已经取得的胜利一样！"希特勒打断了戈林的话，纠正道："不，这将是一场最艰苦的斗争，首先是因为我们面临的是一场反对思想上的敌人的大搏斗，敌人在思想上是非常狂热的。"看来，希特勒对于进攻苏联所可能遇到的困难还是预先作了思想上的准备的。

与此同时，在苏联莫斯科克里姆林宫内，斯大林注视着面前的铁木辛哥和朱可夫，语气严厉地说道："你们要进行全国动员，立即把部队调往西部边境吗？这就是战争！你们懂不懂？"铁木辛哥和朱可夫此行的目的只有一个，就是立即让苏联部队进入一级战备状态。

朱可夫心急如焚，向斯大林报告了西部边境4个军区的现有兵力数字，结果适得其反。

斯大林说道："你看，这还少吗？根据我们的情报，德国人还没有这么多的部队。"朱可夫连忙解释，德国师是齐装满员的，每师有1.4万~1.6万人，而苏军的简编师则只有8,000人，因此总兵力要少一半。对此，斯大林的回答是："不能完全相信侦察……"

没有斯大林的亲自批准，军队是绝不能计划向前线作任何移动的。国防人民委员铁木辛哥聪明地"建议"各军区司令员：向边境方向举行兵团战术"演习"，使部队向掩护计划规定的展开地域靠近，而不是进入。各个军区都实行了这个"建议"，但大部分炮兵被调去做射击训练，没有参加这一行动。

与此同时，德军的战略计划完成得很出色。早在1940年完成在西欧的作战行动以后，希特勒就开始把部队调到东普鲁士和波兰。到1941年5月，德军沿俄国国境已经集结了差不多70个师。苏军在其西部边界也部署了大约70个师，但其中许多师仍然缺乏必不可少的武器装备。

5月25日，德国的铁路线开始按新的时刻表运行，每昼夜开出大约100列军用列车。到6月初，三个集团军群已经摆好向苏联发动进攻的阵势：中央集团军群由费多尔·冯·博克元帅指挥；北方集团军群由威廉·冯·利布元帅指挥。南方集团军群由格尔德·冯·伦德施泰特元帅指挥。

德国方面总兵力约为140个师，组成3个突击集群，部署在苏联国境上。大体而言，它们装备精良，特别是坦克的性能较好，总共约有3,500辆，并得到3,900架飞机的支援。苏联方面总兵力约100个师，分布在北起摩尔曼斯克北部的巴伦支海，南至黑海的多瑙河口的国境线。此外，约有60个师正从内陆地区调来增援边境各部队。

德军进攻前不久，朱可夫开始从内地调集5个集团军，以便编成最高统帅部预备队，打算以此进行一次反攻，可是这些部队距离即将成为战场的地区还有400~500里。

这就是德军进攻前夕的军事形势。

第三章

骤至的狂风暴雨

1896-1974 朱可夫

斯大林的脸色变了，凝视着朱可夫问道："你打算把基辅怎么办？"朱可夫断然回

答道："基辅必须放弃！"在场的所有人都屏住了呼吸。朱可夫努力控制着自己的

情绪，继续说道："在西部方向要马上组织反突击以夺回敌方的叶尔尼亚突击部。

敌人将来可能会利用这个桥头堡来进攻莫斯科……"

>> 抗击第一波恶浪

1941年6月21日晚上，朱可夫接到基辅军区参谋长普尔卡耶夫中将的电话，报告有一名德军的司务长向苏军投诚。据这位司务长说，德军正在进入出发地域，将在22日晨3时发动进攻。

朱可夫立即向斯大林和铁木辛哥作了报告。随后，朱可夫带上给部队的命令草稿，同铁木辛哥和瓦杜丁一起赶赴克里姆林宫。在路上，他们三人商定，无论如何也要做出使部队进入战斗准备的决定，否则一旦真的爆发战争，自己无法向全国人民交代。

斯大林听取了他们的汇报，随后反问道："这个投诚者不会是德国将军为了挑起冲突派来的吧？"铁木辛哥和朱可夫认为这绝不可能，都表示情报是绝对可信的。德军司务长的投诚是局势全面紧张的新预兆，应该让边境军区所有部队进入一级战斗准备。

这时，苏共政治局全体委员都接到了紧急通知，纷纷匆忙赶到斯大林的办公室。

斯大林环顾一周问道："我们该怎么办呢？"

屋里静悄悄的，没有一个人作出回答。铁木辛哥忍不住说道："应该立即命令边境军区所有部队进入一级战斗准备。"朱可夫立即站起来把命令草稿读了一遍。

斯大林听后表示："现在下这样的命令还太早，也许问题还可以和平解决。命令要简短，指出袭击可能从德军的挑衅开始。告诉部队，不要受任何挑衅的影响，以免问题复杂化。"

显然，斯大林仍力争将苏德现有的"和平"局面拖到秋季，而冬天的来临将进一步使德军进攻延至1942年春天，从而可使苏联再得到几个月的准备时间。朱可夫只得和瓦杜丁重新起草了一份命令，随后交给斯大林审阅。

斯大林亲自看了一遍命令草稿，然后请铁木辛哥和朱可夫签发。

命令内容如下：

1. 1941年6月22日到23日德军可能在列宁格勒军区、基辅特别军区、波罗的海沿岸特别军区、西部特别军区、敖德萨军区正面实施突然袭击。袭击可能从挑衅行动开始。

2. 我军的任务是：不受任何挑衅行动的影响，以免使问题复杂化。与此同时，列宁格勒、波罗的海沿岸、基辅、敖德萨各军区进入一级战

备，以防德军或其盟军的突然袭击。

3．兹命令：

（1）1941年6月21日夜间，隐蔽占领国境筑全地域各发射点。

（2）1941年6月22日拂晓前，将全部飞机、包括陆军航空兵的飞机，分散到各野战机场，并加以周密伪装。

（3）所有部队进入战斗装备。军队应分散、伪装。

（4）防空部队不等补充兵员到达，立即进入战斗准备。城市和目标地区应采取灯火管制的一切措施。

（5）在没有特别命令的情况下，不得采取任何其他措施。

瓦杜丁带上这份命令回总参谋部后，立即向各军区转发。到6月22日零时30分，命令下达完毕。

21日夜间，总参谋部和国防人民委员部全体人员彻夜未眠，办公室里的电话一直响个不停。朱可夫通过高频电话不止一次同军区司令库兹涅佐夫、帕夫洛夫、基尔波诺斯及他们的参谋长进行交谈。各军区负责人都已在各自的岗位上待命。

22日凌晨3时，德国驻莫斯科大使收到一份电报，命令他去会见莫洛托夫，通报如下的信息：苏军在德国边界附近集结已经到了柏林认为它无法容忍的地步，因此不得不采取适当对策。莫洛托夫闻听此言，大为震惊，意识到德国人已经向苏联宣战，至于苏军集结之说则纯属无稽之谈。况且，德国政府如果觉得苏军的驻扎是对它的冒犯，它本来可以向苏联政府发出一项照会，这就足以使苏联撤出它的军队了。可是德国没有这样做，而是不顾种种可怕的后果，发动了一场战争。莫洛托夫最后向来访者感伤地说道："确实我们不应该受到这样的对待。"与此同时，里宾特洛甫在柏林也把上述内容通知了苏联使节。

6月22日凌晨3时零7分，黑海舰队司令奥克恰布里海军上将报告，有大量来历不明的飞机正向苏联海岸接近。3时30分，西部军区报告，德军空袭白俄罗斯的城市。3分钟后，基辅军区报告，乌克兰的城市遭到空袭。3时40分，波罗的海沿岸军区报告，敌机空袭考那斯和其他城市。

< 斯大林在克里姆林宫办公室。

> 德国外长里宾特洛甫发表对苏宣战声明。

★德国政府对苏宣战声明

1941年6月22日凌晨4时30分，德国驻苏联大使舒伦堡奉命向苏联政府递交的一份重要声明。声明宣称，由于苏联"没有履行《苏德互不侵犯条约》"，并"准备对德国发动军事进攻"，故德国"被迫"对苏联进行"预防性战争"。同日晚些时候，德国外交部长里宾特洛甫在柏林还曾转交给苏联驻德国大使一份内容与德国政府声明完全相同的备忘录。

> 战争初期的朱可夫。

战争终于爆发了！

朱可夫感到脑袋"嗡嗡"作响，全身的血液仿佛一下子集中到了头顶。铁木辛哥大声命令朱可夫给斯大林打电话，电话要通了，但没有人接。朱可夫一直要了好几分钟，才听到值班员充满睡意的声音。朱可夫叫值班员立即请斯大林接电话。

3分钟后，斯大林拿起了电话，朱可夫报告了德军轰炸苏联各城市的消息，请示允许还击。斯大林脸色刷地一下白了，讲不出话来，时间仿佛刹那间凝固了。电话另一端的朱可夫着急了，连声问道："您听懂了我的意思吗？"

斯大林仍然沉默了一会儿，最后疲倦地说道："你和铁木辛哥到克里姆林宫来一趟。告诉波斯克列贝舍夫（斯大林秘书）一声，让他召集全体政治局委员。"

凌晨4时30分，全体政治局委员都已集中在斯大林的办公室，铁木辛哥和朱可夫也应邀参加。

斯大林脸色苍白，坐在桌旁，手中握着装满了烟草的烟斗，大声说道："立刻给德国使馆打电话。"话刚说完，秘书进来说，德国大使冯·舒伦堡勋爵要求接见，说是带来了紧急通知。莫洛托夫立即迎了出去。几分钟后，莫洛托夫匆匆走进来说："舒伦堡递交了德国政府对苏宣战声明★，德国政府已向我国宣战。"

∧ 苏德战争爆发后，苏军部队仓促地抵御德军气势汹汹的进攻。

斯大林颓然地坐在了沙发上，胸部急促地起伏着，屋里的人谁都不说话，也不知说什么好。一阵长时间的沉寂，让人感到时间走得很慢。

朱可夫首先打破沉默，建议立即用各边境军区所有的兵力强烈还击突入的敌军，制止其继续前进。铁木辛哥纠正说不是制止，而是歼灭。

斯大林顽强地站了起来，大声说道："下命令吧!"

战争爆发的时候，从巴伦支海到黑海的 4,500 公里边境上，所有的海岸防御部队和海军负责掩护。从塔林到列宁格勒的芬兰湾海岸上根本没有军队。在 3,375 公里的陆地边境上，共部署了170个师，根据地形条件和各该地段的重要性部署密度极不相同。在列宁格勒军区，长达 1,275 公里的边境上只有 21 个师和 1 个步兵旅，平均每个师的正面为 61 公里。而西部边境其他各军区总长 2,100 公里的陆地边界线上，部署了 149 个师和 1 个旅，平均每个师的正面是 14 公里多一点。

6月22日凌晨3时15分，德军在波罗的海至喀尔巴阡山脉之间分成3路大军，发动突然袭击。

战争打响后，由于准备不足等多方面的原因，苏联边境部队处于混乱的状态。德军在进攻开始前，派遣了大量的破坏小组破坏电线，枪击苏军联络人员，造成了苏军所有西部边境军区同部队的有线通信都遭到破坏，以致各军区、各集团军司令部无法迅速传达命令。有的部队接到命令时已太晚，基辅特别军区直到6月22日晨3时至6时，即在战争开始以后还没

∧ 向苏联境内挺进的德国装甲部队。

有接到通知。还有一些部队的司令部，刚刚来得及把部队拉到公路上，反倒成了空袭和迅速推进的德军装甲兵团逐一歼灭的现成目标。波罗的海特别军区属下的第48步兵师正在从里加前往边境途中，在离边界约30公里的地方突然遭到空袭和突破边界防御的德国地面部队的进攻，损失惨重。

对德军来说，攻击的突然性达到了预期效果，以致进攻正面上的重要桥梁基本上都被他们攻占。担负炸桥任务的苏军岗哨，还没来得及引爆爆破炸药，就被歼灭了。苏军随后企图轰炸这些桥梁，但没有成功。

苏联飞机的损失超出了预期的估计，大部分飞机未能及时疏散到紧急简易机场，以致在永久性基地上便被德军迅速击毁。实际上，西部特别军区的大多数空勤人员都在短期休假，他们甚至未能回去保卫他们的基地。苏联方面承认，在西部军区，飞机损失尤为严重，从而使德军立即掌握了这个地区的制空权。

担负掩护边境任务的其他部队的情况，也相差无几。战争爆发时，第5师的主力部队还待在距国境50公里的兵营中，而第126师则位于远离国境70公里的地方。此外，西部军区和基辅军区的许多军、师的炮兵部队，正在远离它们所要支援的部队的火炮打靶场进行训练。基辅军区的防空部队则正在明斯克附近参加训练，离司令部几乎有400公里。在作战计划中，预定起重要作用的其他部队，还在敷设通信线路。

进攻的那天凌晨，德军拥有93个师可供使用，并把大部兵力部署在普里皮亚特河以北。

苏军各师则分散在一条长得多的战线上，而且有些部队尚未进入阵地。因此与苏军相比，德军占有很大的兵力优势。在蒂尔锡特地区，苏军第125步兵师负责掩护40公里宽的正面，遭到德军整个坦克第4集群的进攻，双方兵力悬殊，德军很快就攻占了这个地段。在其他地段，红军各部队也未能及时抵达作战地域参加战斗。

需要指出的是，苏军这段时期配发的新式武器数量太少，根本不能满足各部队的需要。实际上，苏联装配线上生产出来的武器，并不逊色于德国，甚至有许多武器胜过德军。当时，苏联人研制并生产了一种出色的新式坦克，把它们配备给部队。但问题是，这些武器的数量远远不能满足战争的需求，同时官兵还不能熟练地使用新式武器。

苏军在有史以来最大的袭击中蒙受了最惨重的损失。

朱可夫承认，他们完全没有想到，德军会在第一天就以强大而密集的装甲坦克和摩托化部队投向所有的战略方向，并都能实施毁灭性的侵害突击，这是一个重大的战略性失误。一些苏军的重兵集团在部署上很不合理，导致了被德军迅速合围消灭的命运。如在比亚长克突出部的第10集团军等部队，本身就处在德军的半包围态势中，从而使德军可以轻而易举地从格罗德诺和布列斯特两个方向迂回包围。另外一个失误，就是西部军区没有在这一方向上部署足够的纵深和加强力量，不能有效地阻止德军的合围。当时的苏军总参谋部和统帅部，缺乏在广大地区实施大规模作战的复杂条件下指挥军队的经验。

突袭造成的结果已经是一片灾难性的混乱了，本应该收拢部队，建立坚强的防御并以有力部队实施反突击，阻滞德军的快速推进，但是统帅部命令全线部队反攻，去消灭当面的敌人。这不仅是脱离实际的，也是根本不可能完成的任务，当然只会使结局更加让人痛心。本来连防御也无能为力的部队，却在仓促间向各自当面之敌发起进攻，由此一来，苏军不但进攻的收效甚微，还将主力部队白白地投入到德国空军和机械化兵团的虎口中去了。他们往往在屡受突袭后与德军装甲部队相遇，并被早有准备的强大敌人在行进中加以消灭。相反，凡是不自觉地收缩力量尤其是依托坚固筑垒地域建立防御的部队，都给德军造成了真正的麻烦。布列斯特的守军顽强抵抗，迫使古德里安的第4野战集团军和其所向无敌的坦克部队绕城而过。

6月22日7时15分，苏联国防人民委员向各军区发布了第2号命令。但根据力量对比和已经出现的情况，第2号命令未被执行。这时，朱可夫站在总参谋部的作战大厅里心急如焚。由于通信系统完全失灵，他无法从各军区司令部得到正确的情报。直到上午8时，朱可夫才得到了关于战况的大致情况。

9时，朱可夫携带苏联最高苏维埃主席团关于实行全国动员和组成统帅部的命令草稿，匆忙赶到克里姆林宫。半小时后，斯大林接见了朱可夫，并且在看过命令草稿后对朱可夫说，总参提出的动员范围要进一步压缩，同时提出了具体意见。随后，由斯大林的秘书波斯克列贝舍夫送最高苏维埃主席团批准。

10时，苏联国防人民委员部宣布，西部边境的波罗的海沿岸军区、西部特别军区和基辅特别军区相应改组为西北方面军、西方方面军和西南方面军。西北方面军由库兹涅佐夫上将指挥；西方方面军由帕夫洛夫大将指挥；西南方面军由基尔波诺斯上将指挥。后来在24日，又组建了北方方面军、南方方面军。

当天下午1时，最高苏维埃主席团发布全国动员令，要求从6月23日起，在14个军区，即除中亚、外贝加尔和远东军区以外的所有军区，对1905～1918年出生的有服兵役义务的公民实施动员，并在本国欧洲部分实行军事管制。实行军事管制的地区内，国家政权机关在国防、保持社会秩序、保证国家安全方面的全部职能，均移交给军事当局。军事当局有权调派劳动者及一切交通工具。

与此同时，斯大林打电话给朱可夫："我们各个方面军司令员缺乏足够的作战指挥经验，看来有点发慌。政治局决定派你到西南方面军担任最高统帅部代表。我还准备派沙波什尼科夫和库利克去西方方面军。他们俩已到我这里接受指示。你必须马上飞往基辅，会同赫鲁晓夫到设在塔尔诺波尔的方面军司令部去。"

这时的斯大林不但已恢复往日的镇定，而且在战争的重压之下，显得更加充满信心、精神抖擞。

尽管感到很突然，但向来雷厉风行的朱可夫在与斯大林谈话后的40分钟后，就乘上飞机出发了。临行前，朱可夫只来得及给家中打了一个电话，告诉妻子要出远门，说不准什么时候才能回来，让她不要等自己。像这样的突然离家远行，不仅朱可夫习以为常，就连他的家人也习惯了。

当飞机在8,000米高空平稳飞行时，朱可夫忽然觉得肚子有点饿，这时才想起自己从昨天到现在一直还没有吃东西。幸好飞行员都带有食品，朱可夫便狼吞虎咽地吃了起来。尽管只是普通的食品，现在吃起来，朱可夫却感觉特别香甜可口。

22日黄昏时分，朱可夫赶到位于基辅市中心的乌克兰共产党中央委员会大楼，赫鲁晓夫正在那里等他。两位老朋友此时相见，备感亲切。赫鲁晓夫关切地说："不要再往前飞了，否则有危险。德军飞机总是追逐我们的运输机，应当坐车去。"朱可夫听从了赫鲁晓夫的安排。

随后，朱可夫乘车到塔尔诺波尔去，那里是西南方面军司令员基尔波诺斯上将的指挥所。深夜时分，朱可夫赶到目的地。一下车，他顾不上和高级军官们寒暄，立刻要通了瓦杜丁的电话。

< 斯大林对突如其来的战争抱有必胜的信念。

瓦杜丁报告说："到6月22日此刻，尽管采取了有力措施，总参谋部仍无法从各方面军和空军司令部，获得我军和敌人的准确情报。现在，得到的情报矛盾百出。"说着，瓦杜丁充满火气地说道："现在总参谋部无法同库兹涅佐夫和帕夫洛夫取得联系，他们没有向铁木辛哥元帅报告就跑到部队去了。现在这两个方面军司令部也不知道他们的司令员目前在什么地方。"

朱可夫不由得骂道："混蛋！"

瓦杜丁还告诉朱可夫，斯大林同意了国防人民委员第3号命令草稿，并让朱可夫签上自己的名字。朱可夫不解地问是什么命令。瓦杜丁说，这个命令要求苏军转入反攻，粉碎主要方向上的敌人，并向敌国领土上挺进。

朱可夫大吃一惊，不禁着急地说："我们还不确切地知道敌人在什么地方以多少兵力实施突击，能不能在天亮之前先把前线发生的情况弄清楚，然后再定下必要的决心更好一些。"

"我同意你的观点，但问题已经决定了。"瓦杜丁无可奈何地说。

沉默了一会儿，朱可夫疲倦地说："好吧，签上我的名字吧。"朱可夫心里十分明白，这个命令肯定会遭到有识之士的坚决反对。

晚上12时，西南方面军司令员基尔波诺斯接到了这份命令。不出所料，这一命令遭到方面军参谋长普尔卡耶夫和作战处长巴格拉米扬的激烈反对，他们认为方面军缺乏执行这个命令所需的兵力兵器。这两人都是朱可夫十分赏识的。此时，朱可夫为自己没有看错人而感到高兴。

命令终归是命令，是必须要执行的。在朱可夫的策划下，西南方面军决定，集中机械化军对突入索卡尔地区的德国南方集团军群的主力部队实施反突击。

23日早晨，朱可夫亲自赶到担任主攻任务的机械化第8军军长利亚贝舍夫的指挥所，见到军长及他的司令部人员。利亚贝舍夫中将是朱可夫的老部下，拿着地图向朱可夫报告了部署，干净利索，句句切中要害。朱可夫刚想表扬几句，外面突然传来空袭警报。

两位老战友在这时都表现出了一派大将风度。

"真倒霉，"利亚贝舍夫若无其事地说，"我们还没有来得及挖防空壕哩。这样吧，大将同志，就当我们已经在防空壕里好啦！"

朱可夫耸耸肩膀："现在我们也许该吃点东西了。"

这时周围传来一阵飞机俯冲的尖叫声和炸弹的爆炸声。朱可夫看到利亚贝舍夫和在场的军官们都在有条不紊地工作，就像在野外演习时一样，心中暖融融地，心想真是好样的，到底还是老部队过硬，有了这些人，我们是不会打输的。

面对德军席卷边境地区的严酷现实，苏联急忙从军事上和政治上采取了一系列步骤，来提高整个国防机构的效能。6月23日，苏共中央和苏联政府宣布成立最高统帅部。国防人民委员铁木辛哥任主席，斯大林、朱可夫、莫洛托夫、伏罗希洛夫、布琼尼和库兹涅佐夫任委员。最高统帅部负责领导武装部队的全部军事活动。

值得注意的是，上述组成人员与铁木辛哥、朱可夫建议的名单不一致，斯大林亲自做了个别订正。铁木辛哥本来建议斯大林任主席，但斯大林改成了铁木辛哥。宣布统帅部组成时，朱可夫已不在莫斯科。两天以后，统帅部建立了预备队集团军群，由苏联元帅布琼尼指挥，总参谋部隶属于统帅部，作为统帅部赖以制订作战计划和获取情报的机构。

按照"巴巴罗萨"计划★，德军"南方"集团军群的任务是歼灭乌克兰境内尚未退到第聂伯河的苏联部队。为此，必须从柳布利诺地域向基辅实施主要突击。为了实施该计划，德国克莱斯特第1坦克集群突破了一个50公里宽的缺口，向东推进。

★"巴巴罗萨"计划
第二次世界大战期间，德国最高军事当局拟定的进攻苏联的计划。1940年8月1日，德国参谋总部根据希特勒的命令，开始制定进攻苏联的作战计划。12月18日，希特勒批准了进攻苏联的"巴巴罗萨"计划。该计划要求用突然袭击和闪电战的方式击溃苏联，并规定必须在6周至两个月内结束战争。计划由三部分组成，第一部分为其总目标概述。第二部分为德国反苏战争的盟邦名单。第三部分是有关德军陆海空三军的具体计划。

∧ 战时苏联最高统帅部组成人员：斯大林、伏罗希洛夫、铁木辛哥、布琼尼、朱可夫、库兹涅佐夫、莫洛托夫（左起）。

　　朱可夫和方面军司令员基尔波诺斯上将决定以4个机械化军的兵力向敌人实施反突击。从6月23日起，在卢茨克、布罗德、罗夫诺地域爆发了激烈的坦克战，前后继续了一个星期，双方投入1,000多辆坦克。

　　负责指挥此役的朱可夫不停地往返于各军司令部之间，不得不面对临时出现的各种各样的问题，并且要在最短时间内作出判断、定下决心，有时还不得不亲自过问选用弹种的具体事务。

　　在作战过程中，第5集团军KB式重型坦克的152毫米火炮出现因无弹药而无法出动的问题，司令员波塔波夫就此事向朱可夫请教。朱可夫对此作出了解释："152毫米坦克炮用的是900～3,000克的炮弹，因此要赶紧下令调拨900～3,000克的穿甲弹，让坦克开动起来，你们就可以狠狠打击敌人。"这个指示不能不令波塔波夫和他的部下感到钦佩。

∨ 苏军士兵向德军发起反击。

也许因为判断苏军形势被动，不可能采取反攻行动，所以朱可夫和西南方面军指挥苏军的反攻行动，大大出乎德军将领的意料。苏军迅速歼灭了德军步兵第57师，威胁到克莱斯特集群第48摩托化军的右翼，给德军的南方集团军群造成了极大的麻烦。德军调集全部空军力量对苏军进行空中打击，并增派了第44军前来救援，竭力挽救第48军灭亡的命运。

在激烈的交战过程中，受过充分训练的德军坦克发起了攻击。这些坦克手都是训练有素的战争狂热分子，但是在苏军坦克的猛攻之下，他们还是不得不停顿下来，有些甚至开始后退了。不肯罢休的德军统帅部又调来几个师补充到前线，克莱斯特的第1坦克集群也补充了几百辆坦克。临阵指挥的朱可夫针对战场出现的新情况，不断从纵深增调主力来对付德军的坦克楔子，以大量坦克兵力在德军第1坦克集群的南翼转入进攻。

在战役进程中，朱可夫一直守在方面军指挥所里，不停地通过电话听取汇报，发布指示和命令，有力地控制着各部队的行动。

6月25日，夜幕降临，坦克师侦察营的大尉营长阿尔希波夫率坦克兵扑向德国坦克纵队。就在那个炮火连天的夜晚，他率坦克兵摧毁了德军的许多军车和坦克。后来，阿尔希波夫两次荣获"苏联英雄"称号，晋升为上将。

天亮了，有人报告阿尔希波夫，一位受伤的德国坦克兵军官想见苏联指挥员。通过翻译，阿尔希波夫总算听懂了这位伤势很重的德国军官的讲话。这位德国军官说道："俄国的坦克撞坏了我的坦克。1940年的法国之战难道也算战争吗？我在索卡利看见过苏联步兵，他们都端着刺刀冲锋。这才叫战争呢！"阿尔希波夫感到很惊讶，不过也觉得这个濒于死亡的德国军官倒是说了真话，或许也是他自己的心里话吧。

在这场大规模的边界坦克战中，朱可夫指挥西南方面军实施了反突击，并取得胜利。德军在激战中遭到重创，被英勇的苏联坦克兵击退了几十公里。这是西南方面军胜利实施的第一次反突击，打乱了德军的最初计划，拖住了他们直插乌克兰首府的进程。第8和第15、第19机械化军及步兵第36军向杜布诺地区的强攻，将德军突击基辅的集群卡在布罗德－杜布诺一线无法前进。战争局势也因此发生变化。

6月26日，德军总参谋长凯特尔上将在日记中写道："抵抗南方集团军群的敌方指挥员表现得相当顽强。敌军源源不断地从后方调集兵力对付我军坦克的楔形攻势……我们只好指望上帝了。"次日，凯特尔又写道："乌克兰的俄军司令部指挥有方。"

德军第3坦克集群司令霍特将军也就此发表了自己的看法："'南方'集群处境最为困难。在我左翼兵团当面防御之敌……很快就从遭受突然袭击中恢复过来，用预备队和配置在纵深的坦克部队实施反突击，阻止了德军前进。配属于第6集团军的第1坦克集群的战役突破，到6月28日为止仍未奏效。敌人强大的反突击是德国部队进攻道路上最大的障碍。"

战后，巴格拉米扬见到了刚从部队回来的朱可夫。他看到朱可夫一脸愁容。通过交谈，知道了朱可夫为什么不太高兴。原来，朱可夫对这次战斗并不感到满意，认为方面军指挥员的行动不够坚决，目标不够明确，花了过多的时间去解决次要任务；各军集结得太慢；另外，协同和指挥也出了问题，通信联络不畅，侦察工作组织得不太好。

尤其让朱可夫感到遗憾的是，如果手中有更多的航空兵用来与机械化军协同作战，或者多动员1~2个步兵军，就可以取得更好的效果。

朱可夫还认为，这次反突击的胜利并不能用来证明6月22日第3号命令是正确的。第3号命令没有立足于对实际情况的分析和可靠的计算，而是纯粹从主观愿望出发制定出来的。朱可夫强调说："这种做法在武装斗争的重要时刻，无论如何都是不能允许的。"

在西南方面军反击顺利的同时，西方方面军和西北方面军的情况却十分危急。

6月26日中午，斯大林打电话给在塔尔诺波尔西南方面军指挥所的朱可夫，语气十分焦急地说道："西方方面军形势严重。敌人逼近明斯克。我不明白帕夫洛夫是怎么啦！库利克元帅不知道在哪里，沙波什尼科夫元帅生病了。你能不能马上飞到莫斯科来？"

朱可夫回答："我马上就去同基尔波诺斯和普尔卡耶夫谈谈下一步的行动，然后动身去机场。"

当天深夜，朱可夫乘机飞抵莫斯科。下机后，朱可夫直接去见斯大林。在斯大林的办公室里，铁木辛哥和第一副总参谋长瓦杜丁笔直地站立着。这两人的脸看上去苍白瘦削，由于失眠，眼睛充满了血丝，斯大林的脸色也并不比他们好多少。

斯大林看见朱可夫进来后，直截了当地对他说道："请你来一起考虑一下，并且请你谈谈在目前情况下能够做些什么？"说罢，便把西方方面军的地图摞在桌上。

朱可夫充满信心地答道："给我们40分钟时间，把情况研究一下。"

"好吧，40分钟以后再向我报告。"斯大林答应了他的请求。

朱可夫他们走进隔壁一个房间，开始讨论西方方面军的形势和苏军的能力。

朱可夫很快就了解清楚了当前西方方面军所面临的严峻形势。

由于指挥不力等原因，德军大量装甲坦克部队和摩托化部队已在西方方面军向西南方面军的许多地段上完成了突破，并在白俄罗斯和波罗的海沿岸地区迅速推进。但是，西方方面军指战员在战斗中还是表现得很英勇。方面军副司令员波尔金中将率第6、第11两个机械化军和骑兵第6军组成骑兵机械化集群，于6月24日在格罗德诺与德军中央集团军群爆发了一场激战。在作战中，德军虽然拥有空中优势，但频频告急。德军统帅部不得不给这里增加两个军，并命令第3装甲集群的一些部队掉过头开赴格罗德诺。由于缺乏必要的给养供应，在经过两昼夜的激战后，苏军反突击集团无法进行有效的进攻作战，损失惨重。坦克手由于油料不够，没有能够把坦克全部撤出战斗。在这次战斗中，朱可夫的两位好友——机械化第6军长哈茨基列维科少将和骑兵第9军军长尼基京少将，都牺牲在作战的第一线。这两位将军都是优秀的苏军将领。

朱可夫十分清楚，西方方面军的形势已经到了十分严重的地步。第3、第10集团军余部

∧ 德军第2装甲集群司令古德里安上将（左二）进军途中与属下商讨作战计划。

被合围于明斯克以西，牵制了德军很大一部分兵力，正在进行着一场殊死的战斗。第4集团军的某些部队已退入普里皮亚特森林中。这支疲弱的军队，受到强大德军集团的追击。

对以上这些形势分析之后，朱可夫建议使用第13、第19、第20、第21和第22集团军，立即在西德里维纳－波洛茨克－维捷布斯克－奥尔沙－莫吉廖夫－莫孜尔一线占领防御。同时，动用统帅部预备队的第24和第28集团军，立即着手在后方地域构筑防御。除此之外，他认为没有任何更好的办法。

朱可夫的这些建议的总体设想是：在通往莫斯科的道路上建立纵深梯次防御，以疲惫敌人，将敌人阻止在某一防御地位，然后集中必要的兵力进行反攻。这些建议都得到斯大林的批准。

6月27日晨，朱可夫向西方方面军参谋长克里莫夫斯基将军传达了命令，要求西方方面军司令部迅速找到所有的部队，使部队得到一切作战必需品；整顿撤退下来的部队，把他们撤到旧筑垒地域一线。同时，将滞留在德军后方的部队集中到3个地域：一是列彼尔筑垒地域和波洛次克地域；二是明斯克筑垒地域；三是格鲁沙森林和博勃鲁伊斯克。

朱可夫指示指挥员们再大胆些，只要能掌握到部队，特别是坦克部队，就可实施歼灭性的突击。如能对敌机械化部队实行夜间进攻，必将取得特别重大的胜利。他还命令组成独立的小群骑兵，由忠诚勇敢的中级指挥员负责指挥，在所有的通路上对敌军及其后方机关展开大胆广泛的袭击。

这时的德国军队已经深入到苏联内陆。德军的推进非常迅速，即便在雨天路滑、道路非常糟糕的情况下，平均每天也能推进40公里。6月27日，德军进抵明斯克市郊，完成了对苏联大部队的合围。西方方面军司令员帕夫洛夫指挥遭受重大损失的第3、第10、第4集团军退却到明斯克附近，利用明斯克筑垒地域组织防御。但他们在明斯克还立足未稳时，德军第2装甲集群司令古德里安便率部到达明斯克西南接近地。

身为德军赫赫有名的坦克战专家，古德里安将坦克的杀伤威力发挥到了极致。他不顾部队的疲劳，立即下令德国空军对明斯克狂轰滥炸。明斯克顿成一片火海，许多无辜的居民被炸死。在防御战中，苏联步兵第64师、第100师、第161师表现出色，摧毁了100多辆坦克，消灭了几千名德军。第100师为此荣获列宁勋章。

令人遗憾的是，虽然部队作战十分勇敢，终因敌我力量悬殊太大，西方方面军所有地段的形势仍然继续恶化。6月29日，朱可夫和总参谋部收到了苏军放弃明斯克的消息。斯大林两次来到国防人民委员部和统帅部，每次都铁青着脸，对西部战略方面的形势表示强烈不满。

6月30日，帕夫洛夫被解除了方面军司令员职务，送交军事法庭审判。

>> 会战斯摩棱斯克

前线的一再失利，促使斯大林下决心再次改组军事领导层，把自己倚重的强将统统配置在最前线。6月30日，国防人民委员铁木辛哥被任命为西方方面军司令员，西北方面军司令员库兹涅佐夫上将被解职，由第8集团军司令索别尼科夫少将接任，第一副总长瓦杜丁被任命为西北方面军参谋长。

当天，斯大林宣布成立国防委员会★，由国防委员会集中掌握全部领导权力。7月1日，斯大林就任国防委员会主席。国防委员会是一个权威的国防领导机构，也是苏联的军事、政治、工业的最高战略指挥部。在战争期间，国防委员会始终起着领导核心作用，共通过了近万个军事和经济方面的决定、决议，保证在艰难时期里实现党的统一的指导路线。

7月3日，斯大林代表苏共中央发表了具有特别意义的广播演说。这是一次极富号召力的、历史性的演说。

∧ 斯大林号召全民抵御德军的侵略。

斯大林充满激情地说道："同志们！公民们！兄弟姐妹们！我们的陆海军战士们，我们的朋友们，我在向你们讲话……我们的祖国面临着严重的危险！"他的低沉、浑厚而充满自信的声音，回荡在广阔的空间。斯大林号召全国人民在撤退时，"不给敌人留下一部机车、一节车厢，不给敌人留下一公斤粮食、一公升燃料。"最后，提出了充满力量的"一切为了前线！一切为了胜利！"的战斗口号。

在德军入侵后的 12 天里，苏联全国人民是在期待与盼望中度过的。斯大林的讲话激动着每一个正义的苏联公民的心，给了他们期待已久的信念，在苏联人民及军队中激发了难以估量的热情和能量。

朱可夫非常感动，并很有感慨地说："在任何一个国家生活中的危难时期，在遭到内部或外部敌人进攻的时候，一个能反映共同努力的目的、把所有的人联合起来的号召和口号，具有极其伟大的意义。"他认为，只有真正代表人民利益的领导者，才能做到把所有的阶级和阶层动员起来。

为了加强党在红军中的政治工作，巩固党在军队中的地位和对军队的控制，苏共中央于7月上旬改组了军队中的政治机关，重新实行政治委员制度。同时，从地方选调优秀的政治干部到军队中去。战争爆发仅仅几天，就有50多名苏共中央委员和候补委员、100多名加盟共和国党中央、州委书记以及一些有名望的国务活动家，被派往军队，直接担负军事工作。

7月10日，统帅部被改组为总统帅部，后来又被改为最高统帅部。自始至终，斯大林都是当然的最高统帅。

为了使战略领导机构能够直接影响各方面军的活动，苏军实行了"最高统帅部代表制"。担任最高统帅部代表的都是最有军事素养的军事首长，他们直接参与制订当前战役计划，享有最高统帅部授予的全权，并对战役的实施情况负全部责任，而不只是到下面去当监察员。在整个战争期间，朱可夫以此身份去作战部队不下15次。

铁木辛哥临危受命，就任西方方面军司令员，刚一上任

★国防委员会

苏德战争年代苏联拥有全权的特设最高国家机关。根据苏联最高苏维埃主席团、联共（布）中央委员会和苏联人民委员会的决议，1941年6月30日成立，主席为斯大林。1945年9月4日撤销。国防委员会领导了战时苏联国家所有机关和部门的活动，并通过最高统帅部大本营对武装斗争实施了战略领导。

就遭受重大挫折。由于德军兵力上占绝对优势，西方方面军的3个集团军陷入了德军的重重包围。到7月16日，又有第16和第20两个集团军在斯摩棱斯克北部陷入合围，但他们又继续在城内以巷战抵抗了10天之久，延缓了德军在莫斯科方向的前进步伐。

在几个方面军中，西方方面军抗击着德军最强大的进攻集团，因而遭受的损失也最为惨重。西方方面军的失利，使苏德战场上的兵力兵器对比，变得对德军有利起来。德军在短短半个月时间已深入到苏联腹地500~600公里，夺取了重要的经济地区和战略要地。

此时，苏军防御暴露出一个明显的弱点，就是因兵力兵器不足而不能建立纵深梯次防御。部队和兵团的防御实际是一线配置，各集团军只剩下很少坦克。对此，朱可夫已敏感地察觉到了，但这时已经没有时间再进行大的调整了，不得不在异常困难的条件下组织争夺斯摩棱斯克的战役。

斯摩棱斯克是一座历史名城，是德军通往莫斯科的主要障碍，当年拿破仑★的军队就被阻截在城下。德军的作战企图是，以强大的突击集团分割苏联西方方面军，将其主要部分合围于该地区，打开通往莫斯科的道路。

双方冲击与反冲击的战斗进行得异常激烈，双方士兵的尸体满山遍野。打到最激烈时，苏军军长、师长们都只身上阵，与敌展开肉搏战。朱可夫曾预言能成为安邦定国之才的步兵第63军军长彼得罗夫斯基将军，在战斗中英勇牺牲。

7月10日夜到11日凌晨，德军古德里安率部队渡过了第聂伯河。在渡河过程中，德军遭受了一定的损失。苏联防御部队在局部地段上成功地阻止了德军渡河。在奥尔沙附近，德军第17坦克师被迫从登陆场后撤，把渡河地点改在科雷斯。可是德军能够大部顺利渡河这一事实，暴露了当时苏军统帅部在指挥上的问题：未能把部队有效地集结到第聂伯河沿岸，

∧ 德军坦克行进途中。

在这条漫长的战线上仅仅部署了不超过24个师的部队，最终导致德军没有遇到很大的困难就突破了第聂伯河。

总的来说，苏军各个战略方向上的形势在7月份更加恶化，新的一轮战斗来临了。虽然大量来自内地军区的兵团投入了战斗，但仍无法建立稳定的战略防御正面。

7月下旬，斯摩棱斯克及其以东地区的战斗更趋激烈，德军遇到了红军部队全线的有力抵抗。在罗科索夫斯基部队的支援下，苏联被围的第16和20集团军主力得以突围至第聂伯河东岸，在那里同方面军主力会合并转入防御。23日，第28集团军从罗斯拉夫尔地区开始展开进攻。

次日，第30、第24集团军从亚尔采沃地区开始进攻；第16、第20集团军开始从南北两面迂回斯摩棱斯克。德军看到情况不妙，立即调来大批增援部队，企图反包围消灭进入合围的苏军。双方都知道这一仗的重大意义，战斗十分剧烈。朱可夫称这次会战"具有极其残酷的性质"。

由于苏军的拼死抵抗，尽管苏军未能像统帅部要求的那样完全粉碎敌人，但使德军突击集团受到了严重的削弱。德国军方承认，这次会战德军损失了25万人。苏军也在这次会战中遭到很大损失，其中第3、第10集团军几乎全军覆没，6月底刚刚投入战斗的第13集团军损失2/3，集团军司令菲拉托夫中将、第13机械化军军长阿什柳斯廷少将牺牲。尽管如此，这次会战在1941年夏季各次战役中仍占有重要地位，是苏军取得的一个重大的战略胜利，由此赢得了准备战略预备队和在莫斯科方向采取防御措施所需的时间。

7月30日，希特勒不得不下令中央集团军群转入防御。苏军的防御在维利卢基－亚尔采沃－克里切夫－日洛宾一线巩固下来。

斯大林对斯摩棱斯克会战并不满意。在朱可夫的印象中，斯大林并不胆小怕事，在战争当中只有两次表现有些失常，一次是6月22日凌晨得到战争爆发的消息时，另一次就是得知斯摩棱斯克失陷。

7月底，斯大林及政治局全体委员紧急召见朱可夫和铁木辛哥。朱可夫以为是要研究下一步的行动，但一见到斯大林，立刻就觉得情形不对。斯大林一动不动地站在屋子中央，手里拿着已经熄灭的烟斗，这是他心情不好的征兆。

斯大林说道："政治局讨论了铁木辛哥担任西方方面军司令员期间的工作，决定解除他的职务。有人提议由朱可夫担任这一职务。你们有什么意见？"

铁木辛哥在一旁默不作声。其他人也保持沉默。

朱可夫忍不住说道："斯大林同志，我认为更换方面军司令员会严重影响到战役的进程。司令员还没有来得及熟悉情况，就不得不指挥困难的战役。铁木辛哥元帅指挥方面军还不到4个星期。他在会战中做到了处在他的地位所能做的一切。我想，任何人也无法做更多的事情。部队信任铁木辛哥，而这是主要的一条。我认为，现在解除他的职务是不公正的，也是不适当的。"

听了朱可夫的发言，加里宁首先表示赞同，其他政治局委员也同意朱可夫的看法。

最终，斯大林勉强同意了朱可夫的意见。

斯摩棱斯克会战以后，西线暂趋沉寂。其他几个方面虽仍在激烈战斗，但红军的力量正在得到加强，战线趋于稳定。这标志着大战初期苏军的被动境地即将过去。

这时，德军在列宁格勒方向的举动引起了朱可夫的注意。德军的持续进攻虽然没有一举攻破苏军的防御，但距列宁格勒已经不远。在总参谋部，朱可夫与作战部长兹洛宾、华西列夫斯基等高级将领对整个形势进行了讨论。经过分析，朱可夫认为，对莫斯科的进攻，敌人只能等到消除了苏中央方面军和西南方向上部队对其中央集团军群翼侧的威胁以后才会开始。西北方向的敌人加强部署之后，将力求在最短期间夺取列宁格勒，同芬兰军队会合。

朱可夫经过反复权衡比较，确信自己的预见是正确的。于是，他决定立即报告最高统帅，以便采取必要的对策。

7月29日，朱可夫向斯大林汇报了自己的想法，并且提出建议：分别从西方、西南方面军和统帅部抽调一个集团军，至少给中央方面军增加3个得到炮兵加强的集团军；由瓦杜丁担任中央方面军司令员。随后又解释说，在德军对莫斯科方向重新推进之前，就会有新的部队加入到首都的防御中来，因此莫斯科的保护不会被削弱。

朱可夫接着又说道："西南方面军必须立即全部撤过第聂伯河。在中央方面军和西南方面军的接合部后面，应集中不少于5个加强师的预备队。它将成为我们的拳头，好伺机打出去。"

听到此处，斯大林的脸色变了，凝视着朱可夫问道："你打算把基辅怎么办呢？"

朱可夫断然回答道："基辅必须放弃！"在场的所有人都屏住了呼吸。朱可夫努力控制

∧ 战争初期，时任苏军西南方面军司令员的铁木辛哥与政治委员赫鲁晓夫在前线指挥作战。

着自己的情绪，继续说道："在西部方向需要马上组织反突击以夺回敌方的叶尔尼亚突出部。敌人将来可能利用这个桥头堡来进攻莫斯科。"

"哪里还有什么反突击？真是胡说八道，"斯大林高声斥责道："把基辅交给敌人，亏你想得出来！"

朱可夫毫不退让，针锋相对地答道："如果你认为我这个总参谋长只会胡说八道，那么还要他干什么。我请求解除我的总参谋长职务，把我派到前线去，我在那里可能对祖国更有好处一些。"

"请你冷静些，再说，如果你这样提出问题，那么我们缺了你也能行。"

"我是一个军人，准备执行最高统帅部的任何决定。但是，我对形势和作战方法有清醒的看法，相信这个看法是正确的。而且，我和总参谋部是怎么想的，我就怎么汇报。"朱可夫答道。

斯大林没有打断他的话，迅速平息了自己的怒气，平静地对朱可夫说道："你回去工作吧，我们马上研究一下，一会儿叫你来。"

就这样，朱可夫收起地图，怀着沉重的心情离开了斯大林的办公室。半小时后，他又被叫回到最高统帅部。

斯大林告诉朱可夫，大家已经作出决定，由沙波什尼科夫接替他的总参谋长职务。他继续说道："我们想叫你去担任实际工作，你有在实战条件下指挥部队的实践经验，在作战部队肯定会发挥作用。当然，你仍然是副国防人民委员和最高统帅部的成员。"

"命令我到什么地方去？"朱可夫问道。

"你刚才汇报说要在叶尔尼亚附近组织一次战役，那就请你负责这件事吧！"斯大林接着说："必须把勒热夫－维亚济马防线上各预备队集团军的行动统一起来。我们任命你担任预备队方面军司令员。"

7月31日，朱可夫把总参谋部的工作交给了沙波什尼科夫，自己赶往预备队方面军司令部所在地格扎茨克，见到了参谋长利亚平少将和方面军炮兵司令戈沃罗夫少将。当天，朱可夫与助手们一起，特别仔细地研究了影响准备和实施旨在消灭德军叶尔尼亚集团的战役条件。随后，他和戈沃罗夫等人前往第24集团军司令部，这支部队正与敌人炮兵对射，亚尔采沃、叶尔尼亚和维亚济马以西的天空，被炮火映照的一片通红。

第二天，朱可夫同第24集团军司令员拉库京前往叶尔尼亚地区，进行现场侦察。他们发现，德军已经在防御前沿和纵深把坦克、强击火炮等都配置在掩体内，整个叶尔尼亚突出部成了一个坚固的筑垒阵地。显然，要在叶尔尼亚取胜，必须进行更充分的准备工作。朱可夫命令第24集团军用各种侦察方法搞清敌人的火力配系；增调2～3个师和炮兵部队；前送各种物质技术保障器材。朱可夫初步确定进攻不早于8月下半月，因为准备工作至少需要10～12天时间。

为了不使德军察觉苏军行动上的变化，朱可夫指示继续保持防御行动的姿态，并用一贯的方式打击敌人，掩盖一切兵力兵器部署的变动。这样做的另一层目的，是为了不给德军以安宁，用炮火尽可能就地消灭其有生力量。

德军的推进遭到阻滞以后，对德国人来说是一段犹豫不决的时期。苏联防御的顽强程度肯定是他们没有料到的。而且，希特勒对于进攻列宁格勒、莫斯科或乌克兰这三个目标的先后顺序似乎一直拿不定主意。8月4日，希特勒前往中央集团军群指挥部所在地，听取了冯·博克元帅的扼要报告，最终提出把列宁格勒作为主要目标。至于下一个目标是莫斯科还是乌克兰，希特勒仍然没有作出决定。

乌克兰的经济资源对于希特勒显然是具有吸引力的。此外，他认为除掉克里米亚这个被用来攻击罗马尼亚油田的苏联"航空母舰"十分重要。希特勒还表示希望，在冬季来临之前占领莫斯科和哈尔科夫。

可以肯定，苏军在斯摩棱斯克附近的顽强防御，严重地破坏了希特勒的时间表，并且动摇了他早日结束这次会战的信心。

8月15日，德国统帅部从中央集团军群抽出了一个坦克师、两个摩托化师去支援利布的北方集团军群，以对付苏军在旧鲁萨附近的猛烈反击。这样一来，德军在两个半星期之内无所作为，向莫斯科方向的推进完全停顿下来。机警的朱可夫首先察觉到敌军战略目标的这种变化，立即报告给斯大林。

8月初，古德里安曾打算向莫斯科方向发动进攻，但终于决定把矛头指向南方，以消除苏军中央方面军对德军中央集团军群右翼的威胁。

∧ 在苏联境内开进的隶属于古德里安的德军装甲部队。

朱可夫注意到德军中央集团军群的部分军队转向南方方向。8月18日，预备队方面军司令员朱可夫大将向斯大林作了详细报告："敌人获悉我已在通往莫斯料的道路上集结大批兵力……所以暂时放弃了对莫斯科的进攻，转入对我西方方面军和预备队方面军的积极防御，而把所有的快速突击力量和坦克部队用来对中央方面军、西南方面军和南方方面军作战。敌人的企图可能是：粉碎中央方面军、进抵切尔尼戈夫－科诺托普－普里卢基地区，从后方实施突击以粉碎西南方面军。"

为了挫败这一图谋，朱可夫建议在布良斯克地区集结一支强大的部队，用以对敌之翼侧实施突击。当天，朱可夫收到最高统帅部的复电，同意了他的建议。

★"喀秋莎"火箭炮

"喀秋莎"火箭炮，即1939年苏联制成的BM-13火箭炮。"喀秋莎"火箭炮采用多轨式定向器，一次齐射可以发射16枚132毫米弹径的火箭弹。这种火箭弹的最大速度为355米/秒，最大射程为8.5千米，能在7～10秒内将16枚火箭弹全部发射出去，再装填一次大约需要5～10分钟。一个由18门"喀秋莎"火箭炮组成的炮兵营，一次齐射便可以发射288枚火箭弹，能有效地杀伤敌人。1941年7月14日，苏军首次在战场上使用了这种大威力杀伤性武器。

　　8月中旬，西方方面军的一部和朱可夫的预备队方面军所属第24集团军，准备对叶尔尼亚和杜霍夫施纳地域的德军实施反突击。8月17日，朱可夫下令向叶尔尼亚地区的德军发起进攻。战斗十分激烈，双方在所有地段同时展开激战。德军用密集的大炮和迫击炮火力妄图阻止苏军的进攻。朱可夫毫不示弱，命令动用方面军所有的飞机、坦克、大炮予以还击。

　　在朱可夫卓越的指挥下，第24集团军达到了攻占有限地盘的目标，并在进攻的整个地段上压倒了敌军。在叶尔尼亚地域的战斗中，德军损失惨重，不久便不得不把两个溃不成军的坦克师、一个摩托化师和一个摩托化旅撤出防线。在这次战斗中，苏军首次使用了一种新武器——"喀秋莎"火箭炮★，收到了良好的效果。

　　古德里安此时向德国陆军最高司令部建议说："关于叶尔尼亚突出部，鉴于它现在已经没有意义，而且在继续造成伤亡，应予放弃。"他的这个主张遭到了拒绝。直到8月底，他才接到撤出并向苏联西南方面军侧后迂回的命令。

　　此时，苏军的伤亡也很严重，朱可夫请求补充兵员，并于8月24日下令停止"全面进攻"一天，而在次日再重新开始。30日，苏军以第24集团军为主，第43集团军协同，从东北和东南两个方向对叶尔尼亚突出部纵深阵地实施了向心突击，从而没有给德军以喘息之机，切断了他们的退路。叶尔尼亚突出部的咽喉，已经被苏军的铁钳越夹越紧。

9月6日，德军残部趁着黑夜，撤出了叶尔尼亚突出部。这是自从卫国战争开始以来，第一次彻底逼退德军。

同一天，苏军进入了叶尔尼亚城。为追击逃走的敌人，苏军于次日渡过斯特里亚纳河，并与西方方面军的部队会合，继续发展进攻。到8日，叶尔尼亚突出部对苏军的威胁，彻底解除了。后来，因为遭遇到德军的抵抗，苏军的进攻逐渐停顿下来。

< 在朱可夫的严密组织下，苏军在叶尔尼亚对德军展开了反击。

9月10日，沙波什尼科夫元帅下令停止进攻，并命令方面军占据防御阵地，叶尔尼亚突出部反击战胜利结束。在这一战役中，德军共损失了近5个师，伤亡达4.5万～4.7万人，并丢掉了大量的火炮。

"斯摩棱斯克防线"是一块盾牌，苏联各集团军在这块盾牌掩护下，得以重新组合并调集预备队以保卫莫斯科。朱可夫及其战友们建立了令人难以置信的功绩，通过发动一系列反击，遏止了德军对莫斯科方面的攻势。否则，莫斯科很可能会像希特勒原来计划的那样，在冬季来临之前被攻陷。斯摩棱斯克会战使希特勒的闪电战丧失了大部分势头。苏军在斯摩棱斯克地区的据守，是对德军计划的首次打击。

叶尔尼亚反击战的意义远不止此，尤其反映在它是苏德战争开始以来苏军取得的第一次重大胜利。由于叶尔尼亚战役的胜利，苏军的士气大大提高了，各部队更有信心向敌人发动协同一致的反突击，以火力大量杀伤敌人，并能抗击住敌人的反冲击。同时，苏军也学到了对德军斗争的多方面经验。

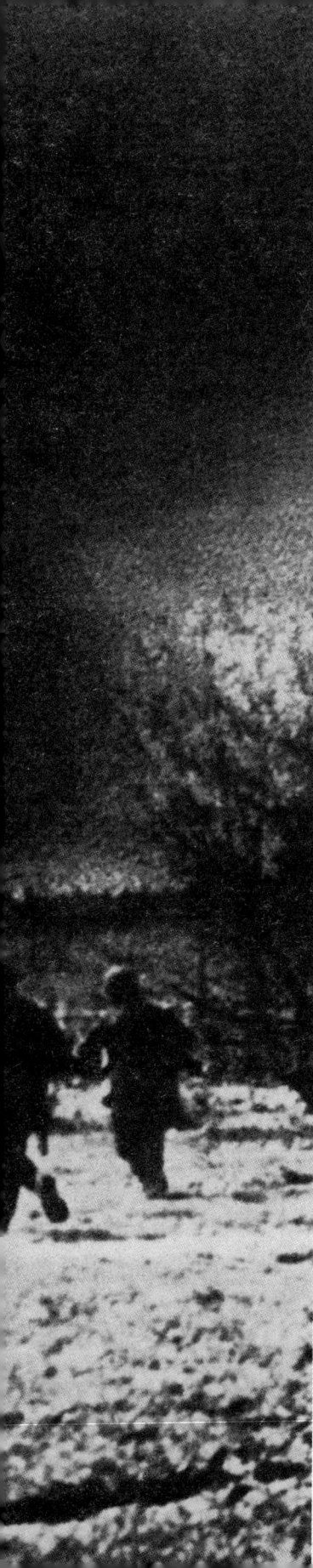

正如朱可夫向斯大林报告的那样："在战役进行的十天内，我到过所有的师和许多地方，亲自摸清了进行战斗的条件和部队的表现。绝大多数指战员的表现是好的。他们不怕牺牲，已经学会了敌人的技巧和战术。"

确实，叶尔尼亚的战斗，对苏军正确认识德军的防御战术很有好处。德军善于在居民点周围构筑防御，把居民点变成强有力的支撑点，每个支撑点均可实施多方向的射击，因此适合于环形防御。这种支撑点体系对单个目标的防御具有很大的独立性，因而也就提高了整个防御的稳定性。但是德军的纵深防御往往不够坚固。

需要指出的是，叶尔尼亚战役是朱可夫在卫国战争中独立指挥的第一个战役，是对他在对德大规模战争中指挥能力的第一次检验。一个月后，朱可夫详细地回顾了这一段经历和心得体会：

一个司令员要顺利完成所赋予的任务，究竟需要掌握哪些东西。我深刻体会到，谁能对所属部队进行良好的政治教育，善于向部队讲明战争和当前战役的目的，善于提高军队的士气，英勇作战，不畏艰险，信任部属，谁就能打胜仗。及时地掌握敌军及其指挥官的弱点，看来也是获得战斗或战役胜利的一个至关重要的条件……

斯摩棱斯克会战迫使德国人就战略问题进行了激烈的辩论，德军指挥部内部对于今后的作战方针发生了新的分歧。

8月底，德国元首希特勒的指令正式发布：

冬季尚未来临之前必须达到的主要目标，不是夺取莫斯科，而是在南方占领克里米亚和顿涅茨的工业区及煤炭产区，同时孤立俄国在高加索的石油产区。而在北方，则要包围列宁格勒并同芬兰军队会合。

德国调整了军事目标，不急于攻占莫斯科，而是从夺取南、北方战略目标入手，把列宁格勒作为他们的下一个重要目标。

> 在叶尔尼亚对德军进行的反击战役中，苏军步兵在坦克掩护下进攻。

第四章

列宁格勒保卫战

1896-1974　朱可夫

有一点是他不容任何质疑就确定下来的，即要考虑的不是城市陷落时的非常措施，而是确保列宁格勒不落入敌手。朱可夫为此提出了响亮的口号：不是列宁格勒惧怕死亡，而是死亡惧怕列宁格勒……

>> 挽狂澜于既倒

1941 年 9 月 9 日，朱可夫正在指挥夺取斯特里亚纳河西岸登陆场的战斗，忽然接到沙波什尼科夫的电报，命令他于当天 20 时前赶到最高统帅部。虽然朱可夫知道斯大林从不容忍迟到行为，但是作为指挥员，他不能不考虑当前战场的需要。

朱可夫略微考虑了一下，给总参谋长拍发了一份电报："请报告最高统帅，由于这里的形势，我将要求迟到 1 个小时。"

黑夜中，朱可夫驱车来到莫斯科克里姆林宫，突然一道刺眼的手电筒光照到他的脸上。迎面走来的是卫队长，他是奉命来接朱可夫的。当朱可夫走进屋里时，见到斯大林正在吃晚饭，同在一起吃饭的还有莫洛托夫、马林科夫等人。

斯大林没有询问朱可夫迟到的原因，而是跟他谈了列宁格勒目前的战局。此时外界与列宁格勒的陆上联系已被切断，芬兰军队从北面进攻卡累利阿地峡，德军北方集团军群在坦克第 4 集群加强下，从正南向该城攻击。斯大林说完这些话，眼睛转向了列宁格勒形势地图。

这时，一位国防委员会委员插话说："我们刚才报告了斯大林同志，列宁格勒方面军的首长恐怕不能扭转那里的形势。"

斯大林不满意这个插话，仍然沉默着，继续看着地图。他突然问道："朱可夫同志，你对莫斯科方向的形势有什么看法？"

朱可夫知道斯大林是想全盘考虑各个方面军的形势。略微思考之后，朱可夫答道，德军的伤亡也很严重，如果不能结束列宁格勒战役，不与芬兰军队会合，未必能够立即在莫斯科方向展开进攻。这一判断似乎坚定了斯大林的决心。

斯大林满意地点点头，亲切地对朱可夫说："你这一次打得不错。你那时是对的（此处指 7 月 29 日的报告）。现在想上哪？"

"回前线去。"朱可夫干脆地说。

"回哪个前线？"

"您认为需要去的那个前线。"

斯大林脸上露出少有的舒心的笑容："去列宁格勒吧！列宁格勒处境十分困难。德国人如果夺取了列宁格勒，并且同芬兰人会合，就能从东北面迂回莫斯科，那时的形势就要更加严重。"

同时，斯大林提醒道，要飞越德军空军的控制区才能到达列宁格勒，

*科涅夫（1897～1973）

苏联元帅。1918年参加苏军。1934年毕业于伏龙芝军事学院。参加过第一次世界大战。国内战争时期，在东线参加了对日本干涉军的作战。卫国战争初期，任西方方面军第19集团军司令。后历任西方方面军司令、加里宁方面军司令、西北方面军司令、草原方面军司令、乌克兰第二方面军司令和乌克兰第一方面军司令。参加指挥了卫国战争的多次战役。因战功卓著，两次被授予"苏联英雄"称号。

因此他只给了朱可夫一张字条，要他亲手交给伏罗希洛夫，上面写着"请将方面军交给朱可夫指挥，然后立即飞回莫斯科"，而任职命令要等他安全抵达列宁格勒之后才正式下发。

朱可夫表示坚决服从，但他要求允许带两三位将军去，替换过度疲劳的司令员们。斯大林说："你愿意带谁就带谁去吧！"随后，就各方面军领导改组及敌人下一步的行动，斯大林又征求了朱可夫的意见。朱可夫建议由铁木辛哥继任司令员，而空出来的西方方面军司令员职务则由第19集团军司令科涅夫*中将接替。斯大林立即打电话让沙波什尼科夫照此执行。

但是，当朱可夫再次强调乌克兰方面的危险局势，要求把全部基辅集团撤过第聂伯河时，斯大林则又一次固执地提出了"基辅怎么办"的问题。

"斯大林同志，无论多么令人痛心，基辅也必须放弃。我们别无其他出路。"朱可夫知道这是最后的机会，然而还是遗憾地丧失了。

9月上旬，基辅战役开始，西南方面军主力部队没有能够及时撤出包围圈，许多高级将领和大批官兵牺牲或被俘，其中包括方面军参谋长和政治部主任等人，方面军司令员基尔波诺斯上将也壮烈殉国。苏联红军在此役中被俘的人数，最高估计达65万人。

1941年9月10日早晨，朱可夫带领自己亲自挑选的霍津中将、费久宁斯基少将和科科佩夫少将，来到莫斯科中央机场，乘专机飞往列宁格勒。

天气阴沉，凉风习习，让人感到十分清爽。机长过来报告说，全体机组人员已经做好飞行准备。朱可夫一行不约而同地看了看天空，乌云密布，云层很低。

机长笑着说："我们能钻过去！在敌军上空飞行，这是最合适的天气。"

飞机直接飞向列宁格勒。

> 时任联共（布）中央委员会书记、列宁格勒州委书记的日丹诺夫。

　　哪里有危急，朱可夫就会在哪里出现，他正在起着一个"救火员"的作用。

　　战争爆发后，伏罗希洛夫负责指挥西北方向，日丹诺夫担任军事委员会委员，扎哈罗夫少将则被任命为西北方向的参谋长。德军于6月发动突然进攻以后，不断向这个俄国前首都推进，在夏季快要结束的时候，列宁格勒面临越来越严峻的形势。到7月初，西北方面军原有的30个师只剩下5个装备齐全的满员师，其余各师严重减员，只剩下10%～30%的兵力。

　　希特勒统帅部为了夺取列宁格勒，将大量军队投入进攻。在7月至8月西北方向的作战中，德军占领了列宁格勒州的大部分地区。

　　到8月21日，德军的几个师推进到离城市更近的地方。德军第1军完好无损地夺占了采多沃的铁路桥和公路桥，切断了通往莫斯科的铁路。8天之后，德军又攻占了托斯诺，向穆加车站、亚米若拉和伊万诺夫斯科耶挺进。经过激烈战斗，德军占领了穆加这个重要铁路交叉点，于是列宁格勒同俄国其他地区的最后一条铁路线被切断。这时，德军第16集团军开始从东面包围列宁格勒，沿着涅瓦河左岸向拉多加湖方向推进，甚至在一些狭窄的地段也投入了大批飞机，试图冲破防线。到9月8日，德军进抵拉多加湖南岸，占领施吕塞尔堡以后，陆上封锁宣告完成。接着他们开始收紧对列宁格勒的巨大的钳形包围，派出一批又一批轰炸机轰炸市区，企图摧毁苏军的抵抗。

从莫斯科的伏努科沃机场起飞后，朱可夫和由他亲自挑选的3名军官在途中便着手拟订初步作战计划。从莫斯科到拉多加湖的飞行路线一直都在下雨，但就在他们飞临湖面的时候，天气突然开始放晴。在拉多加湖上空，他们乘坐的"里－2"运输机遭到了两架德军"梅塞施米特"式歼击机的追逐，不得不采取超低空飞行状态，以躲避对方的攻击。幸好"梅塞施米特"没有能及时占据有利攻击阵位，不久"里－2"安全降落在列宁格勒市内的要塞机场。一下飞机，朱可夫一行4人就直奔方面军司令部所在地斯莫尔尼宫。此时方面军军事委员会正在举行会议，讨论一旦扼守不住列宁格勒，应采取哪些措施。朱可夫态度十分强硬，指示暂不采取任何放弃城市的措施，坚决保卫列宁格勒，直到最后一个人。

朱可夫把纸条交给伏罗希洛夫，没有经过什么特别的手续，就接管了列宁格勒方面军司令的一切权力。随后，朱可夫和伏罗希洛夫在交换资料上签了字，便一起走到电报机旁。朱可夫向统帅部报告："我已接管指挥职务，请向最高统帅报告，我希望比我的前任更积极地工作。"伏罗希洛夫对统帅部没有说什么就走了出去。当天晚上，伏罗希洛夫和他的大部分参谋人员都飞回了莫斯科。方面军领导也相应进行了改组，朱可夫同时还撤换了第42、第8两个集团军司令员。

朱可夫接过指挥权时，战场局势已经变得十分危急。由于德军在20公里宽的一块地段上突破到拉多加湖沿岸，把被合围的列宁格勒方面军同穆加以东、在沃尔霍夫河一带的苏军部队分隔开来，后者正在竭力阻止德国装甲部队向列宁格勒东部推进。

苏军第8、第42、第55集团军被迫退往城郊的环形防线或退往芬兰湾。苏军南部战役集群，即卢加战役的残余部队，由于被德军坦克第4集群包抄和合围，结果一部被歼，一部向东和东北方向突围。这样，德军已经越来越逼近列宁格勒了。

经过为变更部署和进一步进行准备所必需的数天延迟之后，德军中央集团军群已于9月9日发动了进攻。尽管苏军进行了拼死抵抗，第一天战斗结束时，前沿防线的一段10公里宽的正面被突破到2～3公里的纵深，并不断冲击普尔科夫高地、普希金地区和科耳皮诺地区。随后，德军又对收缩防线的苏军加紧攻击。第42集团军在德军的连续攻击之下，早早地用尽了自己的预备队。这天拂晓，德军占领了杜杰尔戈弗；次日，又占领了红谢洛（红村）。

对苏军来说，战场的形势已经到了极为紧急的地步！

此时，列宁格勒以南的筑垒地带大部分被攻破，最前面的德国装甲部队离城已经不到11公里。

从10日晚至11日晨，朱可夫都在与大家研究当前局势和保卫列宁格勒的补充措施，但有一点是他不容任何质疑就确定下来的，即要考虑的不是城市陷落时的非常措施，而是如何确保列宁格勒不落入敌手。朱可夫为此提出了响亮的口号："不是列宁格勒惧怕死亡，而是死亡惧怕列宁格勒！"

朱可夫立即开始了自己的工作，采取一切必要的措施来恢复列宁格勒的防御，在一切问题上毫不留情，不管这样做会得罪谁。朱可夫坚持要撤换关键性的人员，因为他宁愿周围有一批自己知道确实是精明强干的人。

朱可夫一到前线，就发现第8集团军纪律松懈，如同一盘散沙，有些师长没有接到命令就退出战斗，不少士兵一听见枪声就跑。朱可夫认为对此必须采取最严厉的措施进行整顿，并颁布命令，凡是失职的都要处决。为了使命令具有威力，朱可夫逮捕和枪决了一批有叛国行为或擅离职守的军官和士兵；对一些不良风气弥漫的连队宣布解散，士兵重新分配。

对军队各机关部门的作风，朱可夫也开始大力整顿，坚决纠正不负责任、形式主义等不良作风。经过整顿，部队的战斗力明显增强。

有一次，方面军工程处长比切夫斯基向朱可夫汇报工程事务。他例行公事地汇报了目前的工事状况、防御准备情况及下一步打算做的工作。

朱可夫认真地听着，没有打断他的话，后来又转过身来，开始看挂在墙上的城市防御工事大比例尺地图。

过了一会儿，朱可夫突然问道："把坦克放在彼得罗斯拉夫扬卡区干什么?你对我隐瞒了什么？你过来，这里有些问题。"

"司令员同志，这是模型坦克。"比切夫斯基急忙解释说，"我们在马里伊斯基剧院的道具车间造了50辆，德军轰炸了它们两次。"

"两次!"朱可夫嘲讽地说，"这把戏你们玩了多久了？"

"德国人不久就会看透这个把戏，就会开始用木头炸弹来炸这些模型坦克了。"朱可夫十分幽默地说。他命令比切夫斯基组织人员第二天再造出100辆，放在他在地图上指定的两个地方，表示在这个"把戏"还灵验时要好好利用。

在战争的非常时期，每个列宁格勒市民都成了战士。他们竭尽全力生产武器、弹药和军事技术装备，所有工作都是在炮击和轰炸下完成的。德军要摧毁的首要目标，包括了所有繁华的街区，还有工厂、大专院校、中小学、车站、医院和商业中心等。德军在进攻波罗什一

< 朱可夫正在指挥部研究地图。
> 保卫列宁格勒的苏军高射炮部队。

带的涅瓦河防线时,甚至驱赶当地居民走在前面,使苏军只能以精确的曲线火力打击其纵深。

据德军俘虏供认,对列宁格勒炮击的基本任务是"杀伤市民、破坏工厂和重要建筑物,震撼列宁格勒人的精神"。但是,列宁格勒人的精神却反过来给了德国人以极大的震撼,这真是对德军的绝妙嘲讽!

位于城市近郊的工厂里,工人们一面为部队生产武器装备,一面也拿起了武器,就在工厂的院墙和厂房与侵略军展开搏斗。中青年工人参加了军队或是民兵,少年、妇女和退休工人们顶替他们生产。生产重型坦克的基洛夫工厂成为大型支撑点,工厂朝向前线一面的车间窗户全部用铁板和沙袋挡住,坦克从生产线上昼夜不停地直接开赴前线。

9月13日,德军2个步兵师、1个坦克师和1个摩托化装甲师突破苏军防御,占领了康斯坦丁诺夫卡、索斯诺夫卡和芬兰科伊洛沃,向乌里茨克推进。

14日早晨,在进行短促而猛烈的炮火准备之后,步兵第10师与友邻兵团协同,在航空兵支援下,对德军实施迅猛的突击。经过激烈战斗,恢复了原防御态势,给德军以重大打击,迫使其放弃了索斯洛夫卡和芬兰科伊洛沃。

但是就在同一天,另一部德军进抵苏联民兵第5师占据的普尔科沃高地。在此之前,苏军已经将堑壕和火力点修筑完毕。可是位于戈列洛沃车站地区的普尔科沃右翼阵地,已经于13日落入德军手中。民兵们冲进了车站,企图在车站固守。可是当天下午他们遭到德军机械化第41军的步兵师和坦克师的进攻,戈列洛沃车站再度落入敌手。一小时以后,第5师发动反击,又夺回了戈列洛沃。

当晚,苏军第42集团军司令员伊万诺夫中将由于担心普尔科沃的安全,带领一个团从

被围的戈列洛沃车站奔赴鲁尔科沃高地，只留下一个团驻守戈列洛沃。该团团长克拉斯诺维多夫受伤，由政治委员斯米尔诺夫代理团长。

9月15日，双方在乌里茨克的争夺更加激烈，许多阵地一天之中双方易手几次。德军明显感到苏军打得更加顽强了。

晚上8时左右，德第18集团军在斯特列尔纳和乌里茨克之间突入芬兰湾，把苏军第8集团军与列宁格勒隔开，这样，苏军就只剩下第42和第55集团军守卫列宁格勒了。德军统帅部命令第18、第16集团军发动钳形攻势，拿出8个师对付苏军第42集团军，拿出3个师对付苏军第55集团军。德军统帅部已经创造了近距离围攻城市的必要条件。

在此危急关头，朱可夫精心拟订出一项加强该城防御的计划，以阻挡德军突击集团在乌里茨克和列宁格勒方向上的继续进攻。他的指导思想是使用空军和炮火突击德军，以阻止他们突破苏军防御；在9月18日以前，组建5个步兵旅和两个步兵师，为列宁格勒的近距离防御的四条防线配备兵力；使用第8集团军突击德军的翼侧和后方，并解放穆加和施吕塞尔堡。这项计划要求动员这个地区的一切人力物力，包括方面军部队、列宁格勒市民以及苏联海军，来加强预备队，扩大防御纵深。

在第42集团军的防区，朱可夫计划建立起一道防线，以此来阻止德军通过发动强攻夺取列宁格勒。他非常倚重海岸炮兵和波罗的海海军舰船的火力，因为随着战线缩小和越来越靠近海洋，它们将能发挥更大的威力。

在德军重新向第42集团军发动进攻的时候，朱可夫派自己的副手费久宁斯基将军前往该集团军司令部。司令部离前线非常近，子弹在头顶上呼啸。一走进掩蔽部，费久宁斯基发现集团军司令员用两只胳膊支着头，一副疲惫不堪、一筹莫展的样子。

费久宁斯基问伊万诺夫将军，目前他的部队部署在哪儿。"我不知道，"这位将军回答道，"我什么都不知道。"

"那么你同你的部队有联系吗？"费久宁斯基问。

"没有联系。今天的战斗打得很艰苦。在一些地段不得不向后退却。通信线路都被破坏了。"伊万诺夫几乎是心不在焉地答道。

费久宁斯基向朱可夫报告了情况，得到的命令是要他亲自接管这个损失惨重的第42集团军的指挥权。

9月16日，为了防止德军通过乌里茨克向列宁格勒突破，朱可夫临时组织了两个民兵师，以及由水兵、防空军人员组成的两个步枪旅，火速增援第42集团军。这些部队布置在第42集团军防线之后，从芬兰湾沿岸经利戈沃、肉类联合加工厂、雷巴茨科一直到涅瓦河。朱可夫命令各部队未经方面军司令部特别批准，不得从这条防线后撤。就这样，他建立起一支强大的第二梯队，建立了有效的纵深防御。

但是，在德军强大的进攻下，第42集团军和临时组织的部队能否抵挡住，朱可夫心中对此也没底。这时已经到了十分危急的关头，朱可夫和高级将领们面临着十分巨大的压力。在紧张的气氛中，朱可夫显得态度生硬、烦躁，对军官特别是中高级军官则极为严厉，但对士兵们仍保持友好的态度。

工程处处长比切夫斯基上校满身泥水地走进朱可夫的办公室，朱可夫和日丹诺夫都在那里站着，俯身在看地图。朱可夫板着面孔说："你总算来了。我们找了你一夜都没找到，你到哪里鬼混去了？我猜你是睡大觉去了……"

比切夫斯基报告说："我在执行您的命令，检查环行路一带的防线和反坦克防御工事。"

"第42集团军司令员知道这一防线吧。"

比切夫斯基回答说："今天下午，我发了一张这条防线的地图给集团军参谋长别列津斯基将军。费久宁斯基将军到部队巡视去了。"

"我不是问你把地图交给了谁，我关心的是另一个问题：你知道集团军司令员是否知道这条防线？你懂俄国话吗？"

比切夫斯基脱口而出："费久宁斯基将军就在外面会客室里等着。"

朱可夫勃然大怒："你不告诉我，我也知道他在这里。你考虑到没有，如果安东诺夫的那个师（刚组建的民兵师）今夜不进入环形路这条防线，

∧ 身处列宁格勒前线指挥作战的朱可夫正在签署作战命令。

德国人就会突入城内；那时我就要像对待叛徒一样在冬宫前枪毙你。"

比切夫斯基愣住了，感到形势异常的严重，又不敢说不知道民兵师要在天亮前进入的命令，只好答道："司令员同志，请允许我现在和费久宁斯基一道去，我们将带领那个师进入准备好的防线。"

"你总算明白了，"朱可夫脸色缓和了，但语调还是那么刻薄："快带他们到那里去。记住，如果 9 点前不把那个师部署好，我就枪毙你。"

当比切夫斯基走出朱可夫的办公室时，费久宁斯基正在客厅里面带微笑等着他，"不要不高兴，工程处长，"费久宁斯基十分了解朱可夫的性格，他对满脸苦相的比切夫斯基说："你还是幸运的哩。就是这位格奥尔吉·康斯坦丁诺维奇，还说要把我们和军事委员一起绞死哩！我们已经决定你一来我们就走，我们决定等你一会儿，我们知道司令员不会让你在那里待多久的。"

然后，比切夫斯基和费久宁斯基一起奔赴民兵师。到了早晨，这个师已全部地进入防线。

9 月 16 日的激战仍在继续，斯卢茨克和普希金落入德军手中。列宁格勒市内一条有轨电车线的终点站亚历山大罗夫卡也于 9 月 17 日被德军占领，同一天，德军部分装甲部队和摩托化部队开始调往中央集团军群。这时，德军似乎已经胜利在望了。

当德军接近沃洛达尔斯克和乌里茨克时，细心的朱可夫发现进攻中的德军左翼延伸得很长，兵力松散，于是决定用第 8 集团军组成反突击集团。这个集团军被德军从列宁格勒城隔开，这时正好可以从敌人的翼侧实施反突击。朱可夫迅速把第 10、第 11、第 125 和第 168 步兵师以及民兵第 3 师集结起来。通过在内部调整部署，他建立起一支突击力量，同时重新编成了自己的预备队。

9 月 17 日，德军 6 个师在北方集团军群空军联队支援下，企图从南面向列宁格勒突破。朱可夫命令继续进行反击，指示第 8 集团军司令员收复沃洛达尔斯克居民点，并向红村方向突击。第 55 集团军则受命把德军从斯卢茨克和普希金公园赶回去。第 42 集团军则要扩大它在乌里茨克地区的战果，同时守住靠近天文台的普尔科沃阵地的中段。

然而，第 42 集团军未能守住乌里茨克，9 月 18 日傍晚，该镇再次为德军所占领。双方继续进行着极其残酷的战斗。到 9 月 23 日，可以明显看出德军进攻普尔科沃这个方向的突击力量大大地减弱了，因为只有 20 辆坦克参加进攻。第 42 集团军成功地打退了敌人的继续进攻。

<苏军坦克沿着列宁格勒城内有轨电车线开赴前线作战。

这样一来，德军企图在9月下旬，通过乌里茨克或普尔科沃高地到达列宁格勒的计划终于破产了。第42集团军在利戈沃、下科伊罗沃和普尔科沃一线巩固下来了。

德军进攻兵力至此已消耗大半，并且由于从列宁格勒地区调走了一些部队，进攻力量进一步被削弱。

★希特勒

纳粹德国元首，是发动第二次世界大战的首要战犯。第一次世界大战时，其是一名普通的上等兵。1919年组织德国国家社会主义工人党，自任党魁。1923年组织了"啤酒馆暴动"。1934年兴登堡死后自封为总理，集党政大权于一身，实行法西斯独裁，同时积极准备发动对外侵略战争。1939年发动对波兰的入侵，挑起了第二次世界大战。1945年4月30日，在苏军攻克柏林的情况下，自杀毙命。

>> 稳固保卫列宁格勒的基础

虽说较大规模的战斗一直持续到1941年9月25日，但由于苏军的强有力反击，德军的推进非常有限。

希特勒★得知德军通过乌里茨克和普尔科夫高地，攻入列宁格勒的计划彻底失败的消息时，气得简直要发疯。他懂得，时间不利于德国而有利于苏联，因为苏联可以争取时间来动员力量和制造新武器，而德国却将逐步失去优势。于是，他决定将围攻列宁格勒的第4装甲集群调往莫斯科，北方集团军群不再对列宁格勒组织全线进攻，而采取空中优势兵力对重点地段进行重点进攻，同时巩固包围圈。希特勒对利布元帅发出指示，如果不能以武力取胜，就对城市进行封锁，让列宁格勒人忍饥挨饿，然后再摧毁该城。

列宁格勒的保卫者们顶住了德军的攻势，却面临着极其困难的局面：给养严重缺乏。由于处在德军连续不断的炮火和空中轰炸之下，为这座城市输送给养的唯一动脉——经由拉多加湖的交通线，遭到部分破坏，只能部分满足被围部队和居民们的需要。

尽管面临的问题很多，但是目前，朱可夫可以把他的主要精力用来拟订列宁格勒外围防御准备工程的详细计划，并监督计划的实施了。因为这关系到列宁格勒的生死存亡。

在朱可夫的领导下，部队官兵和列宁格勒居民同仇敌忾，并肩协力，在城南、东南及北部接近地上建立起周密的防区，包括主要防御地带、次要防御地带以及一系列堑壕阵地和筑垒地域。在第23、第42、第55集团军和涅瓦河现役集群负责防御的地段，以及最靠近城市的地区，都修筑了大量工事，这些工事对于保卫列宁格勒具有极其重大的意义。

> 沿反坦克壕防御作战的苏军士兵。

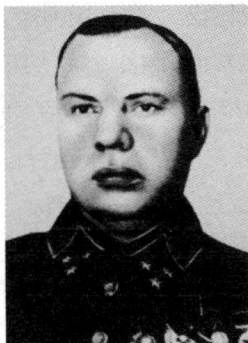

∧ 协助朱可夫作战的列宁格勒前线军事委委成员：霍津中将（上图）、费久宁斯基少将。

朱可夫将防坦克阵地分布在整个防御纵深内。到 1941 年 11 月，在第 42 集团军的防区内，苏军已设置了 41 个防坦克阵地。为了确保坦克的效能，朱可夫配置了若干门反坦克炮担任掩护，其平均密度是每公里正面拥有 20 门炮。

为了加强防御，朱可夫把全城分为 6 个防御地段，每个地段都建立了以营防御区为基础的坚强阵地，在这些地段内共建立了 99 个营防御区。朱可夫还强调必须在全城设置路障，并命令在路障前面挖掘防坦克壕。

朱可夫不仅注重陆地防御，而且对空防建设也抓得很紧，因为他深知德军空袭的危害性。当时，希特勒已经把空降兵调到列宁格勒前线。为了保卫城市不受空降兵的攻击，朱可夫组织了对空降兵的有效的防御：主要是把工人民兵小组、军事化的消防小组以及共青团支队组织起来，把防空武器分布在城市的接近地；有的炮兵部队甚至部署在芬兰湾里的平底船上。为了迷惑德军的轰炸机，给其行动造成障碍，朱可夫还在列宁格勒上空放置了阻塞气球。

与此同时，朱可夫还做了最坏的打算，就是德军突入列宁格勒城后的应变措施，即在工厂、桥梁和公共建筑物内部安放了地雷。一旦德军突入城内，就把这些建筑物连同敌人一起炸掉。朱可夫还给居民发放了武器弹药，届时将组织老百姓展开巷战，从住宅建筑物里打击敌人。

由于朱可夫和他的司令部人员的成功组织，在市民们中间做了大量的组织工作，实际上已让这座城市变成了一座坚不可摧的堡垒，使它能够迎接各种险恶情况的挑战。

朱可夫的以上努力，终于收到了良好的效果。

在对列宁格勒方面军进行作战编制时，朱可夫创造性地汲取了以前历次战斗中取得的经验，作出了一个非常及时和完全正确的决定，即没有在整个战线上平均分布兵力兵器，而是把主力集中在具有决定意义的方向上，即列宁格勒的西南接近地和南部接近地上，为最终取胜发挥了决定性作用。

列宁格勒军民的精神是可歌可泣的。他们克服了难以想象的困难，顽强地坚持战斗。1944 年初，苏军开始全线反攻，歼灭列宁格勒周围的德军兵团，彻底结束了长达 3 年零 1 个月的列宁格勒保卫战。

列宁格勒保卫战的胜利具有空前的意义。它不仅坚定了苏联人民必胜的信心，打击了德军的气焰，而且牵制了德军的大量兵力和芬兰的全部军队，对其他方向战场形势的转变起了重大作用。

从 9 月 10 日抵达列宁格勒直到 10 月 7 日又被调往另一危险地区为止，朱可夫一直日以继夜地紧张工作，领导在这座被围的城市周围修筑新的防御工事，制定突破德军封锁的详细计划。作为方面军司令员，他还使陷入困境的红军部队重新恢复了信心，鼓舞他们挡住了德军新的猛烈进攻。

朱可夫确实是在生死关头保卫列宁格勒的最大贡献者。朱可夫的光芒使其他将领黯然失色。正如后来朱可夫自己所认可的那样，他是在最困难危急的时刻接管列宁格勒方面军的：

★ "台风"

★ "台风"

"台风"是苏德战争期间德军"中央"集团军群实施的一次战役计划的密语代号。该计划的主要内容是，德军于1941年9月30日在封锁列宁格勒并占领基辅之后，开始实施目的在于围歼莫斯科附近的苏军并攻占莫斯科的战役。"台风"行动是苏德战争中德军进行的一次重大军事行动。在1941年至1942年的莫斯科会战中，该计划被苏军的顽强防御所击破。

德军深入到普尔科夫高地，个别德军坦克突入到肉类联合厂。尽管只在列宁格勒待了20多天，但对于这次战役的胜利，朱可夫却是功不可没的。

正当朱可夫竭力稳定列宁格勒方向战线之时，德军却开始了进攻莫斯科的行动。10月上旬，德军集中了100多万人、1,700多辆坦克和19,000门大炮，在强大的空军第2航空群掩护下，准备对莫斯科实行猛烈的进攻。

斯大林急忙调兵遣将，准备了西方、预备队和布良斯克三个方面军以迎击德军、保卫莫斯科，兵力共80万人、770辆坦克及9,150门火炮，不包括补充部队和后方勤务部队。其中，兵力和兵器最多的是西方方面军。

但由于德军的进攻过于突然与迅速，这次代号为"台风"★的攻势在10月初取得较大进展。值此关键时刻，斯大林再次想起了朱可夫。

1941年10月5日晚，斯大林打电话给朱可夫，询问列宁格勒的情况怎么样。朱可夫报告说德军已停止进攻。据俘房的口供说，德军损失严重，现已转入防御。但城市仍在遭受德军炮击和空袭。朱可夫报告说，苏军的空中侦察发现德军机械化和坦克纵队正从列宁格勒向南大规模运动，并发表看法说德军指挥部显然正在把这些部队调往莫斯科。

听了朱可夫的报告以后，斯大林沉默了一会儿，然后说，在莫斯科方向，特别是在西方方面军地域出现了严重局势。

斯大林对朱可夫说："把你的列宁格勒方面军司令员的工作交给参谋长霍津将军，你乘飞机来莫斯科一趟。最高统帅部想和你商量一下重要事情。"

"请允许我10月6日早晨起飞。"

由于10月5日晚，第54集团军防御地段上出现重要情况，朱可夫未能在6日晨起飞。

10月6日傍晚，斯大林再次亲自打电话给朱可夫，重申："留下方面军参谋长霍津将军或者费久宁斯基代替你，请你自己乘飞机来莫斯科一趟。"

朱可夫打电话给指挥第42集团军的费久宁斯基，"你没忘记你是我的副手吧？"朱可夫问自己的朋友道。"你马上来吧！"费久宁斯基很快动身来到斯莫尔尼宫。朱可夫对他说道："你指挥这个方面军吧。用不着再向你介绍情况，因为你都清楚。他们要我立即到最高统帅部去。"

朱可夫同军事委员会委员们告别以后，便乘机飞往莫斯科。

此时，保卫莫斯科的会战已在进行中，而朱可夫将在这次会战中发挥重要作用。

01

∧ 奥匈帝国王储斐迪南与妻子在萨拉热窝被刺，引发了第一次世界大战。

王储被刺引发世界大战

1914年6月28日，奥匈帝国王储斐迪南大公和他的妻子在萨拉热窝的大街上遇刺身亡。行刺他们的是一名年轻的塞尔维亚民族主义者。这次暗杀事件，破坏了欧洲本来就难以保持的平静，各国迅速武装起来，积极扩军备战。一个月以后，奥匈帝国以"萨拉热窝事件"为由对塞尔维亚宣战，至8月6日，分属两大阵营的欧洲各主要国家先后相互向对方宣战，第一次世界大战全面爆发。

美国正式承认苏联

1933年11月17日，美国总统罗斯福宣布，美国政府正式承认苏联。罗斯福与苏联外交部长的广泛接触终于打开了双边关系的大门，罗斯福在向记者宣读他写给苏联外交部长的信时说："我相信我们两国人民会永远保持正常、友好的关系，我们两个国家将为相互的利益和维护世界和平而合作。"苏联各行各业的人们对这一新建立的外交关系感到欢欣鼓舞。

苏德双方缔结《苏德互不侵犯条约》

1939年8月23日，赴苏访问的德国外长里宾特洛甫在莫斯科与苏联外长莫洛托夫共同签订了《苏德互不侵犯条约》。规定缔约国双方相互不使用武力，也决不直接或间接参加反对缔约国另一方的国家集团，如果互相之间发生纠纷，两国将通过和平的方法解决，条约有效期为10年。该条约的签订虽然暂时缓解了苏德矛盾，为苏联的备战赢得了一些时间，但给世界反法西斯斗争带来很大危害。条约的一个直接后果是孤立了波兰，希特勒放心地加快了吞并波兰的步伐。

> 苏联外长莫洛托夫（左）访德时与希特勒交谈。

02

英法对德宣战

1939年9月3日，纳粹德国闪电入侵波兰后，英法两国对德宣战。在德国军队突破波兰后，法国和英国政府立即向第三帝国发出最后通牒："终止一切对波兰的侵略行动，并从波兰的领土上撤出军队，否则联合王国和法国将履行我们的义务。"9月3日，英国首相张伯伦郑重宣布英法两国的军队将与希特勒的军队交战。英法对德宣战，标志着第二次世界大战的全面爆发。

莫洛托夫访问德国

1940年11月12至13日，苏联人民委员会主席兼外交人民委员莫洛托夫应邀对德国进行了一次访问。期间，莫洛托夫与德国最高领导人希特勒和德国外交部长里宾特洛甫举行了会谈。德国领导人建议苏联加入《德意日三国同盟条约》，并与轴心国共同瓜分英国的海外殖民地。希特勒还建议苏联将其领土要求指向印度洋方向。对此，苏联方面表示拒绝，会谈并未取得积极成果。

南斯拉夫人民的反法西斯斗争

1941年春，德军入侵南斯拉夫。4月10日，南共中央委员会成立了军事委员会，决定准备武装起义。南斯拉夫共产党中央政治局于6月22日作出进行全境抗战的决定。6月27日，南斯拉夫人民解放游击队总司令部成立，南共总书记铁托为总司令。自7月7日起，南斯拉夫各地相继爆发了武装反抗德国法西斯的起义。南斯拉夫人民的英勇斗争，对世界反法西斯战争的胜利做出了巨大的贡献。

retrieval

03

美英军方华盛顿秘密会谈

面对德意等国在欧洲战事中频频得手的险恶局势，为了共同对抗法西斯国家的侵略扩张，美英两国军队总参谋部的代表自1941年1月29日至3月27日在华盛顿举行秘密会谈，经过研究和讨论，最后商定了《ABC－1参谋协议》。协议要点是：两国如果将来既对德国又对日本作战，要采用封锁轰炸和颠覆的方式首先击败德国，然后在集中力量对付日本。这次会议对于第二次世界大战的发展产生了重要的影响。

丘吉尔发表援苏演说

1941年6月22日苏德战争爆发当天晚9时，英国首相丘吉尔在伦敦发表广播演说。在演说中，丘吉尔对德国军队入侵苏联表示愤慨，认为苏联所面临的危机就是英国的危机，同时也是美国的危机。丘吉尔明确表示，英国将立即对德国的战略目标实施猛烈轰炸，以帮助苏联军队对德作战。英国还将对苏联提供军事和经济援助，并与苏联携起手来共同与法西斯进行斗争，直到彻底击败法西斯侵略势力。

04

《大西洋宪章》公布

1941 年 8 月 9 日至 13 日，英美两国首脑在位于大
西洋的阿金夏湾举行会谈，并于 8 月 13 日签署了《联
合声明》，次日正式公布，史称《大西洋宪章》。其
内容包括两国不谋求领土和其他方面的扩张、不承
认轴心国家通过侵略所造成的领土变更等。这一宣
言的发表，对于动员和鼓舞全世界的人民，加强反
法西斯同盟，打败德意日法西斯侵略者起到了积极
的推进作用。宣言中的民主、自由等原则成为联合
国宪章的基础。

斯大林致信丘吉尔

1941 年 9 月 3 日，苏联最高领导人斯大林致信英国
首相丘吉尔。在信中，斯大林重申了苏联政府要求英
国在 1941 年年底之前开辟欧洲第二战场的立场。他
还要求英军采取行动，迫使德国从东线调走 30～40
个师，并保证每月至少向苏联军队提供 400 架作战
飞机和 500 辆坦克。9 月 6 日，丘吉尔复函斯大林，
就开辟第二战场问题阐述了英国方面的立场。他表
示如果没有土耳其的援助，英国就不可能在巴尔干
开辟第二战场。

苏联政府就阿富汗问题发表声明

1941 年 10 月 11 日，苏联政府发表了一项关于阿富
汗问题的声明。声明宣称：苏联政府对德国和意大
利等轴心国家派出大量间谍在阿富汗领土上的肆意
活动表示关切，苏联要求阿富汗政府对这一情况采
取措施进行制止。在苏联政府发表这一声明的当
天，英国政府也发表了一篇相同内容的声明。

> 美国总统罗斯福在大西洋的阿金夏湾会议期间，签署
了《大西洋宪章》。

第五章

俄罗斯无路可退

1896-1974 朱可夫

当德军在与加里宁方面军的交战中再一次得手后，斯大林很快给朱可夫打来电话：

"你坚信我们能守住莫斯科吗？"还没等朱可夫回答，斯大林语气缓慢地继续说：

"我是怀着沉重的心情问你这个问题，希望你作为共产党员诚实地回答我。""毫无

疑问，我们能守住莫斯科！斯大林同志！"朱可夫斩钉截铁地说……

>> 莫斯科陷入危境

从北、中、南三路进攻，拿下列宁格勒、莫斯科和基辅，是希特勒发动侵苏战争时既定的战略目标。在北路重兵集团对列宁格勒久攻不下的情况下，他决定实施中间突破，把所能抽调出的部队全部用于莫斯科方向，以攻占苏联首都莫斯科及围歼附近的苏军。

莫斯科是苏联的首都，是全国政治、经济、军事中心。莫斯科的战略意义，对于苏军统帅部的人来说，自然再清楚不过了。莫斯科会战是关系苏联生死存亡的大战。

1941年9月30日，德军发起了对莫斯科的进攻。德军企图在维亚济马－莫斯科方向和布良斯克－莫斯科方向消灭苏军，然后从南、北、西面迂回莫斯科，在尽可能短的时间内将其占领。战役开始后，苏军遭到了重大损失，局势十分严重！

10月7日，朱可夫再次飞回莫斯科最高统帅部。在他的机翼下，可以看到一条条灰黑色的长蛇蜿蜒前行，那是德军坦克和摩托化纵队正在离开列宁格勒，向莫斯科开进。

黄昏时分，朱可夫抵达莫斯科，立即前往克里姆林宫。病中的斯大林独自一人坐在办公室里。他同朱可夫打过招呼后，直接把朱可夫引至巨幅地图前，开门见山地说："你瞧，这里的情况很严重，而我又无法得到西方方面军真实情况的详细报告。我们不知道敌人进攻的地点和兵力，也不知道我军的状况，因此难以做出决定。你马上到西方方面军司令部去，弄清战局，随时给我打电话，我等着。"

一刻钟后，朱可夫见到了总参谋长沙波什尼科夫元帅。他在总参谋部研究完局势、熟悉了情况之后，立即带着地图，当夜驱车前往西方面军司令部。朱可夫一路上感到身体不适，疲惫不堪，耳畔仍回响着列宁格勒的炮声，只想不顾一切地倒头便睡。为了驱散睡魔，朱可夫不时让车停下，走出车来，在秋天清新的空气里跑两三百米，然后再上车。在路上，他仍坐在车上，借着手电的光亮继续研究作战双方的位置和作战行动。

10月5日，在尤赫诺夫－小雅罗斯拉韦茨地区发生了一场大骚乱。原来这里发生了令人难以置信的情况：苏军飞机拂晓时发现了德军庞大的坦克和机械化步兵纵队，它们突破防线，正朝尤赫诺夫开来。总参接到有关这一情况的最初几份报告时，还以为是报告失实：哪儿来的敌人？而且是在莫斯科一线——离首都只有二百来公里。而这一线实际上毫无遮挡，只有一些工兵营。后来才知道，西方方面军没能顶住德军，到7日晚，希特勒的几十个师正从西边朝首都压过来，苏军莫斯科外围部队被包抄后，现在肯定是在包围中作战。

朱可夫到达西方方面军司令部时，已经是深夜了。值班军官向他报告说，所有本部人员都在方面军司令员科涅夫上将那里。当朱可夫走进房间里时，科涅夫、索科洛夫斯基、马兰金等正在点着几支蜡烛的昏暗中开会。尽管光线不好，朱可夫仍然可以看出每个人脸上的疲倦神态。

参谋长马兰金中将回答了朱可夫提出的问题，谈了10月2日至7日之间发生的情况。德军在莫斯科接近地重新集结了军队，现已在兵力上超过了西方方面军、预备队和布良斯克方面军。现在最担心的是，在这三条战线上德军可能集中兵力进行攻击，而苏军又没有预备队来堵塞防线上的漏洞。

朱可夫暗自盘算：敌人的兵力是超过三个方面军的总和，但我们是在防守，怎么竟未能及时识破敌人的意图，把主力集中到敌人的主要打击方向去呢？他深感震惊：敌人用同样的伎俩已经三次得手。希特勒军队由西向东进攻，第一次在明斯克展开钳形攻势，第二次在斯摩棱斯克如法炮制，这次在维亚济马已是第三次。这是老一套打法，即在口袋形成后，用机动部队从南北两个方向分进，然后合围。

朱可夫听取了马兰金的简略汇报，然后在8日深夜2时半打电话给还在案头工作的斯大林，向他报告：目前主要危险在防御薄弱的莫扎伊斯克一线，敌人的坦克可以突然冲往莫斯科。必须尽快往这一线调集部队。

这时，斯大林问道："西方方面军的第16、19、20集团军和鲍尔金指挥的集群现在在哪里？还有预备队方面军的第24、32集团军现在在哪里？"

朱可夫答道："在维亚济马以西和西北被包围了。"

"你打算怎么办呢？"斯大林问道。

"我打算去见布琼尼……"

"可是你知道他的司令部现在在哪里？"

"我不知道。我要到马洛亚罗斯拉韦茨附近某个地方去找。"朱可夫答道。

> 德军装甲部队沿公路向莫斯科方向推进。

朱可夫动身去找布琼尼时，天正下着毛毛雨，大雾弥漫，能见度很差。汽车行驶在秋日的道路上，经过伪装的头灯发出暗淡的光线，照在被雨淋湿的碎石路上。德军坦克在莫斯科郊区到处乱窜，随时都可能朝着溅满泥浆的挡风玻璃射来一梭梭机枪子弹。见此情景，陪同朱可夫的一名军官不由得拉开自动枪枪栓，但朱可夫专注地凝视着前方的道路，显得沉着而镇静。

　　朦胧夜色中，他们在距莫斯科仅105公里的奥布宁斯克小站附近，找到了预备队方面军司令部。但这里的人们不管是对敌情还是布琼尼的下落都一无所知。朱可夫只好继续往前走。10分钟后，朱可夫找到了集团军政委麦赫利斯的办公处，参谋长阿尼索夫少将也住在这里。朱可夫走进屋时，麦赫利斯正在打电话。他放下电话后，朱可夫说明他是奉斯大林命令作为统帅部的成员来找布琼尼的。麦赫利斯对他说司令员前一天和第43集团军在一起，但司令部现在已和他失去联系。派去找他的联络官还没有回来，司令部的人员都很担心是否出了什么事。关于敌人的位置和方面军军队的情况，麦赫利斯和阿尼索夫也谈不出什么具体东西。

　　"你瞧我们所处的情况吧，"麦赫利斯说。"目前我正在收集撤退下来的人。我们将在集合地点把他们重新武装起来，把他们编成新的部队。"

　　朱可夫立即前往马洛亚罗斯拉韦茨，没有碰见一个人。走到执行委员会大楼前时，朱可夫看到两辆车子，一个司机在汽车的驾驶盘后面睡着了。朱可夫上前把司机叫醒了，司机说这是布琼尼的汽车，他已经进楼3个小时左右了。朱可夫进去一看，一个人正俯身看地图，那模样几乎让人认不出来了。

布琼尼在听到朱可夫曾经去西方方面军司令部后，就解释说他已经有两天多没有和科涅夫联系了。在他到第43集团军去时，方面军司令部转移到一个他不知道的新地方了。朱可夫把地点告诉了他，并使布琼尼感到西方方面军面临的严重形势——它很大一部分部队被包围了。

"这儿情况也不好，"布琼尼回答说，"第24和32集团军被切断，已经不存在防线了。昨天在尤赫诺夫和维亚济马之间，我自己差点落入敌人手中。大量坦克和摩托化纵队调集到维亚济马附近，看来是想从东面包围这座城市。"

"尤赫诺夫在谁手里？"朱可夫问道。

"现在我不知道。在乌格拉河畔发现有一个小分遣队及大约两个步兵团，但没有炮兵。我想尤赫诺夫已落在敌人手中了。"

"那么谁在负责掩护从尤赫诺夫到马洛亚罗斯拉韦茨的道路？"朱可夫又问道。

"我从那儿经过时，除了在美登遇到三名民警，路上什么人也没碰到。"

经过商议，布琼尼马上回方面军司令部，向最高统帅部汇报情况，朱可夫则前往尤赫诺夫地区。朱可夫的汽车行驶了10～12公里，经过一座森林时，一些穿工作服和戴坦克帽的红军战士挡住了他们的去路。其中一个人走过来告诉他们说，不能再往前走，前面有敌人。原来苏军特洛伊茨基的坦克旅在森林里已停留了一天多时间。朱可夫亮明了身份，询问战士关于部队的一些情况。当得知坦克旅指挥部就在林子里，离这里只有一百多米远时，他要这位战士带他到那里去。

一走进林子，朱可夫就看到一位戴着坦克帽、穿着蓝工作服的坦克部队军官正坐在树墩上。这位军官看见朱可夫走过来，迅速站起来大声说道："最高统帅部预备队坦克旅旅长特洛伊茨基上校向您报告！"朱可夫很高兴见到这位老朋友。他在1939年曾和特洛伊茨基一起在哈勒欣河作战，朱可夫对这位干练的军官十分了解。通过交谈，朱可夫得知尤赫诺夫虽已落入德军之手，但他们通向莫斯科的道路却被匆忙调集来的部队所堵塞，苏军正死守乌格尔河一线。

朱可夫让特洛伊茨基派联络官去向布琼尼汇报情况，让这个旅一部分向前展开，组织防御，掩护通往美登的道路。朱可夫还批示上校把给他的这道命令通过预备队方面军通知总参谋部，并告诉他们，他准备到卡卢加去找近卫步兵第5师。

10月10日，斯大林给朱可夫打来电话，正式通知他最高统帅部决定，任命他为西方方面军司令员，这距离他在列宁格勒就任类似职务才整整一个月时间。斯大林用命令的口气在电话中大声说："赶快把一切都抓起来！干吧！"朱可夫立刻以军人的姿态表示说："我着手执行你的指示，但请求赶快把更多的预备队调到这里来，因为最近希特勒军队可能增强对莫斯科的突击。"

接到命令后，朱可夫立即出发去西方方面军司令部。方面军司令部临时设在几个帐篷里。

★莫斯科防御地带

苏德战争期间苏军修建并使用过的一处重要防御工程体系,位于莫斯科接近地。该防御地带包括一道保障地带和两道防御地区。主要防御地区位于赫列布尼科沃、斯霍德尼亚、兹韦尼哥罗德、库宾卡、纳罗福明斯克、波多利斯克、帕赫拉河一线的莫斯科接近地地区和城市防御地区 (莫斯科郊区)。

朱可夫迅速投入了战役的组织工作,以他特有的干劲开始了新的使命。

朱可夫同科涅夫、索科洛夫斯基在一起商量,随后做出了几项决定。首先把方面军司令部迁到阿拉比诺。然后科涅夫带领一批军官到加里宁,去协调这一危急方向上各个部队的作战行动。朱可夫则和军事委员布尔加宁一道去莫日艾斯克,受到司令鲍格达诺夫上校的欢迎。在他们开会时可以清楚听到炮火和炸弹的爆炸声。鲍格达诺夫上校报告说,在鲍罗季诺接近地,由炮兵和1个坦克旅加强的步兵第32师,正在和德军先头机械化部队和装甲部队战斗。朱可夫命令他不惜一切代价守住莫斯科防御地带★。随后,他回到阿拉比诺的方面军司令部。

朱可夫关注的,首先是与在维亚济马城外陷入重围、正在苦战的部队取得联系。朱可夫给被围的各集团军指挥员发去电报,询问他们准备在何处突围,答应给他们以空中支援。

10月11日21时12分,指挥一部分被围部队的鲍尔金和卢金两位将军在给斯大林和西方方面军司令员的电文中声称:"包围圈已收口。我们和叶尔沙科夫及拉库津接近的一切企图均未奏效,我们不知道他们在哪里,在干什么。弹药将尽,燃料已告罄。"显然,这封电报没有对方面军司令部提出的询问作出回答。

朱可夫用了一昼夜多的时间研究了当前局势,于10月12日晨9时15分致电卢金、叶尔沙科夫、鲍金和拉库津:"和叶尔沙科夫作战的是敌252步兵师……你们若再拖延行动,会导致全军覆没。要加紧突围。"可惜的是为时已晚,通信联系已经中断。各被围部队的司令部失去了对部队的控制。有组织的突围未能实现,只有个别部队和许多零星队伍得以突围归来。

∧ 为保卫莫斯科而殚精竭虑的朱可夫。

> 苏军装备的T－34坦克。

★苏军T－34中型坦克

苏联制造。1940年开始装备苏军。该坦克战斗全重32吨，乘员5人。发动机采用1台功率为510马力的V型12缸水冷柴油机。最大速度50公里/小时，最大行程300公里。防护装甲最大厚度为18～60毫米。车体为装甲板焊接结构，炮塔为铸造的。武器装备为1门76毫米火炮和2挺7.62毫米机枪。该坦克是当时苏联军队的主要装备，第二次世界大战期间，对击败德军起到了重要作用。

朱可夫立刻着手建立沃洛科拉姆斯克－莫扎伊斯克－马洛亚罗斯拉韦茨－卡卢加一线的防御，并组建第二梯队和方面军预备队。新的兵员和物资都没有，朱可夫主要是通过加强政治工作来提高失利后部队的士气，增强在莫斯科附近一定能够打败敌人的信念。西方方面军在此期间进行了大量的政治教育工作，主要是推广好的歼敌方法，提倡个人的和集体的英雄主义精神。朱可夫对这些工作十分满意，特意对方面军政治部主任列斯捷夫提出表彰。

在这非常时期，朱可夫看到了一幕幕感人的场景：军队日日夜夜在紧张地工作，由于疲乏和缺少睡眠，许多人几乎都站不住了。但是，他们在对莫斯科命运和对祖国命运的政治责任感推动下，完成了常人难以完成的工作，以确保在莫斯科附近建立稳定的防御。朱可夫被眼前的一切所感动，激励自己更加全身心地投入工作。

朱可夫临危受命，在危急关头组织起苏军的顽强防御，暂时阻止了德军的进攻，从而争取到宝贵的时间来组织好莫日艾斯克防线的侧面防御，防止敌人攻占莫斯科。朱可夫下令在受威胁最严重的通道上建立大量强大的防坦克炮兵阵地，特别注意建立可能进行伏击的阵地。10月17日，加里宁方面军成立以后，朱可夫负责的地区减少了一半，从而能集中力量来组织通向首都最直接道路上的防务。

10月中旬，苏军最高统帅部想方设法抽调了14个步兵师、16个坦克旅和40多个炮兵团的兵力，共计9万余人，组建了第5、15、43和49集团军。朱可夫立即把这些部队投入到最需要的地段上去。西方方面军司令部也由阿拉比诺转移至佩尔胡什科沃。

值得注意的是，朱可夫把当时最有作战经验的将领，都安排来负责防守通往莫斯科各主要方向的地段。朱可夫对他们是完全信赖的，相信他们一定会竭尽全力阻止敌人突入莫斯科。

这时德军也调整了兵力，向莫斯科重新展开猛攻，但每前进一步都付出了惨重的代价。朱可夫和西方方面军司令部牢牢地掌握着部队，一旦出现险情，就立即作出闪电般的反应。不仅如此，苏军一得手，就马上给德军以强有力的反击。10月13日，苏军T－34中型坦克★和

117

∧ 妇女们也动员起来投入到构筑防线的艰苦劳动之中。

KB型坦克在博罗夫斯克城下摧毁了德军反坦克炮阵地。随后，双方为此阵地展开了反复争夺。德军花了很大力量，最后出动了俯冲轰炸机，才勉强夺回原来的阵地。

莫斯科全副武装，准备迎击敌人。按照西方方面军军委的决定，在莫扎伊斯克防线后方修筑一条主要防线，它经过新扎维多夫斯克－克林－依斯特林斯克水库－依斯特林－克拉斯诺亚帕赫拉－谢尔普霍夫和阿列克辛。另一条防线直接环绕郊区。这一工程浩大的防御工事的修筑是由莫斯科市党组织领导进行的。市委书记切尔诺乌索夫指出："莫斯科人在修筑防线中表现出的献身精神确实具有广泛的群众性。60万莫斯科市和莫斯科州居民（其中3/4是妇女）在严寒中，并且常常是冒着敌人的炮火，修筑了700公里长的反坦克壕，3,800个临时火力点和固定火力点。"

德军第13兵团沿着塔鲁萨方向进攻，占领了塔鲁萨和阿列克辛这两个市镇，以图拉以北形成了一个包围圈。随着德军压力逐渐增大，苏联西方方面军被迫后撤，放弃了莫日艾斯克防御地带的主要防线，莫斯科面临的危险与日俱增。

这时，莫斯科城内的气氛异常紧张，街上行人拥挤，被焚烧的文件碎片从机关大楼的烟囱里纷纷扬扬地飘洒下来，好像下了一场"黑雪"。因为公共汽车和出租车都被征用到前线运送兵员，城市的交通陷入瘫痪。

10月15日，苏共中央和国防委员会作出紧急决定，将部分中央机关和所有外交使团紧急疏散到古比雪夫，并把特别重要的国家贵重物品运走。但是，最高统帅斯大林决定留在莫斯科，与军民共同坚守首都，这给在全国各条战线奋战的人们，尤其是莫斯科居民以极大的精神鼓舞。

这时的朱可夫，也许在经受一生中最大的压力。朱可夫已经看到，沃洛科拉姆斯克－莫日艾斯克－马洛亚罗斯拉韦茨－谢尔普霍夫的防线兵力仍然显得薄弱，德军占领了沿线的一些据点。为了阻止德军突入莫斯科，方面军选定了一条新的主要防线，经过诺沃扎维多夫斯基、克林、伊斯特拉水库、伊斯特拉郊区、扎沃隆基、红帕赫拉、谢尔普霍夫和阿列克辛。朱可夫认为把西方方面军的全部兵力从莫日艾斯克一线撤出，在这条新防线重新部署比较有利。

在这个计划中，朱可夫考虑到了最坏的可能，即苏军不能在莫日艾斯克防线上阻住敌人，那么他们就可以撤退到沿新防线准备好的阵地上去。由防坦克武器加强的后卫部队可以发动有限规模的反攻，尽可能长久地阻滞敌人。为了保证军事运输的畅通，任何其他车辆都不许直接开往或经过莫斯科。

10月23日，叶廖缅科中将指挥布良斯克方面军的剩余部队突破重围，但是古德里安的坦克集群紧追不舍，于29日逼近了重要军工城市图拉。由于驻图拉第50集团军和当地市民的坚守，这座英雄的城市始终屹立不动，使德军的右翼集团的战线拉长，不能以应有的战术密度作战。

到10月底，德军在莫斯科接近地的进攻中，一共推进了230～250公里，最后被挡在图尔吉诺沃－沃洛科拉姆斯克－多罗霍沃－纳罗福明斯克、谢尔普霍夫以西和阿列克辛地区。对德军来说，除了其突击集团兵力、兵器的损失外，战线长而分散的形势也相当不妙。

在11月初的几天里，战场相对平静，有经验的老兵都知道这是大战前的沉寂，双方都在调兵遣将，积蓄力量，准备着即将到来的殊死决斗。

11月7日是伟大的"十月革命"胜利纪念日，按照传统，每年都要举行盛大的集会和庆祝活动。今天敌人兵临城下，敌机不时成群出现在市区上空，这些活动还能举行吗？如果在敌人的威胁下取消庆祝，无疑是对苏联军民士气的一大打击；反之，如果在集会过程中因前线形势而被迫中断，甚至受到德军不顾一切的空袭，后果更加不堪设想。

尽管局势严重，斯大林还是决定举行传统的"十月革命节"游行，以此来向全世界展现苏联人民的勇敢豪迈的精神。

斯大林把朱可夫召到克里姆林宫。

"我们希望，"斯大林说，"莫斯科不但要召开庆祝"十月革命"24周

∧ 在莫斯科红场接受
检阅的苏军部队。

∧ 1941年11月6日，斯大林在红场庆祝"十月革命"胜利大会上发表讲话。

年大会，还要举行阅兵式。您的意见如何，前线的局势是否允许我们搞这些庆祝活动？"

"在最近几天内，敌人不会发动大规模进攻。因为在前一阶段，敌人遭到严重损失，不得不重新补充兵力和调整部署。"朱可夫以充满自信的口气答道。朱可夫请斯大林放心，并建议加强对空防御，把歼击航空兵从友邻方面军调到莫斯科来，以防备敌人的空袭。

值此严峻的历史关头，莫斯科纪念了伟大"十月革命"的这一传统节日。在11月6日的庆祝大会上，斯大林充满自信的声音在人们耳畔响起：

这些丧尽天良、寡廉鲜耻、道德沦丧、形同禽兽的人竟狂到号召消灭伟大的俄罗斯民族的地步，就是这个民族造就了普列汉诺夫和列宁！造就了别林斯基和车尔尼雪夫斯基！造就了普希金和托尔斯泰！造就了格林卡和柴可夫斯基！造就了高尔基和契诃夫！造就了谢切诺夫和巴甫洛夫！造就了列宾和苏里科夫！造就了苏沃洛夫和库图佐夫！

第二天早晨，天空乱云低垂，雪花飘舞。在初冬白茫茫的雾气中，莫斯科的公民们观看了独特的阅兵式。部队在红场列队等候检阅。所有参加这次检阅的人都异常激动，因为敌人就在首都附近。

8时整，在莫斯科军民崇敬和激动的注视下，斯大林与政府高级成员登上了列宁墓。

全副战斗武装的部队从列宁墓前经过。斯大林在目送他们出征时发表了热情洋溢的演说，极力鼓舞全体官兵。苏军将士热血沸腾，高喊着："俄罗斯虽大，但已无路可退，后面就是莫斯科！"受阅部队从红场直接开赴战火纷飞的前线。

在莫斯科举行的庆祝伟大"十月革命"24周年的盛典，给首都的保卫者增添了新的力量。

>> 决不允许后退一步

在同朱可夫密切共事近一年时间以后，斯大林对他的无可否认的才干产生了深刻印象。在伏罗希洛夫、布琼尼等人都不能阻止德军的进攻的紧急关头，挽救危局的重担就落在了朱可夫的肩上。斯大林已经把朱可夫看作是在当前最杰出的军事指挥员，期望由他来力挽狂澜。

1941年11月上半月，苏军最高统帅部采取了一系列步骤，来挫败德军即将实施的对莫斯科的攻势。朱可夫继续加强莫斯科附近的防线，并调整了西方方面军的部署，他意识到自己肩负的重任。

朱可夫开始从最高统帅部预备队得到新的补充部队和坦克部队，用来加强防线，其中有些部队刚刚在乌克兰执行作战任务归来。来自最高统帅部的部队，被集中使用在最危险的接近地区，特别是用在预计德军装甲兵团可能实施主要突击的沃洛科拉姆斯克－克林和伊斯特拉方向上。战士们领到了暖和的冬装——短大衣、毡靴、絮得很厚的棉衣和有耳套的帽子。与此相反，衣衫单薄的德军已经被严寒折磨得瘦弱不堪了。

虽然西方方面军得到大量增援部队，到11月中旬已经拥有6个集团军，但部队分散在约600公里的战线上。朱可夫希望确保受威胁较大的地段的安全，并掌握一支方面军预备队，以便在必要时实施机动。

作为一个现实主义者，朱可夫和往常一样极端谨慎，反对轻率的军事行动。敌人依然很强大，必须等待它主动发起新的进攻。朱可夫知道，德国人仍然坚信他们的一贯打法，肯定还是用坦克和机动兵团强攻两翼，从而包围住莫斯科。显然，敌人的意图是在诺金斯克和奥列霍夫——祖耶沃地区实现合围。

尽管局势复杂异常，朱可夫还是向莫斯科报告：明斯克、斯摩棱斯克和维亚济马的悲剧不该重演，也就是要特别注意巩固两翼！但是11月13日，斯大林打来电话，使得朱可夫被迫猝然改变计划。

"敌人现在情况怎样？"斯大林问朱可夫。

"敌人突击集团的集中接近完成，看来很快就会转入进攻。"朱可夫答道。

"你认为敌人会在什么地方实施主要突击？"

"预计敌人可能从沃洛科拉姆斯克和诺沃彼得罗夫斯科耶地区向克林和伊斯特拉实施强大的突击。古德里安的集团军很可能试图绕过图拉，向韦涅夫和卡希拉实施突击。"

"我同沙波什尼科夫认为，"斯大林说，"应先敌进行反突击以粉碎敌人正在准备的突击。必须从北面包围沃洛科拉姆斯克，实施一次反突击，从谢尔普霍夫地区向德军第4集团军翼侧实施另一次反突击。看来，敌人在那里集结了大量兵力，准备向莫斯科突击。"

对斯大林的提议，朱可夫另有看法。

"我们使用哪些兵力来实施这些反突击呢？"朱可夫问道，"西方方面军没有多余的兵力。我们仅有固守已经占领的防线的兵力。"

"在沃洛科拉姆斯克地区，可以使用罗科索夫斯基集团军的右翼各兵团、坦克第58师、独立骑兵师和多瓦托尔指挥的骑兵军。在谢尔普霍夫地区，可以使用别洛夫的骑兵军、格特曼的坦克师和第49集团军的部分兵力。"斯大林提议说。

"现在不能这样做，"朱可夫答道，"我们不能把方面军最后的预备队投入到没有把握取得胜利的反突击中去。当敌人的突击集团开始进攻时，我们将没有办法来增援我们的各个集团军。"

"你们方面军有6个集团军，难道这还不够吗？"

朱可夫回答说西方方面军的防御正面大大加长了，加上弯曲部，目前长达600公里。在他的防御纵深内，特别是防线的中央，预备队很少。

斯大林说："关于反突击问题，就这样决定了。今晚就把计划报上来。"

朱可夫本想再次试图说服斯大林，让他放弃这些不明智的反突击，因为这将消耗掉余下的预备队，可是斯大林却挂断了电话。

这次谈话让朱可夫感到很沮丧，原因并不在于斯大林没有考虑自己的意见，而是在为处于极大危险中的莫斯科的安全担忧。朱可夫心想，如果把预备队投入到这次没有把握取胜的反突击中去，要是把预备队全部消耗掉，苏军就无法增援防御上的薄弱地段了。这显然是很危险的。

大约15分钟以后，布尔加宁走进朱可夫的办公室，说："晤，这次我受到了严厉斥责。斯大林对我说：'你同朱可夫骄傲了。但我们将设法管束你们！'他坚持要我立即来找你，立即组织反突击。"

朱可夫对布尔加宁说:"嗯,有什么办法,就这样啦!请坐,让我们把索科洛夫斯基叫来,并预先通知一下集团司令员罗科索夫斯基★和扎哈尔金。"

两小时以后,方面军司令部向第16和第49集团军司令员以及其他主要指挥员下达了实施反突击的命令。

但几乎在同时,德军重新对莫斯科发动攻势。他们向莫斯科西北的加里宁方面军第30集团军的左翼发动了突击,同时向西方方面军的第16集团军的右翼和中部发动突击。300多辆德军坦克同时发动进攻,而苏军只能调集到56辆坦克,其中许多坦克还是火力较差的轻型坦克。

对于红军其他部队来说,局势也是危急的。负责反击的别洛夫说,第49集团军兵员不足,无法实施决定性的进攻行动。它的右翼3个富有作战经验的师,在最近的战斗中遭受了严重损失。近卫步兵第5师的步兵第765团只有120多名战士,而步兵第60师仅有500名战士。而且他们得到的有关德军兵力的情报不准确,对德军兵力的估计过低了。在沿纳拉河进行反复争夺的激烈战斗中,这次主要由骑兵实施的反突击,未能取得最高统帅所预期的效果,德军的兵力仍保持了强大的攻击力。面对此种情况,朱可夫不得不下令脱离战斗。但是这一命令执行起来也颇费周折,在花费了很大精力后,总算达到了目的,同时还不得不变更卡希拉地区的部署。

> 罗科索夫斯基元帅。

★**罗科索夫斯基**(1896~1968)
苏联元帅,参加过第一次世界大战,毕业于骑兵指挥人员进修班和伏龙芝军事学院高级首长进修班。国内战争时期曾任骑兵连长、营长和团长。苏德战争时期,历任机械化军军长、集团军司令和布良斯克方面军、顿河方面军、白俄罗斯方面军、白俄罗斯第一和第二方面军司令,参与指挥过斯摩棱斯克战役、莫斯科、斯大林格勒和库尔斯克会战,以及白俄罗斯、东普鲁士、东波美拉尼亚和柏林等战役,显示出卓越的指挥艺术和统帅才能。

朱可夫抓紧一切时间布置防务，补充人员、装备和过冬物资，从11月1日至15日，西方方面军共补充了10万名官兵、300辆坦克和2,000门火炮，这些从内地调来的步兵和坦克集中使用在最危险的地段上，大部分部署在德军装甲坦克集团可能实施主要突击的沃洛科拉姆斯克－克林方向，以及伊斯特拉方向；另有一部置于图拉－谢尔普霍夫地区，以防德国坦克第2集团军和第4野战集团军的突击。

11月15日清晨，德军开始进攻克林，在此突破了苏军的防御。23日，德军占领克林。几乎在同一时间里，德军又从沃洛科拉姆斯克地区发动进攻。为了对付苏军的150辆轻型坦克，德军共投入了400辆中型坦克。双方展开了一场力量极不相衡的战斗。虽然苏军第16集团军打得特别顽强，但最终还是向后撤退到了新的防线。

敌人显然要从北部合围莫斯科，形势已很紧张，但是朱可夫在向集团军新任司令员列柳申科交代任务时依然表现得十分镇静。

朱可夫不慌不忙地向列柳申科解释道：10月，希特勒在莫扎伊斯克方向遭到失败，现在要偷偷地从北部迂回莫斯科。我们将在这里用防御战斗摧毁希特勒的坦克。而当预备队开来时，我们就可转入反攻。应当利用丛林地实施反冲击，特别是在夜间进行，这是敌人所害怕的。

在以后的两周里，德军在这一方向投入了很大的力量，但是没有取得什么结果。对列柳申科将军的顽强精神以及出众能力，朱可夫表示非常赞许。

当苏军从克林撤退时，列柳申科向朱可夫请求部队增援，哪怕一个师也好。朱可夫的回答简短而明确："方面军现在没有预备队，请自己解决吧。"

紧接着，朱可夫给列柳申科下了道命令：把集团军司令部移到德米特罗夫城。列柳申科看了看地图，突然紧张起来：在他们的正面有个缺口，该城正对着德军坦克楔子的尖端。这位果敢、坚毅的将军不由得对朱可夫的机敏才智表示敬佩，因为他明白：方面军首长之所以决定将集团军司令部设在德米特罗夫，决非偶然。当时已经准备用一些分队来封闭突破口。列柳申科在前往德米特罗夫的途中，遇到几辆坦克，于是跳上头一辆KB坦克，指挥它们投入冲击。

在11月16日以后的几天里，对苏军来说形势变得极端危险。在德军不顾一切动用强大进攻力量，用坦克在先头开路，对苏军实施重大杀伤的情况下，苏军兵力更显不足，实力薄弱。

< 时任苏军第30集团军司令员的列柳申科。

11月16日晨，为了改善集团军的态势，并阻止德军的推进，罗科索夫斯基认为自己的部队必须从伊斯特拉水库以西10多公里的阵地后撤到新的防线。在他看来，伊斯特拉水库、伊斯特拉河以及周围一带地区，共同构成了一条非常有利的天然防线。罗科索夫斯基认为，及时占领这条防线，将能借助为数不多的部队组织起坚固的防御，并能把一些部队配备到集团军的第二梯队，从而建立一个纵深防御地域。经过全面的考虑及与助手们的共同研究，罗科索夫斯基把他们的设想报告给方面军司令员，并请求允许他们后撤到伊斯特拉防线。

朱可夫大将听了罗科索夫斯基提出的建议和要求，断然表示不同意后撤，并命令他们要拼死据守，决不允许后撤一步。罗科索夫斯基感到非常失望，既不同意方面军司令员朱可夫的决定，但又认为后撤到伊斯特拉防线的问题非常重要，决定越过朱可夫直接找总参谋长。几小时以后，罗科索夫斯基收到了答复。沙波什尼科夫认为这项建议是正确的，他作为总参谋长批准实施。

得到总参谋长的许可以后，罗科索夫斯基立即起草了要部队在当天夜间把主力后撤到伊斯特拉水库防线的命令。为了掩护这次后撤，在原来的阵地留下几支加强分队，等到掩护任务完成以后，他们只有在受到敌军压力的情况下才可后撤。

朱可夫对此迅速作出了相应的反应，给罗科索夫斯基发了一封简短的电报：

方面军的部队是由我指挥的。我撤销关于部队后撤到伊斯特拉水库对岸的命令。我命令在已占领的防线上进行防御，不得后撤，一步也不得后撤。

朱可夫大将

罗科索夫斯基最终还是服从了朱可夫的指挥。

朱可夫当时不准第16集团军后撤到伊斯特拉河对岸，有着深刻的原因。第16集团军是否后撤，不仅要考虑这个集团军本身的处境，而且要依据整个方面军的态势来作出决

∧ 德军坦克突破了苏军防御，掩护步兵向前挺进。

定。这个集团军一旦撤过伊斯特拉河，第5集团军的右翼就将暴露出来，而且方面军司令部所在地佩尔胡什科沃方向将失去保护。出于以上的全面考虑，朱可夫才作出以上决定的。

德军尽管向前推进了，但出现了许多不祥的迹象。部队已经被连续的战斗和严酷的寒冬弄得疲惫不堪，德国军官们对自己能否取胜忧心忡忡。最令人不安的是，补给品奇缺，特别是缺少冬装和在严寒条件下维护武器装备的必备用品。衣衫单薄的德军士兵在零下20多摄氏度的冰天雪地里瑟瑟发抖。严寒使得武器装备不能发挥作用：坦克的光学瞄准具失灵，发动机必须经过预热才能发动。

11月23日，古德里安去见中央集团军群司令官冯·博克元帅，要求推迟进攻日期，建议部队转入防御直到第二年春天，理由是部队已经筋疲力尽，没有冬装，补给系统运转不灵，以及缺少坦克和大炮。冯·

★冯·布劳希奇（1881~1948）

德国陆军元帅，毕业于军事学校，参加过第一次世界大战。战后在德国国防军中任职，主张建立法西斯专政。1938年成为陆军总司令。在此以后，参与制订纳粹德国夺取世界霸权的战争计划，指挥了德军占领奥地利、捷克、波兰和大部分欧洲的作战。1940年策划了对苏联的进攻，1941年因作战失利，被解职转为预备役。1945年被英军抓获。1948年10月死于汉堡战俘营。

∨ 1941年11月底，在通往莫斯科的道路上苏军设置的阻击阵地。

博克打电话向陆军总司令冯·布劳希奇★报告，遭到后者的断然拒绝。显然，他们都赞成继续进攻。

在伊斯特拉方向，德军400多辆坦克和大量摩托化步兵向罗科索夫斯基将军的部队发起了进攻。具有强大的突击力的德军集团，采取密集的战斗队形向前推进。抗击德军坦克前进，成了苏军最急迫的任务。

朱可夫临危不乱，迅速果断地从其他作战地段调来了部队，包括坦克群、炮兵连、高炮营和手持反坦克枪的士兵，前来支援。别洛博罗多夫上校的步兵第78师、潘菲洛夫将军的步兵第36师在战斗中都立下了不朽的功勋。第16集团军虽然伤亡惨重，但仍坚守着每一寸土地，顽强地抗击德军的进攻。他们边撤退边组织反突击，以此削弱敌人的兵力。

朱可夫继续在莫斯科附近积聚预备队，两个新的集团军已经作好战斗准备，随时可以发动反击。朱可夫把第20集团军部署在洛布纳、斯霍德纳和希莫克地区，指示别洛夫的骑兵军进入阵地。11月27日，在得到步兵部队和坦克部队的增援后，朱可夫部队对德军坦克第2集团军发动反击，把它赶到卡希拉以南30公里的地方。

当天，德军攻占了离莫斯科仅有24公里之遥的伊斯特拉。这是德军在这次大战中所到达的离莫斯科最近的地点。这意味着莫斯科已处在德军的大炮射程之内。这时，德军用望远镜可以望见克里姆林宫的顶尖了。

德军的坦克离莫斯科越来越近了。

由于德军在几个不同的地段进抵到离莫斯科32公里以内的地方，朱可夫的西方方面军的态势急剧恶化，居住在莫斯科西北区的居民，已能够清晰地听到炮声。

11月29日，苏军夺回了曾经丢失的罗斯托夫，迫使德军不得不从其他地段抽调部队，而此时正值德军最需要集中兵力向莫斯科发动大规模进攻的时候。因此，苏军在其他战区的反击减轻了德军对莫斯科的压力，支援了朱可夫大规模反攻计划的实施。

据统计，从1941年6月22日到11月26日，德军步兵兵力已消耗过半，每个连队的兵员仅有五六十人。此时德军已经开始力不从心了。德军一些高级将领已经看出端倪，要求立即转入防御，把进攻日期推迟到第二年春季。但是德军统帅部断然否定了这种建议。当德军南方集团军群的坦克第1军请求后撤到从塔甘罗格经米乌斯到巴赫穆特河口一线的时候，希特勒没有表示同意。德军统帅部里的紧张气氛达到令人无法忍受的地步。

虽然德军的进攻受创，但是对莫斯科的威胁仍然没有减轻。德军继续缓慢地向前推进，日益逼近莫斯科。

当德军在与加里宁方面军中交战中再一次得手后，斯大林很快给朱可夫打来电话："你坚信我们能够守住莫斯科吗？"还没等朱可夫回答，斯大林语气缓慢地继续说："我是怀着沉重的心情问你这个问题，希望你作为共产党员诚实地回答我。"

"毫无疑问，我们能够守住莫斯科！斯大林同志！"朱可夫斩钉截铁地说。

此时，斯大林的心情似乎也稍轻松了一些："你能有这样的信心，很好！"

"但是至少还需要增加 2 个集团军和 200 辆坦克。"

斯大林同意在 11 月底前给朱可夫再增加两个集团军，只是要求他与总参谋长沙波什尼科夫商议，这两个新增的预备队集团军部署到哪里。至于朱可夫要求的 200 辆坦克，斯大林认为现在暂时还不能兑现。

战斗仍然激烈地进行着，前线的状况瞬息万变，非常复杂。虽然最高统帅部把保卫莫斯科的重任交给了朱可夫，但是斯大林却无时无刻不在注视着战场的变化，有时甚至直接指挥。

一次，斯大林不知从什么地方得知，西方方面军放弃了与莫斯科近在咫尺的杰多夫斯克城。斯大林听到这样的消息，自然坐立不安。因为 11 月 28 和 29 日，近卫步兵第 9 师还顺利地打退了德军的多次冲击。可是只过了一昼夜，杰多夫斯克居然又落到德国人的手里……

最高统帅打电话问朱可夫："你知道杰多夫斯克被敌人占领了吗？"

"我不知道，斯大林同志。"

斯大林顿时生气地说："司令员应当知道在他的前线发生了什么事情。"然后以命令的口气对朱可夫说："你赶快到现场去亲自组织反冲击，收复杰多夫斯克。"

对于斯大林突如其来的情报和命令，朱可夫感到有些茫然无措，试图予以反驳："在这样紧张的情况下，我离开方面军司令部未必慎重。"

但是斯大林却不容改变地说："不要紧，我们会想办法应付，这期间由索科洛夫斯基暂时代替你。"

放下听筒，朱可夫马上问担任该地区防御的罗科索夫斯基，为什么方面军司令部对放弃杰多夫斯克的事一点都不知道？经过调查，事情很快就弄清楚了，原来杰多夫斯克城并未被德军占领。斯大林可能是把杰多沃村听成杰多夫斯克城了。

事情既然弄错了，朱可夫决定给最高统帅打电话，澄清事实真相，斯大林却大发雷霆。斯大林不仅要求朱可夫立刻出发，把这个居民地一定从敌人手里夺回来，而且还要求朱可夫带上第 5 集团军司令员戈沃罗夫同去，以组织炮兵火力支援。

在这种情形下，朱可夫的反对或者解释都没有意义了。为了不再使这种无谓的争论进行下去，朱可夫只好扔下手中的工作，同戈沃罗夫、罗科索夫斯基一起驱车来到别洛鲍罗多夫的师。师长向他们汇报了德军占

∧ 德军坦克推进到莫斯科郊外。

领杰多沃村深谷那边几幢房子的情况。朱可夫命令别洛鲍罗多夫派一个步兵连和两辆坦克把占领那几幢房子的一排德军赶走。

然而朱可夫受命离开方面军司令部后,参谋长索科洛夫斯基就连续接到斯大林三次电话,首先是问:"朱可夫在哪儿?"然后就催促朱可夫立即返回方面军司令部。

>> 反攻优势之敌

德军占领克林以后,转而进攻索尔汉奇诺戈尔斯克。负责守卫的罗科索夫斯基的第16集团军迅速组织防御。这时,方面军从其他地段抽调了一切可能抽调的力量来加强防御,这些增援部队使得罗科索夫斯基能够建立起一条坚固的防线。

此时,根据许多迹象,朱可夫判断德军已经精疲力竭,基本丧失突击力,正在休整。德军停止前进,必然要在莫斯科附近就地设防:挖壕拉铁丝网、铺设雷场。为了把德军赶出筑垒地带,就需要投入许多兵力。朱可夫意识到,在当前情况下,一定要抓紧时间,早日制订在莫斯科城下歼灭敌人的计划,不容有任何的耽误。

直到11月底以前,最高统帅部和各方面军,特别是西方方面军还都没有制订出进行一次大规模反攻的计划。直到那时为止,朱可夫都在全力以赴地制止德军在莫斯科附近的猛烈进攻。

11月29日，朱可夫给斯大林打电话，汇报情况，要求把新编制的第1突击集团军和第10集团军，从最高统帅部预备队拨给西方方面军指挥，并请求最高统帅下令开始反攻。

　　斯大林听得很认真，然后问朱可夫："你确信敌人已接近危机状态了？敌人有没有可能投入新的重兵集团呢？"

　　朱可夫当即回答："敌人已极度虚弱。但是，如果我们现在不消除敌人楔入的危险，德国人将来可能从其'北方'集团和'南方'集团抽调强大的预备队，来加强在莫斯科地区的军队，那时局势可能严重复杂化。"

　　斯大林听后，决定与总参谋部再商量一下。

　　当天夜晚，朱可夫接到通知，最高统帅部已决定开始反攻，并要朱可夫呈报反攻战役计划。

　　第二天早晨，朱可夫把反攻计划报告了最高统帅部。斯大林对计划未作任何改变，只写"同意"，便签字批准了。朱可夫原计划在新的集团军到达并在指定地域集中之后，于12月3日夜间至4日凌晨开始反攻，以达到钳制当面敌军，阻止德军从这里调走部队的有限目标。作为这次反攻的先决条件，必须阻住莫斯科西北和卡希拉方向上敌人的推进。但实际上，由于必须反击德军在纳罗－佛敏斯克附近的突破，这次反攻推迟到12月6日才实施。

∨　莫斯科保卫战期间，时任第16集团军司令员的罗科索夫斯基（右二）与其他指挥员们合影。

> 德军部队向战略重镇图拉发起攻击。

　　朱可夫的反攻计划的核心是：西北面收复克林、索涅奇诺戈尔斯克，西面解放伊斯特拉，南部解除德军对图拉的包围，从而消除莫斯科面临的威胁，并进一步扩大战果，尽可能把敌人向西赶得越远越好。

　　在苏军决定反攻前夕，苏德双方在莫斯科附近的兵力情况是：苏军共有110万人、7,652门火炮、774辆坦克、1,000架飞机；德军共有170万人、13,500门火炮、1,170辆坦克、615架飞机。

　　虽然德军兵力优于苏军，但是战线拉得太长，达1,000公里，两翼的突击部队相距200公里，兵力分散。而苏军兵力却比较集中，即使在莫斯科防御战最困难的时刻，他们仍然严格限制使用预备队，以保存实力，等待时机打击敌人。

　　德军企图从南、北两翼包围并占领莫斯科的计划受挫后，决心在12月1日从苏军防线的中央部单刀直入，正面突入莫斯科。进攻当天，德军部分部队突破防线24公里，但是很快又被迎面赶来的苏军歼灭了。德军的许多坦克，有的在地雷场被炸毁，有的被炮兵火力消灭。苏联第1突击集团军发动了几次快速反击，在亚赫罗马地区把德军赶过了莫斯科伏尔加运河，从而阻止了希特勒军队在莫斯科南北两个方向的进攻，使他们的钳形攻势无法在莫斯科以东形成合围。

　　12月2日上午，斯大林在电话中问朱可夫："方面军司令部对敌人及其战斗力怎样估计？"

　　朱可夫回答说，敌人已经到了筋疲力尽的地步，显然它没有预备队来加强它的突击集团了。没有预备队，希特勒的军队就无法发动进攻。

　　斯大林说："好吧，我还要再给你打电话。"

　　朱可夫意识到最高统帅部正在考虑苏军下一步的行动。

　　过了大约1小时，最高统帅又打来电话，询问方面军今后几天的计划是什么。朱可夫报告说方面军的部队正在进行准备，以便按照已获批准的计划发动反攻。斯大林还告诉朱可夫，

★古德里安（1888～1954）

德国陆军上将，1914年毕业于军事学院，第一次世界大战中在骑兵部队任职。战后，在国防军中服役。20世纪30年代初开始研究坦克作战问题。1934年倡议建立3个坦克师，任师长。1938年任坦克军军长。1939～1940年参加入侵波兰和法国的战争，升为上将。1941年10月任坦克第2集团集群司令，参加入侵苏联的战争。后因战争失利而被解职。1943年3月任装甲兵总监。1944年7月任陆军参谋总长。1945年3月因战场失利再次被解除职务。后被美军俘虏，不久即获释。

已命令加里宁方面军和西南方面军的右翼支持朱可夫的西方方面军，打算让所有这些大部队同时发动突击。

尽管遭到挫折，但德军指挥部还不认为它的攻势已经失败。德军指挥部分析，要想突破苏军防线并有新的进展，必须首先除掉位于突出部的著名军火工业城市图拉，然后才能实现其他目标。为达到这一目的，古德里安★开始对这里施加更大的压力。12月3日，德军切断了通往莫斯科的铁路和公路，终于将图拉合围了。

德军合围成功后，受命保卫图拉的鲍尔金将军很快接到方面军司令员朱可夫的电话。

"鲍尔金同志，"朱可夫说，"如果我没记错，这一回是你第3次被合围了，这是不是太多了？我已经告诉过你，让你的司令部迁到拉普待沃，可你是个木头脑袋，不肯执行我的命令……"

"司令员同志，"鲍尔金回答说，"倘若我和我的集团军司令部迁走了，古德里安早就把这块地方占领了。态势会要比现在坏得多。"

随后的好几分钟，话筒里杂音响个不停，最后终于又能继续通话了。

"你正在采取哪些步骤？"朱可夫问道。

鲍尔金报告说，第258师步兵第999团已采取行动，以重新开通莫斯科公路，而且正在对卡希拉附近的德军发动进攻。

"你需要什么帮助吗？"朱可夫又问道。

"我可以请求您把格特曼坦克师的坦克沿莫斯科公路向南调动，接应步兵第999团吗？"

"很好，我将这样做，"朱可夫说，"不过你也把你的本事拿出来吧。"

第258师师长西亚佐夫每隔1小时左右就给朱可夫打一次电话，汇报战况。空前激烈的战斗一直持续了17个小时，终于传来捷报。欢欣鼓舞、心情激动的西亚佐夫向朱可夫报告说："司令员同志，韦杰宁团长刚打电话来说，他的部队跟格特曼的坦克部队会师了。图拉—莫斯科公路可以恢复通车了。"

德军对图拉的所有进攻都失败了。古德里安后来把失败归因于他的部队的疲惫、气候极端寒冷、缺乏燃料以及朱可夫的西伯利亚预备队及时赶到。

12月4日晚，斯大林再次与朱可夫通话，亲切地问道："除去已经给了你们的，方面军还需要什么？"

朱可夫意识到，再要求大量增加新部队已经来不及了，现在最重要的是得到最高统帅部预备队和国土防空军司令部的空中支援。朱可夫认为，要迅速扩大突击的战果，至少必

∨ 朱可夫与莫斯科军事委员会主要成员一起研究战事态势。

< 苏军向德军发
起了全面反攻。

须有200辆配有乘员的坦克，而西方方面军只有数量有限的坦克。

"没有坦克，不能给你们，航空兵可以。"斯大林回答说，"我立刻打电话给总参。请注意，12月5日加里宁方面军将转入进攻，12月6日西南方面军的右翼战役集群将从耶列茨地区发动进攻。"

到了12月5日，西方方面军对面所有地段上的德军都遭到严重消耗，因而开始转入防御。苏军这时已做好对业已筋疲力尽、冻得半死的敌人发动强大反攻的准备。

6日早晨，在经过集中的空袭和炮火准备之后，朱可夫的西方方面军从莫斯科南、北两面开始了大反攻。几乎在同一时间，友邻方面军积极配合，分别在加里宁和耶列茨地区向前推进。苏德双方展开了规模空前的战斗。

随着战斗的进展，士气高昂的苏军逐渐掌握了主动权。这时，早一天发动进攻的加里宁方面的部队已经在加里宁以南楔入德军防御。

这次反攻开始后还不到一个星期，朱可夫感觉自己已经疲劳到了极点，睡意阵阵袭来，特别想打瞌睡。此时，朱可夫的两眼布满了血丝，深陷到眼窝里，声音则是嘶哑的。但朱可夫仍然凭着他的非凡的毅力坚持着。在最疲劳的时候，朱可夫在桌子上放着好几杯酽得发黑的茶。他喜欢喝酽茶，而且喝得很多，因为可以借此起到提神的作用。就是依靠这种坚强的意志，朱可夫始终保持着惊人的精力，焕发出无穷的智慧。

朱可夫一贯认为，作战行动一旦开始，方面军司令员必须呆在司令部里，以便同他的下级指挥官、邻近的方面军、最高统帅部和总参谋部保持经常不断的通讯联系。但是在这次反攻期间，朱可夫有时却不得不到各个集团军司令员那里去协调、指导他们的行动。因为陷入劳师费时的正面进攻，突击部队一时无法前进。在反攻开始后大约1个星期，朱可夫看到战场状态仍然没有较大的改观，当机立断，及时发布了如下命令：

追击敌人必须迅速，以防敌人脱离战斗。必须广泛使用强大的先遣部队去夺占公路交叉点和隘路，并打乱敌军的行军队形和战斗队形。

我严禁对强固的抵抗中心实施正面进攻。先头梯队应毫不停顿地绕过它们，把它们留给后续梯队去歼灭。

朱可夫之所以发出上述命令，是事出有因的。当时，许多苏军指挥员缺乏进攻作战的经验，有的指挥员由于担心被合围，对于把部队投入战线上的缺口，有些犹豫不决。这就对整体的作战计划产生了不利影响。

除此之外，大规模装甲兵团的不足，也妨碍了朱可夫制定的突破计划的完成。由于缺少坦克，朱可夫只好采取了弥补措施，向德军后方派出了滑雪部队、骑兵和空降兵，以封锁德军的退路。虽然比不上坦克有效，但由于这些部队作战出色，达到了牵制德军的预期目的。

此时，在德国军官中间弥漫着越来越多的悲观情绪。12月12日，哈尔德与冯·博克元帅通了电话，讨论了当天发生的事态。哈尔德承认战局已经进入十分危急的阶段。这时候的德军第134师和第45师不再能够继续作战了。在北方，积雪封锁了铁路线，阻碍了补给品的运输和部队的调动，导致德军前线缺乏补给品，直接影响了作战能力，最终丧失了对图拉和库尔斯克之间地段的控制。

与此相反，朱可夫指挥下的苏军却是捷报频传，对德两翼之突击集团发动的决定性反攻取得胜利。到12月13日为止，德军在克林和索尔涅奇诺戈尔斯克地区的抵抗被粉碎，丢下大量的大炮和车辆，沿着积雪覆盖的道路向西退却，一路上遭到苏军飞行员的轰炸，损失惨重。16日，苏军将德军赶出了加里宁、克林和耶列茨。在此后的几天里，别洛夫将军的部队和弗拉索夫将军的部队在对德军的大规模进攻中，缴获了许多武器和车辆。

德军在莫斯科附近的损失是毁灭性的。在反攻期间（12月6日至25日），朱可夫的西方方面军摧毁或缴获了1,000辆坦克、1,434门火炮和大量其他军事装备。西南方面军的部队缴获或击毁了81辆坦克、491门火炮，还有其他兵器。德军阵亡和被俘人数约为30万人。

德军对莫斯科的威胁基本解除了。

这时，朱可夫左翼的各集团军处于特别有利的地位。他们已深深楔入德军防线，能够展开一次胜利的攻势。但是，为了做到这一点，需要新的部队。而方面军的预备队已经用完，朱可夫要求再拨给一些部队，最高统帅部没有同意。朱可夫认为，如果当时能得到4个集团军的加强，苏军本来能够收复在德军10月攻势之前所占据的阵地。

此时的斯大林，正在为红军在莫斯科附近的胜利所陶醉，认为德军没有做好冬季作战的准备，因而想在从拉多加湖到黑海的整个全线尽快开始总攻。

1942年1月5日晚，在大本营会议上讨论从拉多加湖到黑海全线总攻的计划。正在前线的朱可夫被召到莫斯科参加这次会议，商讨今后的作战计划。出席会议的有国防委员会委员、总参谋长沙波什尼科夫以及最高统帅部的其他成员。沙波什尼科夫扼要地通报了前线情况，谈了作战计划草案。斯大林打算把正在实施的反攻扩大到全线的所有其他地段，目的是要消灭列宁格勒附近、莫斯科以西以及乌克兰和克里米亚的敌军。

大本营提出的全线进攻的计划确实是很庞大的。计划规定，由西方方面军和加里宁方面军的部队、西北方面军的左翼部队和布良斯克方面军，对德军中央集团军群实施主要突击。列宁格勒的部队、西北方面军的右翼部队和波罗的海舰队的任务是粉碎北方集团军群，消除对列宁格

∧ 苏军士兵在严寒下向德军阵地冲锋。

勒的封锁。西南方面军和南方方面军的任务则是打垮南方集团军群，解放顿巴斯地区。高加索方面军和黑海舰队则负责解放克里米亚。这次攻势的总目的是"消灭"各个战线的德军，而且还要赶在春季之前。

朱可夫意识到，实施这样大规模的攻势是不可能的，因为苏联当时根本不具备进攻所需的巨大人力、物力。于是，朱可夫发表了自己的看法，建议只在西部方向集中兵力，几个方面军在此战略方向上继续进攻，因为这里获胜的条件最有利，敌人还没来得及恢复部队的战斗力。为达到这个有限的目标，必须补充人员和战斗装备，特别是增加坦克部队。他提醒大家注意，德军在列宁格勒城下和西南方向设有强大防御，没有强大的炮兵是不可能在德军坚固的防御上打开最初突破口的。为避免部队遭受不应有的重大损失，朱可夫要求加强莫斯科以西的各方面军，并在这些地段上实施主要进攻，而列宁格勒方面军和南方方面军则应暂时坚守。

但是，朱可夫的这一建议并没有被统帅部所采纳，因为斯大林早已作出了决定，而且这个决定是不可改变的。

1月7日傍晚，朱可夫的方面军司令部接到指令：西方方面军和加里宁方面军的任务是设法合围莫扎伊斯克－格查斯克－维亚济马地区之敌。

当苏军攻势重新开始的时候，希特勒命令德军坚守苏军在10月和11月曾筑有强固防御阵地的拉马河一线。这些阵地完好无损，从而使德军有可能变更部署和重新集聚兵力。

1月10日，西方方面军部队向沃洛科拉姆斯克地区进攻，经过两天激战，近卫骑兵第2军和坦克第22旅打开一个缺口，至17日，方面军的右翼部队占领了洛托施诺和沙霍夫斯卡亚，切断了莫斯科至尔热夫的铁路。朱可夫准备迅速在突破口投入重兵，以便扩大战果，楔入纵深。但在这时，朱可夫却接到最高统帅部的命令：立即将第1突击集团军撤出战斗，编入最高统帅部预备队。

朱可夫和索科洛夫斯基立即打电话给总参谋部提出异议，要求把第1突击集团军留下。但得到的回答只有一个："这是最高统帅的命令。"朱可夫接着给斯大林打电话，斯大林回答说："无条件撤出！"朱可夫又申诉说，撤走第1突击集团军，将会削弱他的突击部队，斯大林还是坚持他的意见。

最高统帅部曾在12月16日把第30集团军调给了加里宁方面军，一个月以后又把第1突击集团军编入预备队。这两次抽调部队，削弱了西方方面军的右翼，结果朱可夫不得不加宽第20集团军的进攻正面宽度。方面军右翼由于被削弱，在格查茨克附近失去了进攻的突击力。

1月20日，从战线中部进攻的第5和第33集团军解放了鲁扎、莫扎伊斯克和韦烈亚。第43和第49集团军挺进到多马诺夫地区，并同尤赫诺夫的德军展开激战。朱可夫拟定了突然夺取维亚济马的计划。为了切断德军后方交通线，从18日到22日，向维亚济马以南36公里的热拉尼耶地区空投了空降兵第201旅的两个营和空降兵第250团。同时，别洛夫的第1骑兵军、空降兵、游击队和加里宁方面军的第11骑兵军、第33集团军协同作战，扩大突破口，并准备夺取维亚济马。1月27日，别洛夫的骑兵军突破尤赫诺夫地域，3天后同空降兵和游击队会合了。2月初，别洛夫率军前往维亚济马南侧。

1942年2月1日，为更密切地组织西方面军和加里宁方面军的协同作战，最高统帅部恢复了西部方向总司令的职务，并任命朱可夫担任这一职务，同时继续兼任西方方面军司令员。2月底和3月初，最高统帅部决定加强西线作战的各方面军的兵力和兵器，但这时的形势已经不允许全线进攻了。而德军也已开始加强其部队，并凭借坚固阵地开始对西方方面军和加里宁方面军采取积极行动。快到2月底时，被合围的苏军第29集团军遭受重创，只剩下大约6,000人。他们历尽各种艰辛，最终得以突出重围，重武器则全部损失了。

苏军部队已经疲惫不堪，要想粉碎德军的抵抗显得越来越困难。朱可夫多次要求准许他的部队停止进攻，巩固已夺取的阵地，但都没有得到同意。斯大林坚持继续进攻，但不论是加里宁方面军，还是西方方面军都没有取得任何进展。列宁格勒方面军和西北方面军的右翼，以及苏联南部的各部队也都在进行着旷日持久的战斗。

在3月底到4月初，西部方向各方面军努力执行统帅部的指令，设法粉碎尔热夫－维亚济马地区的德军的进攻，但未能奏效。此时，道路不好和补给品得不到保证，增加了部队作战的困难。至4月20日，最高统帅部接受了方面军领导人的建议，下令停止进攻，在大卢基－杰米多夫－别雷伊－杜霍夫施纳－第聂伯河－涅利多沃一线转入防御。这时尔热夫、格查茨克、基洛夫等地仍然在德军手里。

尽管如此，从全部冬季进攻战役中，西方方面军的部队向前推进了大约70～100公里，在一定程度上改变了总的战略战役态势，尤其是使莫斯科获得了一定的喘息时间。

莫斯科会战中，在以朱可夫西方方面军为主力的苏军打击下，德军重兵集团第一次遭到重大的战略性失败。在这以前，苏军也曾经取得过一些局部性的胜利，但它们绝对不能同莫斯科会战相比。苏军实行了顽强防御，并能够相当巧妙地发动反击，表明苏联军事领导人正日益走向成熟。在会战中，德军总共损失了50万人，1,300辆坦克，2,500门火炮，15,000多辆汽车和很多其他技术装备。红军解放了11,000多个居民点，收复了克林、加里宁、卡卢加等许多城市，赢得了最后胜利。

德军在莫斯科战役当中的失败，是德国法西斯发动第二次世界大战以来所遭到的第一次大失败，打破了希特勒"闪电战"不可战胜的神话，大大鼓舞了世界反法西斯主义军民的斗志。莫斯科会战后，德军的有生力量大大削弱，而且从此开始走下坡路，而苏军却得到了进一步的发展壮大，士气高昂。

朱可夫在回忆自己一生的战斗历程时，说了一句寓意颇深的话："每当有人问我以往战争中记忆最深的是什么，我总是回答：'莫斯科会战！'"

然而，朱可夫既没有时间去休息，也顾不上为莫斯科战役的胜利而陶醉，就匆匆奔赴新的战场去了！

∧ 莫斯科会战中被俘的德军官兵。

第六章

斯大林格勒的雪野

1896-1974 朱可夫

苏军以5,000门大炮轰击包围圈内的德军，随后坦克与步兵发起迅猛的冲锋。德军由退却变成无需命令的逃跑，沿途丢下成千上万的尸体，随即就被风雪和炮火掩埋。不到6天，德军的阵地又缩小了一半……

>> 聚焦伏尔加河畔

莫斯科会战之后，苏德战场的形势发生了微妙的变化。

在莫斯科战役中，德军吃尽了冬季积雪和春季泥泞的苦头，遭受了空前惨败，已经无力在苏联战场发动全线进攻。狂妄不可一世的德军，被迫把兵力集中在战线的南翼，企图发动局部攻势，并削弱苏军对南线的支援。

1942年4月5日，希特勒签发第41号作战指令，对先前的计划作了调整，要求德军在气候和道路状况变得有利时，迅速突进高加索夺取油田，并向斯大林格勒推进。如果此举得逞，德国不仅能够抢夺所需的战略资源，还将切断苏联与盟国的南方交通线。

为了实施更大规模的进攻，德军统帅部把南方集团军群分为"A""B"两个集团军群。"A"集团军群的目标是高加索；"B"集团军群的目标直指斯大林格勒。它们总共有97个师、1200辆坦克和强击火炮、17,000门大炮和迫击炮，1,640架作战飞机。

6月28日，德军两个集团军群先后发动进攻，企图在顿河西岸包围并消灭苏军布良斯克方面军和南方方面军的主力。两天后，德军第6集团军在沃尔昌斯克地域突破苏军第21、第28集团军防线，在沃罗涅日方向合围部分苏军。

面对穷凶极恶的德军的猖狂进攻，苏军采取了机动灵活的防御战，有条件就打，没有条件就主动撤退，避免陷入敌人的包围。

德军集中兵力，向伏尔加河地区和高加索地区猛攻，至7月中旬，在沃罗涅日到克列茨卡亚地段、苏罗维基诺到罗斯托夫地段上，苏军被迫渡过顿河，随即与试图进攻斯大林格勒的德军在顿河河曲处展开苦战。从6月28日至7月24日近一个月的战斗中，苏军被迫后撤了150~400公里。

7月10日，最高统帅部向作战地区派去新组建的预备队，其中包括第62和第64集团军。西方方面军司令部则把它自己的预备队派到西南方面军的后方，占领了沿顿河从巴甫洛夫斯克到克列茨卡亚，再往南经过苏罗维基诺，直到上库尔莫西尔斯卡亚的防线。

12日，这些部队加上从原西南方面军抽调的第21集团军和空军第8集团军，组成了斯大林格勒方面军。铁木辛哥元帅被任命为司令员，赫鲁晓夫任军事委员会委员，鲍京被任命为方面军参谋长。最高统帅部还

★克鲁格（1882～1944）

德国陆军元帅，1912年毕业于军事学院，第一次世界大战中任作战部队参谋。战后在国防军中任参谋。1933至1939年曾任通讯兵主任、军区司令和步兵军长。参加了侵略捷克斯洛伐克的战争。1939年任第4野战集团军司令，相继参加了对波兰、法国和苏联的作战。1941年底任中央集团军群司令。1943年底回德国大本营中任职。1944年中，任"D"集团军群司令，因涉及密谋反对希特勒自杀身亡。

把坦克第1和坦克第4集团军调给该方面军，命令它们重新建立防御。与此同时，还采取了一些步骤，迅速从国内深远后方的基地抽调必要的预备队到斯大林格勒来。从7月22日起，方面军司令员由铁木辛哥元帅改为戈尔迈夫中将担任。

斯大林格勒方面军的编制内共有38个师，其中只有16个师能够占领主要地带的防御阵地。当面之敌为德军第6集团军，下辖18个齐装满员师。

7月中旬，希特勒发出命令，正式发动了斯大林格勒战役。

斯大林格勒会战可分为两个阶段，即保卫斯大林格勒阶段和反攻阶段。在斯大林格勒接近地、在城市周围和市区的防御战，从1942年7月中旬一直延续到11月18日。

德军从哈尔科夫附近的集结地域向罗斯托夫和斯大林格勒实施突击，开始实施大规模的军事行动。

∨ 时任斯大林格勒方面军司令员的铁木辛哥元帅（中）、军事委员会委员赫鲁晓夫（右）在前线听取基层指挥员汇报。

当时，苏德双方的兵力对比主要有如下几项——人员之比是 1∶1.2；坦克之比是 1∶2；飞机之比是 1∶3.6。双方的火炮和迫击炮数量大致相等。

21 日，弗里德里希·保卢斯将军的第 6 集团军向斯大林格勒挺进，统帅部下令用火车和卡车从西北调运新的部队。尽管红军进行了猛烈反击，但几天之后，即在 26 日，罗斯托夫已危如累卵，形势显得比以前更加危急，斯大林格勒西面也展开了激战。

7 月 23 日，德国最高统帅部发布第 45 号训令，要求从北面掩护顿河中游地区的"B"集团军群在短期内攻下斯大林格勒、阿斯特拉罕，巩固伏尔加河地区，切断高加索与苏联中部的联系，并且派出了拥有 1,200 架飞机的第 4 航空队。是日早晨，德军以 5 个师的兵力进攻苏军第 62 集团军右翼。经过 3 天激战，德军突破了苏军防线，先头部队前进到顿河。

斯大林格勒战役早期阶段，在德军的疯狂攻势面前，红军的任务主要是竭尽一切努力来延缓德军的推进。苏军希望争取时间，以便加强斯大林格勒的防御。

当此生死存亡之际，成千上万的斯大林格勒的市民被组织起来，构筑城市防御。红军的抵抗和组织的防御，使得德军一时无法强行占领斯大林格勒。

由于斯大林格勒方面军的部队分布在 700 公里长的战线上，部队指挥十分不便，8 月 5 日，苏军最高统帅部将斯大林格勒方面军一分为二：斯大林格勒方面军和东南方面军。斯大林又派总参谋长华西列夫斯基赶赴该处，主要协调斯大林格勒地区各部队的行动。

从 8 月 5 日到 8 月 18 日，德军兵分两路，一路从西面和西北方面进攻斯大林格勒，一路从南面进行迂回包围。从 8 月 19 日到 9 月 3 日这段期间，伏尔加河和顿河之间地区的战斗异常激烈！这时，德军已经从斯大林格勒北面突破到伏尔加河，形成了一个 8 公里宽的突出部。为了防止被包围同时也为了使德军不能向前实施突击，红军防御部队撤进了斯大林格勒市内。经过多日激烈交战，8 月 23 日，德军坦克突入维尔佳奇地域，把第 62 集团军同斯大林格勒方面军的主力部队分隔开来，等于把苏军的防御分割为两部分，并且逼近了伏尔加河。

8 月 24 日夜间，由于形势万分紧急，华西列夫斯基不得不用没有保密性能的无线电台同斯大林通话，报告了前线最新情况。斯大林对斯大林格勒出现的严重局面焦虑不安，情绪显得有些失控。

处于不利态势下的苏军，不得不向后撤退：一路向东撤到斯大林格勒，另一路向南朝高加索油田方向的顿河下游撤退。

就在斯大林格勒处境困难的时期，为了减轻该方向的压力，苏联最高统帅部命令在西方方向上实施局部进攻战役，以牵制德军的预备队。为此，朱可夫指挥西方方面军和加里宁方面军，向布良斯克、波戈列洛耶、戈罗迪舍地域发起攻击，使之不能投入斯大林格勒地域。但是由于兵力不足，朱可夫的进攻威力十分有限，并未对德军造成更大的威胁。

8 月初，德国第 9 集团军的两个坦克军奉命封闭突破口，朱可夫料敌在先，早已集结了800 辆坦克，事先作好了战斗准备。德国中央集团军群司令克鲁格★元帅向朱可夫所部发起代号为"龙卷风"的反攻，由于战局不利，到8月22日，德军再次转入防御。

1942年8月27日，朱可夫正在波戈列洛耶－戈罗迪舍地域指挥进攻战役。这时，斯大林的秘书处负责人波斯克列贝舍夫给他打来电话。朱可夫从谈话中得知，国防委员会在前一天研究了苏联南部的局势，十分担心斯大林格勒地区的战局，同时通过了任命朱可夫为最高统帅助理的决定。

时隔不久，最高统帅斯大林通过高频电话，与朱可夫进行了交谈。斯大林首先询问了西方方面军的态势，随后对朱可夫说道："你必须立即到最高统帅部来，留下参谋长代理你的工作。"接着又补充说，"请考虑一下，任命谁来接替你担任方面军司令员。"

斯大林并没有在电话中谈及任命朱可夫为最高统帅助理的事。一般情况下，他在电话中只谈当时急需谈的问题。在战争的特殊背景下，斯大林要求部下打电话时要十分注意，尤其在没有通话保密设备的部队作战地区更是这样。

朱可夫接完电话，没有回方面军司令部，就直接飞往莫斯科了。

当朱可夫来到克里姆林宫时，天已经黑了。

斯大林正在他的办公室里，国防委员会的几位委员也在那里。波斯克列贝舍夫看到朱可夫来得这么快，感觉很惊讶，随后进去作了通报。斯大林听了非常高兴，马上接见了朱可夫。斯大林略显焦虑地说道："南方情况进展对我方不利，德军有可能占领斯大林格勒。北高加索形势也不太好。"接着他大声宣布道："国防委员会已决定任命朱可夫为最高副统帅并派往斯大林格勒地域。"

"你打算什么时候启程?"斯大林问朱可夫。

"我需要用一昼夜时间研究情况，29日就能飞往斯大林格勒。"

"那好！"斯大林又问道："你不饿吗? 不妨稍微吃点东西。"

有人端来了茶水和10份夹肉面包。在喝茶的时候，斯大林简略地向朱可夫介绍了8月27日20时战场上总的情况。在简要地叙述了斯大林格勒的情势后，斯大林说道，最高统帅部已决定把第24集团军、近卫第1集团军和第66集团军拨给斯大林格勒方面军。这就是说，除了新组建的准备用于尔后战争的战略预备队外，最高统帅部把一切能够用的力量都派往斯大林格勒地域了。

斯大林走到朱可夫面前，郑重地对他说道："你必须采取一切措施，让近卫第1集团军在9月2日实施反突击，并且掩护第24和66集团军迅速进入战斗。不然的话，我们就会丢掉斯大林格勒。"

此时的朱可夫非常明白，斯大林格勒会战具有极为重大的军事意义和政治意义。一旦斯大林格勒陷落，苏联南部与中部的联系就可能被德军切断，也就可能失去从高加索向北运送大量物资的伏尔加河这条最重要的水路交通命脉。

朱可夫深深意识到自己肩负着多重的责任，不过，这反而激起了内心的强大斗志。愈是

∧ 向斯大林格勒大举进发的德军部队。

在巨大压力之下，朱可夫愈是能够将其转化为强大的动力。

　　除了组建新的战略预备队外，最高统帅部正把一切能够动用的力量都派往斯大林格勒地域；另外还采取了紧急措施，增加飞机、坦克、火炮、弹药和其他物资的生产，以便及时用于粉碎斯大林格勒地域的德军集团。

　　8月29日，朱可夫肩负着特殊使命，从莫斯科中央机场起飞直飞前线。4小时后，他在斯大林格勒附近卡梅申地区一个野战机场着陆。

　　华西列夫斯基亲自来迎接朱可夫，并当场给他介绍了最新情况。短时间交谈之后，他们便一同驱车前往设在小伊凡诺沃的斯大林格勒方面军司令部。

　　大约中午时分，朱可夫一行到达了方面军司令部。他们并没有见到司令员戈尔多夫中将，因为他正在前沿阵地上。参谋长尼绍夫和作战部长鲁赫列向他们汇报了当前情况。

朱可夫听完汇报后，觉得他们对情况了解得不够，而且从谈话中可以看出，他们对于在斯大林格勒地域挡住敌人的信心不足。于是，朱可夫便给近卫第1集团军司令部打电话，告诉戈尔多夫他们一行马上过去。

在近卫第1集团军指挥所，朱可夫见到了戈尔多夫将军和莫斯卡连科将军。通过听取汇报，以及交谈，他发现戈尔多夫他们很清楚敌人的力量和苏军的作战能力，心里感到踏实多了。来到前线后，朱可夫立即进行了实地调查，掌握了第一手资料。随后，他又和前线指挥员共同讨论了当前局势和苏军状况。经过深思熟虑，朱可夫最后得出结论，正在集中的各集团军的部队，最早要在9月6日才能做好反突击的准备。

朱可夫迅速用高频电话向斯大林报告了自己所掌握的情况。听完汇报后，斯大林表示没有不同意见。

由于缺乏燃料，莫斯卡连科的近卫第1集团军的进攻未能按最高统帅部的命令，按原计划于9月2日实施，而是将进攻时间改为9月3日5时。

9月3日晨，经过炮火准备，近卫第1集团军发起了进攻，但是因为受到德军的有力阻击，只前进了几公里就被迫停了下来。当天，朱可夫收到斯大林的电报。电报指出：斯大林格勒形势恶化了，可能在今天或明天被攻占。现在迟延就等于犯罪。斯大林在电报中命令朱可夫立即指挥部队向德军突击，不得有任何耽误。

朱可夫当即给斯大林打去电话，报告道："我可以下命令明天一早发起进攻。但是3个集团军的所有部队不得不在几乎没有弹药的情况下开始战斗，因为最早要到明天黄昏才能把弹药送到炮兵阵地上。"随后又说道："在明天黄昏前，我们不可能组织好部队与炮兵、坦克及航空兵的协同动作，而没有协同动作是什么也搞不成的。"

> 朱可夫抵达斯大林格勒后深入前沿阵地视察。

ZHUKOV

斯大林反问道："你是不是以为敌人会等你慢慢腾腾地弄好了再干？叶廖缅科断定，如果你们不立即从北面实施突击，敌人只要用一次猛攻就可以拿下斯大林格勒。"

朱可夫明确表示不同意叶廖缅科的这个看法，坚持请求准予按原定时间——即5日发起进攻。

"嗯，那好吧！"斯大林的态度有所缓和，"如果敌人对市区发起总攻，你应该不等部队作好最后准备，就迅速向敌人冲击。你的主要任务是把德军的兵力从斯大林格勒引开，如果能办得到，还应消除隔开斯大林格勒方面军和东南方面军的德军走廊。"

9月4日到9月13日，德军在斯大林格勒南面突破到伏尔加河，把守卫城市的第62集团军同战线上的其他部队分隔开来。

9月5日以前，如同朱可夫所估计的那样，斯大林格勒附近并没有发生特殊事件。按照预先计划，5日拂晓，苏军炮兵和航空兵开始火力准备，随之发起冲击。但由于火力密度不够，同时遭到德军的猛烈阻击，因此没有取得预期的效果。朱可夫从近卫第1集团军指挥所观察了这次行动，发现发起进攻的红军步兵部队遭到敌人猛烈火力的阻击，不可能向前推进很远。一两个小时以后已经很明显，德军阻止了苏军的前进，并以步兵和坦克实施反突击。

苏军航空兵侦察查明，德军坦克、炮兵和摩托化步兵的庞大集群，正从古姆拉克、奥尔洛夫卡、大罗索什卡向北移动。随后，德军轰炸机开始轰炸苏军战斗队形，在飞机的掩护下，德军增援部队进入战斗，并在某些地段上把苏军推回到出发地域。

傍晚时，苏军补充了炮弹、迫击炮弹和其他弹药。朱可夫决定根据昼间战斗中查明的敌情，制订新的进攻计划，一俟苏军在夜间得以变更部署之后就实施。

天黑以后，斯大林打电话询问斯大林格勒附近的作战情况。朱可夫报告说，整整一天的战斗打得很艰苦，敌人从古姆拉克地域调来了一些部队。

"这就不错，"斯大林说，"这是对斯大林格勒的很大帮助。"

"我军稍有进展，"朱可夫报告说，"但在不少地方仍停留在出发地域。"

"怎么回事？"

> 在前线指挥作战的朱可夫。

"由于时间不够，我军没有来得及作好进攻准备，没有很好地进行炮兵侦察并查明敌人的火力配系，自然就不能将其压制住。当我军转入进攻时，敌人就以火力和反冲击阻住我军的进攻。此外，敌航空兵整天都掌握着制空权，并对我军进行轰炸。"

"继续进攻，"斯大林命令说，"你们的主要任务是把尽可能多的敌人调离斯大林格勒。"

第二天的战斗更加激烈了。

苏联空军部队在夜间轰炸了敌军阵地。除前线航空兵外，远程航空兵也整夜进行了轰炸。远程航空兵由戈洛瓦诺夫中将指挥，并同朱可夫一起呆在近卫第1集团军指挥所。与此同时，德军也投入了新的部队，在许多制高点上设置了预伏坦克和强击火炮，并组织了火力支撑点。要想摧毁德军的这些防御设施，只有使用威力强大的炮兵火力，可当时朱可夫只有数量很少的大威力炮兵。

交战的第三天和第四天，主要是双方的炮火对射和空中轰炸。

9月10日，面对战场的僵持态势，朱可夫心急如焚，于是便亲自来到第一线部队，巡视了各集团军的部队。通过了解到的情况，朱可夫得出了这样的结论：以苏军现有的兵力，是不可能突破敌人的战斗队形并消除其走廊的。戈尔多夫、莫斯卡连科、马利诺夫斯基、科兹洛夫等将领都同意朱可夫的这个意见。

当天，朱可夫向斯大林报告如下：

以斯大林格勒方面军现有的兵力，我们不能够突破敌人的走廊并与东南方面军的部队在市区会师。由于敌人从斯大林格勒附近调来新的部队，以现有的兵力和部署继续冲击是没有用的，而且部队必然要遭受重大的损失。我们需要补充兵员，需要时间来调整部署，以实施较为集中的方面军突击，单是集团军突击已不能打败敌人。

斯大林听完后，觉得有些问题值得作进一步的探讨，有必要把当前的形势分析得更透彻。斯大林希望朱可夫能够到莫斯科来，当面向他作汇报。

9月12日，朱可夫乘机飞往莫斯科，向斯大林汇报前线形势。当时，华西列夫斯基总参谋长早已回到最高统帅部，也应召来到克里姆林宫★。

斯大林仔细听取了华西列夫斯基的汇报后，便请朱可夫谈谈斯大林格勒的情况。朱可夫认为，第24、近卫第1和第66集团军是很有战斗力的部队，但弱点是没有足够的加强兵器，缺少直接支援步兵所必需的榴

＜ 斯大林格勒战役时，时任总参谋长的华西列夫斯基。

弹炮兵和坦克部队。接着，他谈到斯大林格勒附近地区的地形特征：地势开阔，有一些峡谷，为敌人提供了良好的掩护，但不利于红军的进攻行动。与此同时，德军占领了许多制高点，可以进行较远的炮兵观察，能向所有方向机动火力。最后，朱可夫得出结论：在这种情况下，斯大林格勒方面军的三个集团军是不能突破敌人防御的。斯大林问道："要消除敌人的走廊，并与东南方面军会师，斯大林格勒方面军需要些什么？"

"至少还需要 1 个满员的诸兵种合成集团军、1 个坦克军、3 个坦克旅和 400 门以上的榴弹炮。此外，在作战过程中，必须加强至少 1 个空军集团军。"

华西列夫斯基表示支持朱可夫的看法。

斯大林拿出最高统帅部预备队配置图，聚精会神地看着。

为了不打扰斯大林，朱可夫和华西列夫斯基走到离开桌子稍远的地方，非常低声地说："显然需要找个什么别的解决办法。"

正在看地图的斯大林突然抬起头来问道："有什么别的解决办法？"

朱可夫没有料到斯大林竟然听到了他们的谈话，于是他和华西列夫斯基又回到桌子跟前。

★克里姆林宫

莫斯科的标志性建筑，是由许多教堂、宫殿、塔楼等组成的宏伟建筑群体，集中体现了俄罗斯几个世纪以来的建筑艺术。由朱红色的齿形城墙围成三角形，宫墙四周有 4 座城门，并矗立多座尖耸的塔楼。这些建筑高矮不一，形状各异，看上去颇为雄伟。正是在克里姆林宫，苏联的领导人指挥了抵御法西斯德国的战争。

"这样吧！"斯大林说，"你们到总参谋部去，好好想想在斯大林格勒地域应当采取什么措施，可以从哪里调什么部队去加强斯大林格勒的部署，同时也想想高加索方面军的问题。明晚9点在这里会齐。"

第二天，朱可夫和华西列夫斯基在总参谋部工作了一整天。朱可夫把全部注意力集中在苏军有无实现一次大规模战役的可能性的问题上，苏军与德军的现状则是制定一切计划的基础。

苏军方面的情况是：第一，在斯大林格勒的接近地和市内的殊死搏斗中，兵力、兵器和其他物资的损失极为沉重，现有兵力不可能粉碎敌人。第二，苏联军事工业发挥出强大的实力，大大增加了新式飞机和炮兵弹药的生产，只要计划严密、比例适当，完全可以提供足够的物资。第三，到10月份，统帅部可编组好战略预备队；11月，用最先进的T－34型坦克装备的机械化兵团和坦克兵团可供最高统帅部使用。第四，红军高级指挥员在战争中积累起丰富的经验，已经成为指挥战役和战斗的能手。

德军方面的情况是：第一，德军最有战斗力的保卢斯第6集团军和霍特坦克第4集团军，在斯大林格勒地域受到严重的消耗，无力完成攻取城市的战役，陷入了绝境。第二，德国统帅部在高加索和斯大林格勒地区可用的全部兵力都已经疲惫不堪了，而且没有更多的力量投入南线的攻势，不得不在所有各个方向上转入防御。第三，在伏尔加和顿河地域只有很少的战役预备队，总共不超过6个师，而且分散在宽大正面上，短期内无法集中。第四，意大利、匈牙利、罗马尼亚等仆从国军队的官兵士气低落，战斗力很差。

在作了如上详细的分析之后，朱可夫自然而然地得出了结论：德国已经无力完成1942年的战略计划，而苏军则有实力实施一次大规模的战役，夺取战争的主动权；处于包围态势的苏军，易于在谢拉菲莫维奇和克列茨卡亚地域的登陆场展开。

朱可夫和华西列夫斯基研究了各种可能，最后从中选择了一套比较切实可行的方案。他们决定向斯大林提出这样的建议：苏军继续以积极防御来疲惫敌人，然后发动一次特大规模的反攻，在斯大林格勒围歼德军，从而根本改变南部战略形势。

朱可夫之所以有这样的提议，是基于对德军进攻能力的评估。朱可夫了解到德军的兵力兵器短缺，不足以支持他们实现在北高加索或顿河与伏尔加河地区的目标。与此相反，朱可夫相信，苏联的前途是光明的。

反观苏军，战略预备队的编组和训练已接近完成。当然，最能鼓舞朱可夫必胜信心的，还是对苏军极其有利的战场态势：红军部队占据着战线两翼的阵地，对德军形成包围态势，而德军的处境却开始恶化起来。

9月13日22时，朱可夫、华西列夫斯基来到斯大林的办公室，准备向他进行汇报。斯大林热情地上前同他们握手，表示欢迎，这在以前是很少见的。

刚一坐下，斯大林就气愤地说道："千百万苏联人在与法西斯斗争中献出了自己的生命，丘吉尔却为20架'飓风式'战斗机讨价还价。他们那些'飓风式'是无用的东西,我们的飞行员不喜欢这种飞机……"然后又以平静的语调问道:"唔,你们有些什么决定?谁来汇报?"

"你让我们谁汇报都行,"华西列夫斯基回答,"我们的意见是一致的。"

斯大林走到地图前问道:"这是什么?"

"这是斯大林格勒地域反攻计划的初步草案。"华西列夫斯基答道。

当朱可夫他们拟定的这份反攻计划草案送到面前的时候,斯大林显然感到有些意外,禁不住提出了疑问:"现在有足够力量实施这样大规模的战役吗?"

朱可夫报告说,他们已经计算过,45天以后就能得到必要的兵力兵器,并作好发动进攻战役的准备。

斯大林又问:"只限于沿顿河从北向南和从南向北突击,是不是更好?"

朱可夫解释道,如果那样的话,德军可以迅速将其装甲坦克师从斯大林格勒附近转过来抗击苏军的突击。苏军在顿河以西实施突击,就使敌人由于河流障碍而不能迅速机动,也就不可能用预备队抗击苏军。

斯大林还是不放心地问道:"你们的突击集团调动的距离是不是过远呢?"

朱可夫和华西列夫斯基解释说,战役分为两个主要阶段:一、突破防御,合围德军斯大林格勒集团,并建立牢固的对外正面,以隔绝该集团与外部敌人的联系;二、歼灭被围敌人,并阻止敌人突破封锁的企图。

这时,斯大林不准备再继续讨论这个问题了,说道:"对计划需要再考虑一下,而且要计算一下我方资源。现在的主要任务是守住斯大林格勒和不让敌人向卡梅申方向推进。"

话刚说完,东南方面军司令员叶廖缅科从前线给斯大林打来电话说,德军正向斯大林格勒市区方向调动坦克部队,明天敌人必然有新的突击行动。

放下电话,斯大林当即命令:朱可夫和华西列夫斯基调动近卫第13师和航空兵,立即增援斯大林格勒市区,以便牵制住敌人。

然后,斯大林又对朱可夫说:"你自己要飞回斯大林格勒方面军去,并要着手研究克列茨卡亚和谢拉菲莫维奇地区的情况。几天以后,华西列夫斯基应飞往东南方面军研究其左翼的情况。"

分手之前,斯大林又补充说:"关于计划,以后我们再继续谈,在这里讨论过的问题,除我们3个人外,目前不要让任何人知道。"

军情紧急!朱可夫深知时间在战争中意味着什么。1小时后,朱可夫乘机飞往斯大林格勒方面军司令部。

叶廖缅科给斯大林打的电话极其重要!

原来,就在9月12日,希特勒在大本营里召开了一次会议,主要讨论德军在斯大林格勒地区的作战进程。希特勒在会议总结时说:"……俄国人已经精疲力竭了……他们已不能再

∧ 时任苏军东南方面军司令员的
叶廖缅科在前线指挥作战。

进行可能对我们构成危险的广泛的战略性的报复行动。此外，顿河北翼将从盟国军队方面得到很多的增援部队。在这种情况下，我看不出北线有什么危险。在其他方面必须关心的是，要尽快地把城市拿到自己手中，不让它变成大家长期注目的焦点。"

正是按照希特勒的这一要求，德军对斯大林格勒又发动了新的进攻。德军攻打斯大林格勒市区的战斗从 9 月 13 日开始，到 11 月 18 日结束，历时两个月。

德军用在斯大林格勒方向上的兵力有 50 多个师，其中用来直接进攻市区的有 13 个师，共 17 万人。他们拥有 500 辆坦克、1,700 门大炮和迫击炮。

苏军斯大林格勒方面军和东南方面军虽然合起来有 120 个师，但是人员编制严重缺额，许多师只有编制人数的 20%～25%，有的师仅有 800 人。实际上负责防守市区和西南一带的主力第 62 和 64 集团军总共只有 9 万人、1,000 门大炮和迫击炮、120 辆坦克。在市区争夺战中，德军在兵力和武器上是占优势的。

9 月 13 日到 15 日的 3 天，对交战双方来说，都是十分艰难的日子。争夺市区的激战达到白热化的程度，全市的街道和广场都变成了激烈的战场，有些重要据点被苏德双方反复地争夺，第一火车站的争夺战持续了 1 周之久。

德军不顾一切，一步步向市中心逼近。双方在每一条街、每一幢房屋、每一堆废墟展开了残酷的阵地战，或者说是"堡垒战"，完全不同于以往的大规模作战。这时的战场已经从过去开阔的草原转入沟壑纵横的伏尔加高地，转入斯大林格勒工业区。

斯大林格勒工业区修建在崎岖不平的地带，建筑物都是用钢筋混凝土浇注的，或是用石头砌成的。德军推进的距离不再用公里，而是用米来计算。这时的作战地图是一张城市平面图。为了争夺每一幢房屋、每一个车间、每一座水塔、每一段铁路路基，甚至每一块废墟，双方都要经过激烈战斗，激烈程度达到空前的地步。

∧ 德军在斯大林格勒与苏军激战。

在德国航空兵和炮兵的狂轰滥炸下，苏军的兵力在不断减少。但是，在斯大林格勒人民群众的支援和配合下，官兵们激发出无比坚强的战斗意志，只要德军一向前推进，就要受到苏联军民的顽强阻击。

苏军的顽强不屈使德军精疲力竭，一筹莫展，付出了沉重的代价。显然，苏军在利用地形地物和使用伪装方面胜过德国人，而且在街垒战斗和争夺单个建筑物的战斗中更有经验。

然而，希特勒不顾士兵死活，一心要占领斯大林格勒，强令德军在狭窄的地段上连续冲击。就在这最艰难的时刻，苏近卫第13师渡过伏尔加河进入了斯大林格勒市区，对德军突然实施发起反冲击，夺回了一些重要据点，缓解了苏军在战场上的危急形势。近卫第13师的突然出现，对战争起到了转折性作用。

9月16日，戈洛瓦诺夫的远程航空兵对德军进行空袭，炮兵轰击了德军第8军，再次有力

< 时任顿河方面军司令员的罗科索夫斯基。
> 德军步兵在轰炸过后的斯大林格勒废墟上搜索前进。

地援助了斯大林格勒的苏军。

为了加强各自的力量，双方都抓紧时间调兵遣将。9月底和10月初，苏军又有6个步兵师和1个坦克旅调到斯大林格勒市区。德军调来了20万人的补充部队、90个炮兵营（1,000多门大炮）和40个受过攻城训练的工兵营。

就在双方各自调整力量，准备决一死战时，朱可夫奉命与华西列夫斯基进一步拟制反攻计划。10月1日，朱可夫又一次由斯大林格勒返回莫斯科，乘坐由空军中将戈诺瓦洛夫亲自驾驶的飞机，并与这位优秀驾驶员并排坐在驾驶舱内。

在返回首都的途中，飞机突然转弯并开始下降，朱可夫发现飞机偏离了航线。几分钟后，戈洛瓦诺夫将军把飞机降落在一个陌生的机场上。

朱可夫感到很奇怪，不由得问戈洛瓦诺夫："你为什么在这里着陆？"

"算我们走运，离飞机场很近，不然的话，飞机可能已经坠毁了。"戈洛瓦诺夫长舒了一口气说。

"怎么回事？"

"飞机结冰了。"

正在说话的时候，跟在后面的飞机也着陆了。与时间赛跑的朱可夫，不容许自己有任何耽搁。于是，朱可夫立即改乘后面这架飞机，直接飞往莫斯科中央机场。虽然在复杂条件下急着飞行是要冒生命风险的，但是朱可夫对此已经习以为常，并不介意了。

被派往前线，肩负着研究东南方面军左翼各集团军实施反攻条件的华西列夫斯基，也恰在这时回到了莫斯科。在去见斯大林以前，朱可夫和华西列夫斯基先碰了头，讨论了实施反攻的问题。

在讨论斯大林格勒方面军的情况时，斯大林问起了斯大林格勒方面军司令员戈尔多夫将军的情况。

朱可夫回答说:"戈尔多夫在作战方面是一位成熟的将军,但是他与下面指挥人员和参谋人员有点不和。"

斯大林说:"在这种情况下,应当任命一个新的方面军司令员。"

于是,朱可夫提出让罗科索夫斯基中将担任这个职务,旁边的华西列夫斯基也表示赞同。

斯大林当即决定:斯大林格勒方面军改称顿河方面军,由罗科索夫斯基担任司令员;东南方面军则改称斯大林格勒方面军;同时决定以近卫第1集团军司令部为核心,组建西南方面军司令部。西南方面军的司令员职务,预定由瓦杜丁中将担任。

详细讨论完反攻战役计划之后,斯大林转过头对朱可夫和华西列夫斯基说:"请飞回前线去。要采取各种措施,更多地消耗和疲惫敌人。要再去看看反攻计划中规定的出发地域和

其他所有问题。"

遵照最高统帅的指示，朱可夫和华西列夫斯基到现场进行研究之后，再次回到克里姆林宫。经过更为周密的讨论，他们向斯大林递交了一份经两人签署的完整的反攻计划。斯大林看过之后，在上面批了"我批准实施"几个字，并签上了名字。斯大林接着指示华西列夫斯基，到部队去征求各方面军司令员对于未来的战役的意见，但要注意，不能泄漏这个严加保密的计划。

随即，朱可夫离开莫斯科，回到了前线。

朱可夫和罗科索夫斯基一起飞到斯大林格勒地域。随后，在位于斯大林格勒以北一个小山沟里的莫斯卡连科的指挥所中，朱可夫召开了一次特别的会议。

会上，朱可夫向戈尔多夫转达了最高统帅的决定：任命罗科索夫斯基为顿河方面军司令员，还就斯大林格勒战役的某些方面作了阐述，对顿河方面军提出要求，即绝不可减少对德军的积极行动，以免德军从该地段抽调兵力、兵器去攻击斯大林格勒。已经接管了方面军指挥权的罗科索夫斯基认为，方面军的兵力和兵器极少，因而在这里也不会取得什么重大战果。朱可夫也持同样的看法，但是如果不积极帮助斯大林格勒方面军，他们就不可能守住斯大林格勒。

罗科索夫斯基后来找到朱可夫说："我要求你给我机会来指挥，全面地亲自指挥我的部队，这就是说，让我根据战斗的实际进展，来执行最高统帅部分配的各项任务。"

朱可夫很理解这位新上任司令员的要求，直截了当地问："简单地说，你的意思是说我现在在这里无事可做了吗？"

罗科索夫斯基微笑着点点头。

朱可夫爽快地说道："我今天就飞回莫斯科。"

对于朱可夫这位老战友所给予的理解和支持，罗科索夫斯基不由得表示由衷的敬意。

10月份，苏德军队在斯大林格勒市内和附近地区继续进行激烈的交战。苏军最高统帅部命令6个满员师渡过伏尔加河进入斯大林格勒，以加强第62集团军。与此同时，罗科索夫斯基的顿河方面军也得到了一些加强。

这个时候，希特勒又命令"B"集团军群和保卢斯★的第6集团军尽快占领斯大林格勒。为了向斯大林格勒突击，德军指挥部把军队从两翼的防御阵地调来，派罗马尼亚军队接替他们，从而大大削弱了轴心国部队在谢拉菲莫维奇和斯大林格勒以南地域的防御。

10月中旬，德军对斯大林格勒发动了猛烈进攻，把部署在5公里正面上的3个步兵师和2个坦克师投入战斗。10月14日这一天，德国飞机出动了约3,000架次，几乎没有间断过对苏军的轰炸和扫射。当天午夜，德军包围了捷尔仁斯基拖拉机厂。双方在工厂的各个车间展开了战斗，仅在工厂的围墙前面就有3,000名德军被击毙。

但是，苏军也遭到重大伤亡，轰炸造成的伤亡尤为严重，有些部队损失惨重，以致完全

★保卢斯（1890～1957）

德国陆军元帅，1909年加入德国海军，次年转入陆军。参加过第一次世界大战。战后在国防军中任参谋。第二次世界大战初期任第10集团军参谋长，参加德波战争。1940年德军入侵法国时，任第6集团军参谋长。同年9月任陆军总参谋部第一总军务长，参与制定入侵苏联的"巴巴罗萨"计划。1942年1月任第6集团军司令，参加了斯大林格勒会战，11月被苏军包围。1943年1月31日晋元帅，同日率部向苏军投降。

丧失了战斗力。10月15日，崔可夫指挥的第62集团军的两个师兵员损失达75%。

就是在这个时候，华西列夫斯基奉斯大林之命，以最高统帅部的名义，指示叶廖缅科到崔可夫那里去详细了解真实情况，并就必须采取哪些步骤有效地援助第62集团军提出报告；仍在红军手中的那一部分城区，必须不惜一切代价坚决守住。

叶廖缅科立即渡过伏尔加河，来到崔可夫的司令部，答应给崔可夫提供所需要的补给。

尽管市内的一些房屋、建筑物，以及整个整个的街区都多次易手。他们还是很快召集起后方地区的公民——裁缝、鞋匠以及车间工人和马房里的人手，组成了一些连队，并立即让他们投入残酷的战斗。这些并未受过正规训练的士兵，一到斯大林格勒后却像变了一个人似的，有的很快变成了巷战能手，有的则不幸牺牲了。

最后，双方都到了筋疲力尽的程度。10月29日傍晚，战斗的激烈程度才逐渐减弱下来。第二天，双方只有零星的交火。显然，保卢斯的第6集团军已没有能力继续发动大规模进攻了。

∧ 苏军第62集团军司令员崔可夫（左二）在指挥所里下达作战命令。

∨ 苏军与德军在斯大林格勒，为每一条街道，每一所房屋展开了你死我活的争夺。

这时，朱可夫、华西列夫斯基和沃罗诺夫来到斯大林格勒，继续从事反攻的指挥工作。在他们动身去前线之前，最高统帅部初步确定开始攻势作战的日期是：11月9日，西南方面军和顿河方面军开始反攻；10日，斯大林格勒方面军开始反攻。事实上，由于作战补给品、燃油、滑油的运送工作发生延误，以及为了取得必要的空中支援，苏军不得不把反攻日期向后推迟了几天。

　　苏联部队在准备反攻的过程中，特别注意如何扰乱德军后方的问题，并为此决定拟制一项协调所有反攻部队行动的缜密计划。另外，还研究了机械化部队和坦克部队在未来作战中将要承担的任务。

　　11月3日，朱可夫同西南方面军的坦克第5集团军的人员举行了会议，方面军和集团军的指挥人员以及军长和师长们都出席了。令朱可夫感到满意的是，所有指挥员都十分了解他们所承担的任务以及执行这些任务的方法。然后，朱可夫轮流同每一位指挥员讨论他的计划，

再次审查了炮兵、坦克兵和航空兵协同作战的各个方面。他特别注意务必使所有指挥员彻底明了坦克师和骑兵师逼近预定突破地域时的作用，务必使他们知道，一旦突破到敌人防御纵深时怎样来扩大战果。

朱可夫审查了作战过程中翼侧的保护问题和部队的控制问题。会议参加者报告了各自部队的状态、补给和兵器情况，以及所有主力部队的战斗准备情况。

11月4日，朱可夫又同西南方面军第21集团军的指挥人员进行了类似的讨论，顿河方面军司令员也应邀出席。10日，朱可夫在第57集团军指挥所同斯大林格勒方面军的指挥人员一起开了会。

会议结束后，朱可夫在华西列夫斯基协助下，就部队战斗准备问题起草了一份给最高统帅部的报告。在这些会议上制定出的详细作战计划，都绘成地图送交最高统帅部。朱可夫和华西列夫斯基向最高统帅部口头报告说，在斯大林格勒地区，敌我双方的实力总的说来是相等的，但在一些关键性的地段，由于部署了最高统帅部预备队，苏军有着相当大的优势。没有发现德军向斯大林格勒调动大量预备队，也没有发现德军调整部署。朱可夫和华西列夫斯基表示相信，所有指挥人员都清楚地懂得了自己的任务，而且直到团一级的步兵同炮兵、坦克兵和航空兵的协同问题已经安排就绪。一句话，他们预计反攻将获得胜利。

在对几个问题作了讨论之后，最高统帅部最后批准了作战计划和进攻时间。华西列夫斯基被指派负责协调所有3个方面军的作战行动。

在这段时间里，德军发动的一次又一次进攻都没有达到目的，斯大林格勒仍然牢牢地掌握在苏军手里。随着时间的拖长，德军减员越来越大，不仅士兵，而且军官的士气也降到了最低点，开始担忧起自己的前途。

苏军保卫斯大林格勒之战，成功地持续了3个多月。据统计，从7月到11月，德军在顿河、伏尔加河、伏尔加河地域和斯大林格勒的交战中损失近70万人，1,000余辆坦克、2,000余门火炮和迫击炮、1,400架飞机。这样，无论希特勒是否承认，事实已经很清楚，德军在斯大林格勒地域的进攻计划已告失败。

>> 转折性的反攻

到1942年11月13日为止，苏德双方在斯大林格勒方向上的基本态势是：德军"B"集团军群共有80个师，3个旅，100万人，10,290门火炮和迫击炮，675辆坦克，1,216架飞机。接近斯大林格勒市区和西部外围一带的是德军第6集团军和第4坦克集团军，这是德军的主力。掩护其西北翼的是罗马尼亚第3集团军、意大利第8集团军、匈牙利第2集团军以及德第2集团军。

∧ 苏联最高统帅斯大林。

在苏军方面，斯大林格勒方面军、顿河方面军和西南方面军共有110万人，15,500门火炮和迫击炮，1,463辆坦克和强击火炮、1,350架作战飞机。另外，这时苏军已配有崭新的T－34型坦克和1,250门"喀秋莎"火箭炮。

此时，在斯大林格勒方向上，苏军在兵力和兵器上已经处于优势。加之苏军士气空前高涨，这就为苏军最高统帅部早已准备实施的大规模反攻创造了必要的条件。

11月13日，朱可夫再次飞回莫斯科，直奔斯大林的办公室。斯大林坐在办公桌前，眯着眼，不慌不忙地抽着烟斗，不时地捋着胡须，看上去情绪很好。他聚精会神地听取朱可夫关于反攻计划准备情况的汇报，一次也没有打断对方发言。显然，斯大林对朱可夫的汇报是满意的。

斯大林格勒战役结束防御阶段，意味着主动权将转到苏军手中。朱可夫相信，即将实施的反攻一定会取得胜利，这对苏联来说将是非常重要的一次战役。

经过简短讨论后，反攻计划得到了最高统帅的全面批准。朱可夫和华西列夫斯基提请斯大林注意，一旦德军统帅部发现斯大林格勒地域和北高加索地域吃紧，就会被迫从其他地域，尤其是从维亚济马地域抽调部队来支援其"南方"集群。为了防止发生这种情况，必须迅速在维亚济马以北地区准备和实施一次进攻战役，而且首先应粉碎尔热夫突出部地域的德军。

朱可夫建议加里宁方面军和西方方面军部队参加这次战役。

斯大林说："这很好，可是你们哪位负责这件事？"

朱可夫答道："斯大林格勒战役在各方面都已准备就绪，华西列夫斯基可负责协调斯大林格勒地域部队的行动，我可以负责准备加里宁方面军和西方方面军的进攻。"其实，朱可夫和华西列夫斯基在事前就已经商量好了这个问题。

斯大林表示同意这个建议："明早你们飞往斯大林格勒，再次检查一下部队和指挥人员的战役前准备情况。"

就在苏军巧妙、隐蔽地完成反攻准备过程中，还被蒙在鼓里的希特勒对战争形势作出了错误的估计：斯大林格勒地区苏军的后备力量空虚，在冬季只可能对"中央"集团军群进行反攻。基于这个分析，希特勒从法国、列宁格勒等地区抽调了12个师去加强中部战线。希特勒的失策，给即将大举反攻的斯大林格勒方向的苏军造成了更为有利的机会。

11月14日，朱可夫回到斯大林格勒，来到瓦杜丁的部队。3天后，11月17日，斯大林再次把朱可夫叫回莫斯科，开始制订加里宁方面军和西方方面军的进攻计划。

在发动进攻前两天，斯大林指示朱可夫和华西列夫斯基回莫斯科去参加国防委员会会议。当时，身为第4机械化军军长的沃尔斯基，已被指定在斯大林格勒战役中担负主攻任务。沃尔斯基给斯大林写了一封信，在信中发表了自己的观点：这次突击毫无取胜希望，参加突击的其他首长也持类似观点，并要求最高统帅立即过问这个问题，推迟这次战役并考虑予以取消。

斯大林将这封信拿给华西列夫斯基看。华西列夫斯基看过之后，提请国防委员会注意，在制订进攻计划的整个期间，沃尔斯基对于进攻的胜利以及分配给他的任务，从未表示过怀疑。斯大林随即接通了沃尔斯基的电话，在作了简短的、克制的交谈后宣布，沃尔斯基将继续指挥部队，并将执行既定任务。在战役的头几天有了结果之后，再决定怎样处理沃尔斯基。

后来，沃尔斯基率领部队在战斗中表现得非常英勇。这从一个侧面也反映了统帅部在非常时期处事用人上的高明之处。

11月19日晨，在斯大林格勒西北面，西南方面军2,000多门大炮向德军阵地倾泻炮弹。震耳欲聋的炮声预示着苏军西南方面军和顿河方面军反攻的开始。快到9点钟时，炮兵火力向轴心国防御纵深延伸，红军的步兵部队在坦克和火炮的支援下开始进攻。

瓦杜丁指挥的西南方面军分两路出发，以坦克部队为先导，向战斗力薄弱的罗马尼亚第3集团军阵地冲击。在坦克和机械化部队以及骑兵部队的协同突击下，他们迅速突破罗马尼亚第3集团军的防御。面对如此突然和凶猛的进攻，罗马尼亚军队惊恐万状，很快便土崩瓦解了。

同时，罗金少将指挥的坦克第26军，冲进彼列拉佐夫斯基，重创罗马尼亚第5军。这次进攻非常神速，以致罗军司令部的办公桌上还摊着文件和打开的卷宗，保险柜的钥匙还留在钥匙孔里，军上衣还挂在衣架上。

抵达彼列拉佐夫斯基附近以后，第26军的部分坦克便向东南挺进，以便同斯大林格勒方面军的部队会师。21日，德军企图阻止红军装甲部队的推进，但未能得逞，于是开始向顿河撤退。第26军军长采取了一项大胆的行动——趁暗夜夺取了卡拉奇附近顿河上保存下来的唯一的一座大桥。

凌晨3时，该军的先遣坦克部队开着前灯，排成一列纵队沿奥斯特罗夫至卡拉奇的公路前进，穿过德军防线直奔渡口。这支部队被德军误认为是自己人，一路上畅行无阻地隆隆开到顿河桥头，很快过了桥，占领了这座桥的左岸，随即发射信号弹，向后续部队发出进攻信号。

第21集团军突破罗军步兵第13师和第15师的防线，派遣由坦克第4军和近卫骑兵第3军组成的机动集群进入突破口以扩大战果。这个集群还在坦克第5集团军的配合下，消灭了德军预备队及其司令部和后方地域部队，切断德军向西和西南撤退的道路，阻止德军后方预备队的接近。坦克第4军预定23日在卡拉奇东南的苏维埃斯基地域，同斯大林格勒方

∧ 亲临前线指挥的朱可夫。

面军的部队会师，完成对德军的合围。

11月23日，坦克第4军加快了前进速度，越过被坦克第26军夺占的顿河大桥，粉碎了德军在卡梅申地域的防御，然后向苏维埃斯基突进。

苏军部队只用了4天时间便封闭了对德军第6集团军和坦克第4集团军的合围圈，共合围敌军22个师，约33万人。朱可夫和最高统帅部的其他成员深知，德军必定要设法突围，于是决定把合围圈的对外正面向西推进大约150～200公里，以防德军统帅部解救被围部队。

苏军发动的这一系列突然而又强大的反攻，把德军打得晕头转向。希特勒顿时慌了神，急急忙忙把曼施坦因元帅从列宁格勒调到南方组建"顿河"集团军群，以解救被围的德军。德军统帅部一面筹划援救第6集团军的行动，一面命令保卢斯坚持作战，企图拖住苏军。

28日，朱可夫正在加里宁方面军司令部，同方面军首长讨论即将在那个地段实施的进攻战役。当晚，斯大林给朱可夫打电话，要朱可夫就怎样歼灭被合围在斯大林格勒的德军问题提出意见。

第二天早晨，朱可夫打电报给斯大林，提出如下建议：苏军应向大罗索什卡方向上实施一次突击，向杜比宁斯基和135高地方向实施另一次突击，以便把德军分割为两部分。在其余地段上则转入防御，消耗和疲惫德军。在把敌军分割为两部分以后，应首先消灭力量较弱的那部分，尔后再集中全部兵力进攻剩下的敌军集团。随后，朱可夫用保密电话与华西列夫斯基通话，详细说明了自己的想法。华西列夫斯基表示同意朱可夫的意见。

但是，最高统帅部最终还是没有采纳朱可夫的计划，一方面是由于突击部队沿途将受到主要是东西走向的深谷的限制，另一方面是没有得到各方面军司令员和统帅部代表们的支持。德国领导人后来承认，如果当时俄国发动一次来势凶猛的突击，可能会把他们的一些集群置于死地。

需要指出的是，朱可夫对于最后被最高统帅部采纳的那项计划仍然作出了非常重要的贡献。

为了制止敌军从其中央集团军群调动部队，斯大林和朱可夫于12月8日联名向西方方面军和加里宁方面军下达了一项指令，指示他们在12月第3周肃清尔热夫突出部的敌人。但是，西方方面军未能突破德军防御。斯大林对此很是不高兴，立即派朱可夫前往科涅夫将军的司令部，查明问题出在哪里，并设法予以纠正。

朱可夫到达方面军司令部后，发现敌人已从其他地段调来部队，加强了防御。由此，朱可夫认为这次战役已不适宜继续进行下去。

与此同时，加里宁方面军也出现了问题：德军切断了索洛马京少将的机械化军与主力的联系。朱可夫迅速从最高统帅部预备队调来一个步兵军，帮助索洛马京的部队突围。4天以后，西伯利亚援军赶到，才救出了索洛马京的部队。

虽然苏军未能肃清尔热夫突出部的敌人，但苏军的攻势作战使德军统帅部不能从这个地段大量调动部队，去增援斯大林格勒地域。为了守住尔热夫至维亚济马的阵地，德军不得不调来 4 个坦克师和 1 个摩托化师。

12 月 9 日，华西列夫斯基和罗科索夫斯基向最高统帅建议：把从最高统帅部预备队调来的近卫第 2 集团军投入战斗，同现有部队一起粉碎被合围的轴心国军队。他们还将此役命名为"指环"战役★。

★"指环"战役

苏德战争期间，苏军顿河方面军于 1943 年 1 月 10 日至 2 月初，在斯大林格勒附近对德军集团所发动的战役计划的密语代号。该计划的内容为，苏军将逐次歼灭德军，首先歼灭合围圈内西部之敌，然后歼灭南部之敌，再从西向东实施突击，将德军集团残部分割成两个部分予以各个歼灭。在"指环"战役中，苏军生俘德军官兵 9.1 万人，歼灭近 14 万人。

在接下来的几天内，最高统帅部同包括朱可夫在内的方面军各个成员交换了意见，反复研究了这个建议。在此基础上，最高统帅部对该计划进行了修订，使其更加明确，并于 11 日发出指令，准备将即将进行的"指环"战役分为两个阶段：第一阶段是向巴萨尔基诺和沃罗波诺沃推进，以粉碎西部和南部的德军集群。第二阶段将是由两个方面军的所有集团军在斯大林格勒以西和西北发起总攻。"指环"战役发起时间将通过电话向各司令部宣布，至少第一阶段最迟要在 12 月 23 日完成。

12 月 12 日，德军坦克第 4 集团军不顾重大伤亡，一次又一次地向斯大林格勒实施突击，妄图重新占领先前德军装甲部队夺占过的地盘。19 日，这支自称为"同死神赛跑"的德军，推进到斯大林格勒的最后一条天然屏障——米什科瓦河，并且成功地在河北岸占领了一个桥头堡。这里离斯大林格勒只有 40 公里，德军先头部队从这里能够看见斯大林格勒周围炮火的闪光。

就在这个时候，苏军向顿河中游的敌第 8 集团军发动了大规模进攻。曼施坦因命令被围德军向西南突围。但是，此时被围困的德军已经心有余而力不足了。因为缺少燃料，坦克最远只能跑 40 公里的路程。曼施坦因被迫大量抽调赫尔曼·霍特将军的坦克第 4 集团军去掩护罗斯托夫，其中霍特的最精锐的部队——坦克第 6 师被调向西北，企图阻止如潮水般涌来的苏军。

苏军把新锐部队投入到战斗中。马利诺夫斯基中将指挥的近卫第2集团军在大雪覆盖的草原上，以每天强行军40～50公里的速度赶到了作战地区。当这些苏军部队参加战斗以后，德军撤退到科捷尔尼科沃，接着于12月29日又放弃该城，后退到科捷尔尼科沃西南大约100公里的齐莫夫尼基，并撤过了马尼奇河。这里正是曼施坦因12月12日开始发动进攻的地方。

> 在前线指挥作战的德军曼施坦因元帅。
∨ 在前线指挥作战的罗科索夫斯基。

1942年12月的最后几天里,在朱可夫和最高统帅部的精心筹备下,"指环"战役计划已准备就绪,只待一声令下,便可对被合围的德军第6集团军实施最后进攻。

　　就在德军一筹莫展的时刻,苏军西南方面军和沃罗涅日方面军的一支部队以450辆坦克为先导,发起了新的攻势。他们一路南下,行程达180公里,并于23日迂回到整个德军"顿河"集团军群的大后方。同时,另一支苏军又从德军侧面发起攻势,迫使"顿河"集团军群的左翼西退。

　　看到突然间像潮水般涌来的苏联军队,曼施坦因有些招架不住了,并开始担心"顿河"集团军群有被苏军包围而吃掉的危险。为了自身的安全,曼施坦因不得不急令北上的德军南撤,同时命令被围德军停止突围。这样一来,希特勒的解围计划成为泡影。

< 曼施坦因向希特勒汇报德军的部署情况。
> 1943年1月,晋升为元帅的朱可夫在指挥作战。

ZHUKOV

　　为了尽快地消灭被围的德军,以便把两个方面军的部队解脱出来,参加粉碎高加索和向南部退却的德军,朱可夫又来到最高统帅部和华西列夫斯基制订新的计划。

　　在12月底召开的国防委员会会议上,斯大林建议:"粉碎被困德军的工作应交给一个人领导。现在有两位方面军司令员在指挥,妨碍这一任务的完成。"

　　国防委员们支持斯大林的意见。

　　"那么,最后肃清德军的任务交给哪位司令员呢?"斯大林问大家。

　　有人提名罗科索夫斯基。

　　斯大林问朱可夫:"你怎么不吭声?"

朱可夫说："我认为两位司令员都很能干。如果把斯大林格勒方面军的部队拨归罗科索夫斯基指挥，那么叶廖缅科必然会感到委屈的。"

"现在不是谈委屈不委屈的时候，"斯大林打断了朱可夫的话说，"给叶廖缅科打个电话，向他宣布国防委员会的决定。"

当晚，朱可夫用高频电话向叶廖缅科宣布了国防委员会的决定。

"为什么要这样呢？"叶廖缅科不解地问道。

朱可夫向叶廖缅科解释了作出这个决定的原因。但是叶廖缅科看起来十分难过，情绪显得很激动。

过了15分钟，叶廖缅科又给朱可夫打来电话："大将同志，我还是想不通，为什么特别看重顿河方面军的领导人。我请求报告斯大林同志，我要求留在这里直至肃清敌人为止。"

"我建议你亲自给最高统帅打个电话。"朱可夫说道。

"我已经打过电话了，斯大林吩咐关于这个问题只要和你谈就行了。"

看来，叶廖缅科的工作还很难做通。朱可夫不得不给斯大林打电话，把谈话情况大致地汇报了一番。

听了这种情况，斯大林大为不满，要求立即下达命令，将斯大林格勒方面军的第57、第62、第64集团军拨归罗科索夫斯基指挥。

斯大林格勒地域的德军，初期被困在东西长40公里、南北宽20公里的圈子里。被围的30万德军官兵，每天至少需要750吨物资。此时的曼施坦因和保卢斯还寄希望于陷入合围的德军能够牵制大量苏军部队。德国法西斯第二号头目戈林信誓旦旦地保证说，将向被合围的第6集团军空运足够的补给品，一直坚持到1943年春季——据认为那时德军将再次征服这一整个地区。

然而，戈林的保证最后未能兑现，先前曾答应每天向斯大林格勒空运500吨食物、燃料和弹药，结果证明是过分乐观了。事实上，到12月底，每天空运去的物资不到100吨，德军每人每天只分到一片面包，15个人分1公斤土豆，骑兵的马匹已被宰食精光，士兵喝的只有雪水，伤病员无人照顾而奄奄一息，人人受到饥饿和严寒的折磨。坦克因缺少燃料不能开动，火炮缺少炮弹，士兵每天只领到30发子弹。德军伤亡人数与日俱增，战斗力下降，实际上这30万人马中，有战斗力的已经不到25万。与此同时，包围圈也在逐渐缩小，每个人都预感到覆亡的命运即将来临。

为了减少无谓的牺牲和出于人道主义考虑，1943年1月8日，苏军最高统帅部派使者向德第6集团军发出最后通牒，要求德军投降。苏军给予德军投降的条件是：所有被俘人员一律发给通常标准的口粮；伤病员和冻伤人员将得到医治；所有被俘人员可以保留他们的军阶领章、勋章和个人财物。

通牒要求德军在24小时内答复。

<　斯大林格勒战役中被俘的
德军官兵正被押往战俘营。

　　德第6集团军司令保卢斯用电报将苏军最后通牒的全文发给希特勒，并要求准予随机行事，但立即遭到希特勒的驳斥。

　　1月10日，苏军以5,000门大炮轰击包围圈内的德军，随后坦克和步兵发起迅猛的冲锋。德军由退却变成毫无命令的逃跑，沿途丢下成千上万的尸体，随后便被风雪和炮灰掩埋。不到6天，德军的阵地又缩小了一半。1月24日，保卢斯再次电请希特勒允许立即投降，但是得到的答复仍然是"不许投降"，要死守阵地，"直到最后一兵、一卒、一枪、一弹。"

　　1月18日，即斯大林格勒战役尾声，朱可夫被晋升为苏联元帅，成为第二次世界大战中荣获这一荣誉的第一位野战指挥官。《消息报》发表的一篇社论，列举了新晋升的元帅和将军的名字，而朱可夫的名字被放在最前面，并被赞誉为实施了斯大林关于在莫斯科、在斯大林格勒和在列宁格勒打退德军的计划的"才能卓著的勇敢的首长"。

到 1 月 25 日，德军被击毙、击伤和被俘者已超过了 10 万人。苏军又把包围圈缩小到南北长 20 公里、东西宽 3.5 公里的地段上。

保卢斯的第 6 集团军濒临覆灭的命运！

同以往一样，希特勒又开始施展一贯的伎俩。他信誓旦旦地向被围的德军保证说，德国陆军最高司令部准备重新组织空运，并扩大空运规模。只要第 6 集团军能坚持到底，陷在斯大林格勒的德军可以指望在 1943 年 2 月下半月被解围。

然而，德军官兵知道已经毫无希望了。在岌岌可危的局势下，德军各部队陆续开始向苏军投降。

1943 年 1 月 30 日是法西斯政党在德国执政★ 10 周年，也是德第 6 集团军即将全军覆没的前夕。这一天，希特勒下令授予保卢斯将军以元帅军衔，同时给予被围的 170 名德军军官各升一级，用心是想提高他们的士气。1 月 31 日，红军从各个方向发起最后的冲击，以夺取斯大林格勒市中心区。

经过猛烈的火炮和迫击炮轰击之后，苏军攻占了百货公司前面的广场。苏军得知保卢斯呆在百货公司大楼里。一位年轻的苏军中尉在炮弹仍旧不断轰击的情况下，冒着生命危险冲进了这座随时可能倒塌的大楼。他在一家百货公司的地下室里生俘了保卢斯，当时保卢斯正穿着军服躺在一张铁床上。

"唔，一切都结束了。"中尉说。保卢斯只是点了点头。这位刚当了一夜德军元帅的第 6 集团军司令就这样被俘了。保卢斯的参谋长代表保卢斯在投降书上签了字。

2 月 2 日，被围德军全部投降或被歼灭。至此，经过 200 天的残酷激战，这场第二次世界大战期间最大的一次战役宣告结束。

希特勒对在斯大林格勒战役中遭到如此惨重的失败痛心疾首，更对保卢斯的投降恨之入骨。在一次最高统帅部的会议上，希特勒咒骂道："他们已经在那儿投降了——正正式式、完完全全地投降了。他们本来应该团结一致、顽强抗击，然后用最后一粒子弹自尽……保卢斯应该举枪自杀，正像历来的司令官眼看大势已去便拔剑自刎一样。"

为了欺骗舆论，也是为了自欺欺人，希特勒在保卢斯投降后的第 3 天，发布了一份特别公报，同时下令全国志哀 4 天，停止一切文娱活动。

至此，德军在顿河、伏尔加河、斯大林格勒地域共损失 150 万人，3,500 辆坦克和强击火炮，12,000 门火炮和迫击炮，3,000 多架飞机及大量其他兵器。斯大林格勒会战对希特勒德国的战略产生了极大的影响，

∧ 希特勒就任总理后与时任德国总统的兴登堡在一起。

★法西斯在德国执政

"啤酒馆暴动"失败后，希特勒重建了纳粹党，并利用各种机会扩大党的规模。1928年的经济危机席卷了德国，并给德国以特别沉重的打击，德国出现了空前的社会危机和政治危机，在这种形势下，法西斯党乘机大力扩大自己的势力，并在1930年9月的德国选举中成为德国第二大党，在1932年7月的选举中成为第一大党，1933年1月30日兴登堡总统接见了希特勒，并任命他为政府总理。这标志着法西斯政党开始在德国执政。

并成为整个战争的转折点。

斯大林格勒的胜利，极大地鼓舞了苏联军民的士气。苏军能够在斯大林格勒地域反攻大获全胜，朱可夫可说是功不可没。为此，朱可夫与华西列夫斯基、沃罗诺夫、瓦杜丁、叶廖缅科、罗科索夫斯基同时获得了苏沃洛夫一级勋章，朱可夫获得第1号苏沃洛夫一级勋章。

朱可夫在晚年回顾这段历史时，感慨道："对我个人来说，保卫斯大林格勒，准备反攻，并参加有关我国南部各次战役问题的决策，有特殊重大的意义。我在这里组织反攻的过程中，取得了比1941年在莫斯科地域大得多的实际经验。"

正当整个苏联为斯大林格勒的胜利而欢欣鼓舞的时候，朱可夫却被斯大林派往列宁格勒，开始准备苏军的另一次反攻。

第七章

空前规模的坦克大战

1896-1974　朱可夫

列宁格勒、莫斯科和斯大林格勒的会战，都属于城市坚守防御战役，苏军依托坚固设防的城市进行防御和反攻，坦克兵力的投入和使用受到限制。而此刻的库尔克斯会战则是在一片大草原上进行，苏军坦克的数量和质量都有空前的提高，而德军的坦克也都是最新式的。双方的数千辆坦克拼死厮杀，上演了战争史上的空前奇观……

∧ 苏军在列宁格勒地区向德军展开了勇猛的反攻。

>> 希特勒的拼死之搏

斯大林格勒战场上的硝烟还没有散尽，从列宁格勒到高加索的广阔战线上，苏联军队几乎同时发起了反攻。斯大林格勒方面军改称为南方方面军后，一路南下，与北高加索方面军配合，于1943年春季歼灭了北高加索地区的大部分德军，德军残部退到塔曼半岛据守。顿河方面军和西南方面军在斯大林格勒战役后，则继续西进，收复了具有战略意义的罗斯托夫、哈尔科夫、库尔斯克等许多城市和地区。

正当斯大林格勒在欢庆胜利之时，朱可夫却在遥远的列宁格勒，为红军的下一次胜利拟订作战计划。

自从德军从陆地上完成对列宁格勒的封锁以后，一直到1943年年初，英勇的列宁格勒人在极端困苦的情况下，始终抱着这样的希望：援兵一定会来的，红军一定会想办法前来解救他们。

1942年12月2日，最高统帅部准备发动一场代号为"火花"的战役，由沃尔霍夫方面军和列宁格勒方面军参加，实施相向突击——沃尔霍夫方面军向西进攻，而列宁格勒方面军则向东和东南进攻，旨在突破德军的封锁。同时，指定伏罗希洛夫和朱可夫负责协调这两个方面军的行动。

6 天后，最高统帅部对两个方面军下达了更具体的指令，并派去增援部队，以确保突破取得成功。

12 月 28 日，朱可夫和伏罗希洛夫制定出实施相向突击的最后计划。到 1943 年 1 月初，两个方面军都已作好实施战役的准备，但由于气候不好，被迫推迟这次进攻行动。

1 月 12 日晨，天气特别严寒，温度是摄氏零下 23 摄氏度。苏军在这一天发起了攻势，2,000 多门火炮和迫击炮将炮弹射向德军阵地，打破了严冬的沉寂。在此后的几天里，双方展开了异常激烈的战斗。

1 月 18 日，苏军在拉多加湖以南打开了一条宽 8～11 公里的陆地走廊，列宁格勒方面军和沃尔霍夫方面军的部队终于会师，从而打破了德军对列宁格勒的长期封锁，使苏军在西北方向上的战略态势大为改善。这样一来，从南到北的整个战线上，苏军的形势越来越好。但是，希特勒不甘心自己的失败。为了扼制住战局的进一步恶化，德军统帅部紧急调集重兵集团，于 1943 年 3 月初从南部战线实施猛烈的反突击。3 月 16 日，刚被苏军攻占的哈尔科夫又回到了德军手中，3 月 18 日，德军又夺回了别尔哥罗德。

苏军的顽强抵抗，暂时制止了德军的势头，使得德军不能继续向北前进了。一直到 3 月底，德军一再试图突破苏军防御，但未能得逞，战场一时呈胶着状态。于是，在库尔斯克地区形成了一个向西突出的弧形防线。该防线北起波内堡，南达别尔哥罗德，绵延 100 多公里。

德军统帅部认为，这个宽大的突出部对自己构成了严重威胁，因为它可作为向驻守在该地段的两个德军翼侧发动进攻的出发地域。德军决定消除这个突出部，并且认为，如果趁早发动进攻，就能使红军各部队猝不及防，从而赢得主动。

3 月上旬，作为最高统帅部的代表，朱可夫被委派到库尔斯克突出部研究局势。中旬的一天，朱可夫正在铁木辛哥元帅指挥的西北方面军紧张工作，突然接到斯大林打来的电话。在电话里，斯大林先是向朱可夫提出了几个有关西北战线战事今后发展方向的问题，然后又说出准备委派索科洛夫斯基指挥西方方面军的想法。

朱可夫听后，向斯大林进一步建议委派西方方面军司令员科涅夫领导西北方面军，将西北方面军司令员铁木辛哥派往南方担任最高统帅部代表，帮助南方方面军和西南方面军司令员。朱可夫的理由是，因为铁木辛哥熟悉那个地区，而且那里最近又出现了对苏军不利的情况。

∧ 列宁格勒方面军与沃尔霍夫方面军胜利会师。

斯大林沉思了一会儿，说道："好吧，我告诉波斯克列贝舍夫，要科涅夫给你打个电话，由你给他下达指示。"接着他又说："你明天到最高统帅部来，需要讨论一下西南方面军和沃罗涅日方面军的情况。然后你可能要到哈尔科夫地域去。"

过了一会儿，科涅夫给朱可夫打来电话。

朱可夫说："最高统帅任命你代替铁木辛哥为西北方面军司令员。铁木辛哥被派往南方战线。"

科涅夫表示感谢，急切地说道："明天早晨我就动身去新的岗位。"

第二天早晨，朱可夫乘车向莫斯科进发。战争使道路遭到严重破坏，吉普车在坑坑洼洼的路面上摇晃不停。朱可夫坐在车上疲劳极了，浑身像散了架一样。天黑以后，朱可夫才到达目的地。

朱可夫刚刚赶到，斯大林便要求他马上参加一个会议，讨论有关冶金和电力燃料问题，以及飞机和坦克制造厂的问题。

会议在最高统帅办公室里召开，除了政治局委员外，各部领导人、设计师和许多大工厂的厂长都在座。朱可夫从会议中得知，目前苏联在工业方面的形势仍然十分紧张，美国根据租借法案许诺的援助没有及时到达。

散会时已经是夜间3点多钟了。

斯大林问道："你吃过晚饭了吗?"

"没有。"

"那和我一起走，顺便谈谈哈尔科夫地域的情况。"看上去斯大林也显得很疲倦。

吃饭时，总参谋部送来了标有西南方面军和沃罗涅日方面军地段情况的地图。一位参谋汇报说，哈尔科夫西南的局势特别严重，德军部队从波尔塔瓦和克拉斯诺格勒转入进攻，向两个方面军的接合部施加了沉重的压力。西南方面军司令员瓦杜丁在德军冲击下，只得将前突出部的坦克第3集团军和第69集团军的部队向后撤。而戈利科夫上将指挥的沃罗涅日方面军当时却没有后撤。

斯大林问："为什么总参谋部不提醒他们?"

参谋回答："我们建议过。"

"总参谋部应干预对方面军的指挥。"斯大林思考了一下，转过头来对朱可夫说："天亮后你必须到前线去。"

说到这儿，斯大林立即起身给沃罗涅日方面军军事委员赫鲁晓夫打了电话。在电话上，斯大林严厉斥责方面军军事委员会没有采取有效措施对付敌人的反突击。

放下话筒，斯大林脸上的气色好多了。他看到桌上的食物还剩不少，便指指桌子，对朱可夫说道："总得把晚饭吃完呀!"

等到大家吃过晚饭，已经是早晨5点钟了。

∧ 朱可夫元帅抵达库尔斯克地区协调作战行动。

★ "堡垒"战役计划

斯大林格勒战役后，德军在苏德战场上失去了战略主动权。为了挽救自己失败的命运，希特勒将1943年进攻的矛头指向苏德战场的库尔斯克地区，并制订了旨在创造一个"德国的斯大林格勒"，重新夺回战略主动权的"堡垒"战役计划。由于苏军准备充分，德军并未能达到自己的战略目的，相反，德军在苏德战场的战役主动权却彻底丧失，再也无力发动战略性的进攻了。

饭后，朱可夫便动身到前线去执行他的新任务。大约早晨7时，他已来到中央机场，准备飞往沃罗涅日方面军司令部，亲自到现场去了解那里出现的严重局势。

因为连日奔波，身心疲惫，朱可夫一坐上飞机，就在舱里睡着了，直到飞机在机场因着陆而颠簸时才醒来。

心急如焚的朱可夫顾不上休息，以最快的速度了解到了第一手情况。当天晚些时候，朱可夫用高频电话向斯大林报告了情况。朱可夫要求最高统帅赶快从最高统帅部预备队和友邻方面军抽调一切可能抽调的部队，以阻止德军占领别尔哥罗德并向库尔斯克方向突击。

一小时以后，朱可夫从总参谋长那里获悉，斯大林已经命令坦克第1集团军、第21和第64集团军开到别尔哥罗德地域。

1943年的苏德战场态势已经发生了转折。这时苏军作战部队达到660万人，火炮10.5万门，坦克1万多辆，作战飞机1.03万多架。随着军工生产的大发展，苏军部队的装备还会继续加强。在此期间，德军及其盟国约有550万人，火炮5.4万门，坦克5,850辆，作战飞机3,000架。总之，不论在数量上还是质量上，苏军作战能力都已经超过德军。

为了夺回已经失去的战略主动权，德国统帅部拟定了代号为"堡垒"战役计划★，主要意图是在库尔斯克地区歼灭苏军主力，进而攻占顿河、伏尔加河流域，最后夺取莫斯科，完成1942年的预定目标。

1943年4月15日，希特勒发布了一项绝密命令："我决定，一旦气候条件允许就实施'堡垒'进攻计划，这是今年的第一次进攻。这次进攻具有决定性的意义。这次进攻应迅速完成并取得决定性的胜利。这次进攻应使我们掌握今年春夏两季的主动权。"

为了实现这一目的，从4月到7月初，希特勒在库尔斯克地区的南、北两侧集结了50个战斗力最强的师，总兵力达到90余万人，并投入了2,700辆坦克和强击火炮，同时还配备了2,000多架作战飞机。在这次战役中，德军还装备了最新式的"虎"式和"豹"式坦克以及"斐迪南"式重型强击火炮。

3月底，斯大林任命瓦杜丁上将为沃罗涅日方面军司令员。朱可夫来到沃罗涅日方面军

188

> 时任沃罗涅日方面军司令员的瓦杜丁。

后，便与司令员瓦杜丁一起几乎走遍了方面军的所有部队，帮助各部队指挥员估计局势，制订以后的作战计划。朱可夫把苏德双方的情况作了详细的比较之后，便预感到需要准备一套库尔斯克会战计划的预先方案。

4月8日，朱可夫向斯大林报告道：

看来，敌人在第一阶段最大限度地集中其兵力后（其中包括13～15个坦克师），将在大量航空兵支援下，以其奥廖尔－克罗梅集团从东北迂回库尔斯克，以其别尔哥罗德－哈尔科夫集团从东南迂回库尔斯克……应当预计到，敌人在今年的各次进攻中，基本将依靠其坦克师和航空兵。因为它的步兵实施进攻的能力比去年要弱得多了。

朱可夫建议苏军暂不要转入进攻，"最好等到在防御中消耗疲惫了敌人，并打掉敌人的坦克以后，再投入新锐预备队，转入全面反攻，以彻底粉碎敌人的主要集团。"

一两天以后，华西列夫斯基来到现场，朱可夫同他详细讨论了给斯大林的报告。两人几乎对所有问题的看法都取得了一致。于是，他们拟订了作战草案，呈送给斯大林。

4月12日傍晚，朱可夫和华西列夫斯基来到莫斯科，向斯大林汇报关于库尔斯克战役的设想。朱可夫认为，必须在所有重要方向上，而且首先是在库尔斯克突出部地域建立牢固的、纵深梯次配置的防御。据此，朱可夫给各方面军司令员下达了相应的指示。部队开始在冬季防线上挖掘工事。对于组训完毕的最高统帅部战略预备队，决定暂不使用，并将其集结到更加靠近受威胁的地域。

但在晚些时候，瓦杜丁将军和军事委员赫鲁晓夫向最高统帅部提出了不同的意见。他们建议先发制人，对德军别尔哥罗德－哈尔科夫集团实施突击。

究竟是以防御消耗敌人，还是主动先敌突击？在两种意见面前，一向果断坚决的斯大林也感到犹豫不决。左右权衡之下，斯大林仍然难以定下决心，主要原因在于两个方面的担心：如果采取防御手段，会不会出现在1941年和1942年多次发生的情况，即苏军经受不住德军的突击，反而更加被动挨打？但是，仅凭现有的力量主动进攻，能否摧毁强大的敌人？

经过多次讨论，斯大林最后同意以纵深梯次防御消耗敌人，然后在别尔哥罗德－哈尔科

★"虎"式坦克

德国制造，从1942年开始装备德军。该坦克战斗全重为55吨，乘员5人。发动机采用1台V-12型水冷式汽油机，功率为700马力。该坦克最大行驶速度为38公里/小时，最大行程为100公里。车体防护装甲厚度为26~110毫米。武器装备为1门88毫米线膛炮，2挺7.92毫米机枪。第二次世界大战时期，该型号的坦克被广泛应用于苏德、北非和西欧战场，一直到战争结束。

夫方向和奥廖尔方向上，发起强大反攻来打击敌人。

在此基础上，最高统帅部决定，主要是粉碎库尔斯克突出部地域的敌人，之后解放顿巴斯和整个第聂伯河左岸乌克兰地区，肃清塔曼半岛上的敌登陆场，解放白俄罗斯东部地域，并为把德军完全逐出苏联国土创造最后的条件。

在接下来的日子里，围绕着即将发动的会战，苏军最高统帅部进行着极为紧张的计划和准备。

根据朱可夫的建议，最高统帅部开始迅速集结部队，以便阻挡德军的进攻。苏军在库尔斯克战线设置了巩固的纵深防线，仅承担苏军主要突击任务的中央方面军和沃罗涅日方面军的兵力就达到133.6万人、3,444辆坦克和强击火炮、19,100门火炮和2,900架飞机。在各方面军，工程构筑的纵深达250~300公里。斯大林还决定将强大的最高统帅部战略预备队——草原方面军调到库尔斯克以东地域。

自战争开始以来，在苏军实施防御的部队中，炮兵团的数目首次超过步兵团的数目，其比例是1.5：1。在最可能遭到敌人突击的方向上，火炮的配置也最密集。在受威胁最大的地段——奥廖尔至库尔斯克的铁路线担任掩护的中央方面军第13集团军，每公里的正面上得到大约90门火炮和迫击炮的支援，远远超过德军为发动进攻所能拼凑的数目。

从5月到6月，苏军所有的部队都为这次即将来临的大规模战役紧张地准备着。

在德军方面，希特勒决定把原计划5月上旬实施的"堡垒"进攻战役，向后推迟到6月。可是，当"虎"式★和"豹"式新型坦克运到前线时，时间已经到了7月初。也就是说，"堡垒"战役整整向后推迟了两个月。这样，本来可以趁苏军尚未恢复之时发动突击的大好时机，又一次从希特勒的手指间滑过去了。

6月30日，斯大林给朱可夫打来电话，指定他留在关键的奥廖尔方向上，负责协调中央、布良斯克和西方方面军的行动。与此同时，华西列夫斯基则被派到沃罗涅日方面军去了。

>> 莫斯科的祝捷礼炮

7月4日夜间，朱可夫接到消息：从被俘德军人员中得到证实，德军开始进攻的时间是7月5日凌晨3点。

中央方面军司令员罗科索夫斯基问朱可夫："我们怎么办？是先报告最高统帅部，还是立即下达实施反突击准备命令？"

朱可夫当即作了坚决地回答："罗科索夫斯基同志，我们不要耽误时间了。你按方面军和最高统帅部的计划下命令吧，我现在就给最高统帅打电话，报告我们接到的情报及采取的决定。"

斯大林接到朱可夫的紧急报告后，对他们采取的行动表示赞同，他说："我在最高统帅部中等候事态的发展，你要不断地向我报告情况。"

尽管通话的时间并不长，但朱可夫已觉察到斯大林有些紧张，其实朱可夫的心情又何尝不是一样呢！在这场生死攸关的战役即将打响之时，朱可夫也难以抑制自己的激动而紧张的心情。

正是深夜时分，司令部里所有人员已经各就各位，电话铃声响个不停，各方面的指挥员都站在地图旁边。

2点20分，苏军中央方面军和沃罗涅日方面军先发制人，在德军发起进攻之前，下达了炮火反突击准备的命令。顷刻间万炮齐鸣，重炮的轰击声、M－13火箭弹的爆炸声、飞机的轰鸣声交汇在一起，震天动地，惊心动魄。

库尔斯克会战正式爆发！

此时，朱可夫坐在方面军的司令部里，心情反而比开战前平静了许多。正在这时，斯大林给朱可夫打来电话。

"怎么样？开始了吗？"

"开始了。"

"敌人如何动作？"

"敌人个别炮兵连企图回击，但很快就沉默了。"

"好吧，我一会儿再给你打电话。"

苏军反突击准备炮火袭击的效果一时难以估计。但是，德军在5点30分发起的进攻组织得不好，没有做到在所有的地段同时进行，这说明德军已经遭到严重的打击。

朱可夫后来了解到，那一次炮兵火力反突击准备开始得过早了。当时德军士兵还躺在掩体里、深沟里或者掩蔽部里，坦克部队尚隐蔽在待机地域。反突击准备火力如果稍推迟30～40分钟再开始，效果会更好。另外，在反突击准备之前，苏军没有准确地查明德军在出发前的集中地点。因此，苏军反突击准备的炮火很多是进行面射击，而不是对准具体目标射击，这就使得德军避免了大量的伤亡。

7月5日，德军在这一天共进行了5次猛烈攻击，企图突入苏军防御地域，但都没有取得明显的效果。在德军看来，好像没有什么力量能突破对方的防线。苏军几乎在所有地段上都固守着自己的阵地。只是到傍晚，在突击炮兵和工兵的支援下，德军掷弹兵和步兵才好不容易向苏军防御前沿突破了3至6公里。

在7月6日以后的几天里，战斗打得十分艰苦。虽然德军不惜以重大伤亡为代价，连续不断地发起冲击，但是都在苏军坚强的防御面前失败了。

7月9日拂晓，斯大林向中央方面军指挥所打来电话。朱可夫向斯大林汇报了会战第一阶段的情况：苏军以顽强的防御和主动的反冲击，基本上阻拦住了德军的凶猛进攻，目前敌人已经没有能力突破苏军防线。

斯大林问："按照计划规定，现在是不是到了布良斯克方面军和西方方面军左翼行动的时候？"

"是的。"朱可夫回答说，"这里，在中央方面军地段，敌人已经没有突破我军防御的力量了。为了不让敌人有时间组织防御，应该让布良斯克方面军的全部兵力和西方方面军的左翼迅速转入进攻，否则中央方面军就不能顺利地实施反攻。"

"我同意。你到波波夫那里去，让布良斯克方面军开始行动。"

接着，斯大林又问道："布良斯克方面军什么时候能发起进攻？"

"12日。"

"同意。"

7月12日，布良斯克方面军和西方方面军的加强近卫第11集团军转入进攻。虽然德军的防御是纵深梯次配置，工事十分完备坚固，抵抗也很顽强，但是苏军还是突破了德军防御，并开始向奥廖尔方向推进。

果然不出朱可夫所料，这一招使德军在奥廖尔乱了阵脚，急急忙忙从苏中央方面军当面的德军集团中抽调部队，用来抵挡布良斯克方面军和西方方面军。这时，苏中央方面军抓住时机，毫不迟疑地从正面转入反攻。

德军奥廖尔集团的防御体系被打乱，希特勒在奥廖尔地域经过长期准备的总攻彻底失败，苏军取得了库尔斯克突出部北部会战的重大胜利！

★西西里岛登陆

★西西里岛登陆

1943 年盟军为攻占意大利西西里岛而举行的登陆作战。1943 年 7 月 10 日凌晨，英美盟军 16 万人乘坐 3,200 多艘军舰和运输船只，向西西里岛东南部发动进攻，强行登陆。与岛上意大利守军展开激烈战斗。至 8 月 17 日上午 10 时，盟军控制了全岛。盟军占领西西里岛，打开了直接进攻意大利的大门，为以后迫使意大利退出战争创造了必要的前提条件。

　　正当苏德两军在奥廖尔地域拼死厮杀的同时，德军在库尔斯克南线的别尔哥罗德地域，发动了更加猛烈的向心突击。7 月 6 日，奥博扬方向发生了极其激烈的战斗。交战双方同时投入数百架飞机，大批坦克和自行火炮。仅 7 月 6 日这一天，德军就在这里损失了 200 多辆坦克、数万名士兵和近 100 架作战飞机。但是德军仍然没有突破沃罗涅日方面军的防御。

　　从 7 月 7 日到 7 月 12 日，疯狂的德军不顾任何代价，出动数以千计的飞机、坦克，三番五次向苏军阵地冲击，天空和地面隆隆作响，不绝于耳。战斗达到了白热化的程度，苏德双方军队都决心压倒对方，夺取战场的主动权。

　　7 月 12 日晚些时候，斯大林命令朱可夫立即从布良斯克方面军指挥所飞往沃罗涅日方面军地段，负责协调沃罗涅日方面军和草原方面军的行动。

　　第二天，朱可夫马不停蹄，来到了沃罗涅日方面军指挥所。在那里，朱可夫见到了总参谋长华西列夫斯基、沃罗涅日方面军司令员瓦杜丁、草原方面军司令员科涅夫。经过短暂的讨论，他们一致决定，要更加有力地继续进行反突击，紧跟退却的德军之后夺取在别尔哥罗德地域失掉的防御阵地。然后，经过短时间准备，再将两个方面军的全部兵力投入决定性的反攻。

　　苏德双方在库尔斯克地区的所有地段展开了激烈的血战，几百辆被摧毁的坦克在阵地上燃烧，战场上空烟尘滚滚。库尔斯克会战成为人类历史上一场空前规模的坦克战。

　　在此之前，列宁格勒、莫斯科和斯大林格勒的会战，都属于城市坚守防御战，苏军依托坚固设防的城市进行反攻和进攻，坦克兵力投入有限。而此时的库尔斯克会战则是在一个大草原上，苏军坦克的数量和质量都有空前的提高，而德军的坦克也都是最新式产品。双方数千辆坦克在战场上拼死厮杀，上演了战争史上的奇观。

　　由于指挥正确，士气高昂，兵力兵器占据优势，苏军在交战中逐渐占据上风。与此相反，由于疲惫不堪，士气低落，德军逐渐对胜利丧失了信心。德国高级将领，其中包括梅伦廷，都认识到"德军进攻的时间表已经完全被打乱"。在此形势下，德军由最初的进攻转入防御，又由防御转入撤退。

　　7 月 13 日，战斗正处于高潮时，希特勒召见南方集团军群司令官和中央集团军群的司令官，告诉他们说，盟军已于当天在西西里岛登陆★，而且意大利人打得很糟。由于盟军可能在别的地方——巴尔干各国和意大利登陆，情况变得更加严重了。因此，必须中止"堡垒"战役。

其实，早在希特勒下令取消这一战役之前，德军的命运就已经注定。希特勒和德军统帅部犯了一个特大错误，就是给了苏军足够的时间，使其得以在4、5、6这三个月里重新部署，从而极大地加强了自身的兵力。

在普罗霍罗夫卡周围的一次异常激烈的战斗中，德军装甲车辆和人员损失极其惨重。据苏方的记载，仅在一天的战斗中，德军就损失了350辆坦克和1万名官兵。

突出部南侧的战斗也十分激烈，苏军损失的严重程度便是证明。坦克第19师坦克第73团，到进攻的第5天只剩下2个连了。步兵第332师损失了3,700人，而坦克第6师也遭到重大伤亡，只剩下47辆坦克。

就在这个时候，朱可夫和华西列夫斯基以最高统帅部驻当地代表的身份，命令西方方面军和布良斯克方面军发动攻势。3天以后，即在7月15日，中央方面军向奥廖尔方向发起了进攻。7月16日，德军统帅部作出一项紧急的决定，德军坦克第4集团军和"战斗"特遣集团军完全停止冲击，在后卫部队的掩护下，开始向别尔哥罗德撤退。

与此同时，朱可夫命令近卫第6集团军和坦克第1集团军，沿奥博扬－别尔哥罗德公路向前实施迅猛的突击。7月18日，朱可夫把草原方面军也投入战斗。到了7月20日，所有集团军，包括沃罗涅日方面军和草原方面军，向正在撤退的德军实施了向心突击，并最终于当日晚些时候收复了德军7月5日发动攻势前苏军曾经占据的阵地。

苏军乘胜追击，在7月23日，沃罗涅日和草原方面军已逼近到德军的防御前沿。7月底，近卫第11、坦克第4集团军以及第61集团军的部队接近了奥廖尔－布良斯克公路和铁路线。

8月3日，两个方面军密切配合，再次发动了强大攻势，于8月5日解放了别尔哥罗德。与此同时，苏3个方面军在北线发起反攻，苏德双方在奥廖尔接近地域爆发了激烈的战斗。后撤的德军部队和车辆遍布在公路和田野上，并且在几条主要公路上造成堵塞。苏军的地面攻击机和轰炸机抓住时机，不间断地袭击聚集在奥卡河各渡口的德军部队。

当苏军接近奥廖尔的时候，他们发现这座战前曾拥有10多万人口的城市已经变成一片废墟：工厂被炸毁，铁路被破坏，城市里只剩下高层建筑物的零星残垣断壁。德军进行了顽固的抵抗，但红军部队最终还是肃清了该城的残敌。

在解放别尔哥罗德的同一天，苏军又解放了被德军占领两年之久的另一个重要城市——奥廖尔。

为了庆贺苏军解放这两个重要城市的胜利，在斯大林的提议下，8月5日24时，首都莫斯科的120门大炮齐鸣12响，这是苏联卫国战争以来第一次响起的祝捷礼炮。前线官兵和莫斯科人一样，斗志昂扬，脸上带着胜利的欢笑，对未来充满了必胜的信心。

之后，草原方面军继续南下，经过多次激战，逼近到哈尔科夫地域。为避免部队陷入合围，德军于8月22日开始从哈尔科夫撤退。8月23日，在沃罗涅日方面军和西南方面军的

∧ 库尔斯克战役中，德军坦克正向前开进。

协同下，草原方面军解放了乌克兰第二大城市哈尔科夫。这一胜利，连同苏军在库尔斯克和奥廖尔的辉煌胜利，标志着东部战线上德军的毁灭。

希特勒被军事上的失败和部队的惨重伤亡激怒得近乎疯狂，但最后却把这次失败的责任，全部推到元帅和将军们的头上，一大批显赫人物遭到革职和处罚。

在50天的决战中，德军总计损失50多万人、1,500辆坦克（其中有大批"虎"式和"豹"式坦克）、3,600门火炮和3,700多架飞机。此时，红军兵力已占明显优势，苏联空军力量是德国的两倍。

战场局势正在朝着有利于苏联的方向急剧发展！

与莫斯科战役和斯大林格勒战役不同，库尔斯克战役是一次预先计划好并得到充分保障的深远突击。就苏军而言，参加这次战役的兵力比以往任何一次大规模反攻战役的兵力都要多。在莫斯科战役中，苏军只有17个兵力不多的诸兵种合成集团军参加，没有坦克兵团；在斯大林格勒战役中，苏军有14个军兵种合成集团军、1个坦克集团军和几个机械化军参加；而在库尔斯克战役中，共有22个强大的诸兵种合成集团军、5个坦克集团军、6个空军集团军及大量远程航空兵部队参战。

库尔斯克战役的胜利，摧毁了希特勒寄予很大希望的德军主要集团，粉碎了希特勒从斯大林手中夺取战略主动权的企图，具有极为特殊的重要意义！

在此次会战结束前的几天，最高苏维埃主席团宣布，为苏军将领们"卓越而果敢地指挥作战和抗击德国侵略者所取得的胜利"授勋：授予朱可夫元帅苏沃洛夫一级勋章，科涅夫大将库图佐夫一级勋章，布尔加宁中将红旗勋章。

∧ 库尔斯克战役中被俘房的德军士兵。
< 苏军解放了奥廖尔，一名战士手执红旗欢庆胜利。

第八章

将德军逐出国土

1896-1974 朱可夫

受到攻击的曼施坦因立即将预备队调到受威胁的地段,这正好中了朱可夫的圈套。11月3日,苏军从德国人认为很"太平"的柳捷日登陆场实施进攻,2,000门火炮与迫击炮,500门"喀秋莎"一齐对敌实施突击,很快就撬开了敌人的防御大门,德军被迫撤离基辅,掉头南逃。经过一番激战,红军终于攻占了基辅……

∧ 朱可夫与手下将领一起研究作战方案。

>> 横扫乌克兰

1943年的苏德战场，已在朝着有利于苏联的趋势发展，但实现彻底摧毁德军有生力量并将其赶出苏联的目标，仍然有一定的困难。

同年8月，代行总参谋长职务的安东诺夫来到前线，向朱可夫传达了斯大林及苏军总参谋部的意见。总参谋部认为，从各种情报来看，英国和美国还不准备在欧洲实施大规模进攻战役。而德国在东线战场上虽无力实施任何大规模的进攻了，但是还有足够的人力和物力进行积极的防御行动。

在此基础上，苏军总参谋部拟制的作战计划原则是：在西方和西南方向上的所有方面军地带内展开进攻，以便推进到白俄罗斯东部地域和第聂伯河，夺取第聂伯河上的登陆场，保障解放右岸乌克兰战役的实施。

朱可夫了解到，斯大林坚决要求绝不迟延地发展进攻，以便不让敌人在通往第聂伯河的接近地上组织防御；同时要求苏军采取一切措施，尽快地占领第聂伯河与莫洛奇纳亚河，不让顿巴斯和左岸乌克兰落入德军之手。这主要是担心希特勒军队在退却时，极有可能会丧心病狂地炸毁城市和乡村，炸毁电站和工厂，烧毁学校和医院，疯狂地烧毁和破坏一切。

朱可夫对此表示赞同，但不同意进攻战役所采取的形式，即从北方的大卢基到南方的黑海各个方面军都展开正面突击。

总参谋部说明，这是最高统帅的指示，要求用正面突击尽快赶走敌人。

朱可夫坚持认为，如果某些兵力部署变更一下，有可能分割并合围敌军相当大的集团，特别是顿巴斯的德军南方集团，这样会有利于尔后战争的进行。

几天后，斯大林给朱可夫打来电话，表示不赞同关于西南方面军向扎波罗日耶突击的意

∧ 希特勒亲临德军南方集团军群司令部督战。其左侧为曼施坦因元帅。

见，因为这需要相当的时间。朱可夫没有再争执，因为斯大林认为在目前的情况下，不适宜采取大规模合围德军的战役。

此前不久，在库尔斯克激烈会战之时，希特勒下了一道严厉的指令，要求德军加速构筑大型防御地带。其防御工事主要沿纳尔瓦河、普斯科夫、奥尔沙、索日河、第聂伯河、莫洛奇纳亚河一线构筑，希特勒称之为"东方壁垒"，妄图以此阻止苏军发起的进攻。

1943年8月25日，朱可夫被召回最高统帅部，讨论苏军在更广阔的战线上展开全面进攻的计划。斯大林明确要求沃罗涅日方面军和草原方面军尽快前进到第聂伯河，并且指示朱可夫研究一下，可以给这两个方面军调拨哪些物资器材。

当天晚上，朱可夫即上呈了一份计划。斯大林花了很长时间，认真查看了该计划所列的现有兵力兵器表及所提要求。和往常一样，斯大林拿起蓝铅笔，把所有的数字几乎削减了30%～40%。

斯大林边划边说："剩下的，等两个方面军接近第聂伯河时，最高统帅部就拨给。"

斯大林建议强渡第聂伯河的意图已非常明确，就是向西进攻。

当天，朱可夫飞往方面军战斗行动地域。

9月6日，最高统帅部发来指令，由朱可夫负责协调两个方面军的行动，受领的任务是继续进攻，前进到第聂伯河中游并在该处夺取登陆场。其中瓦杜丁指挥的沃罗涅日方面军应从北部向普里卢基－基辅方向突击，科涅夫指挥的草原方面军应从南部向波尔塔瓦方向突击。由于几天来连续作战奔走，两个方面军的部队都感到十分疲乏，后勤供需也出现了间断，坦克和武器弹药有时也不足。尽管如此，从士兵到元帅的士气都特别高涨。"应当进攻，应当把敌人从左岸乌克兰赶走，应当强渡第聂伯河！"这句出自朱可夫之口的话，立即成为在苏德战场南翼各集团军中广泛流传的名言。全体官兵热切盼望能早一天把德军从祖国的土地上赶走，尽快把乌克兰人民从苦难中解放出来。

在朱可夫的协调指挥下，沃罗涅日方面军和草原方面军很快开始了进攻行动。起初，德军的抵抗十分顽强，苏军进展缓慢。但是到了9月中旬以后，形势发生变化，德军消耗了大量兵力，而苏军却增加了新的预备队。

德军渐渐支撑不住，开始向第聂伯河退却。苏军紧追不舍，目的是在行进间夺取第聂伯河登陆场，为下一步强渡这条西部国土上最大的江河做准备。

在苏军强渡第聂伯河战役发起前，德军统帅希特勒亲自来到南方集团军群司令部，向部队提出了坚决的要求：要为第聂伯河战斗到最后一个人，要不惜一切代价保住第聂伯河。因为希特勒十分清楚，第聂伯河一旦失守，乌克兰就保不住了，德军在南方的战线就会崩溃，就会失去克里木，苏军就会很快打到国境线上。如此一来，将会直接动摇他的统治基础。

当然，对苏军统帅部来说，夺取第聂伯河西岸同样具有特别的战略意义。

9月9日，统帅部发出命令，将授予强渡第聂伯河并巩固登陆场的部队为苏联英雄称号。朱可夫强调说，这样做是为了进一步提高部队的士气。

9月20日，朱可夫同瓦杜丁制订了尽快夺取第聂伯河各渡口的措施，其中最主要的一条措施，便是在各集团军组建了由坦克部队、摩托化步兵和炮兵编成的先遣支队。这些快速先遣支队的任务是：不与德军交战，而是绕过其后卫，向渡口急速突击，尽力夺取桥梁和渡口。据朱可夫估计，这些先遣部队将于9月22、23日到达第聂伯河。随后，他向斯大林报告了强渡第聂伯河的准备情况。

苏军的战斗士气十分高昂，把到达第聂伯河的预定日期提前了一昼夜。9月21日至22日，部队已经到达第聂伯河，并且开始渡河。果敢的指挥员们利用暗夜组织强渡，有时在白昼从行进间实施强渡。一些部队不等舟桥船只，就地取材，利用木排、汽船、小艇和临时找来的小船迅速组织渡河。德军眼睁睁地看着苏军像洪流一样奔涌过来，不可阻挡。

在苏军的强大攻势面前，希特勒军队只能拱手让出阵地，向后撤退。到9月底，苏军突破德军第聂伯河防线已达700公里，并夺取了右岸23个登陆场，从而按时完成了大本营8月25日下达的任务。

先头部队强渡第聂伯河的英勇行动，得到了各兵种配合默契的支援。第一批步兵一登上对岸就得到左岸的支援——开到河岸的坦克开始射击，火炮开始轰鸣。各登陆场兵力的集结

＜ 苏军在第聂伯河一侧
建立了登陆场。

非常迅速，在短短的几小时内，就架起了舟桥，渡船已开始渡河。在从河边追击敌人的战斗队形中，有支援步兵的坦克和炮兵。

为了恢复态势，希特勒命令德军不顾一切伤亡，消灭登陆场的苏军。自9月末开始，大、小全部登陆场日夜处于德军的炮火轰炸之中。但是，希特勒的阴谋最终还是没有能够得逞。相反，登陆场不断扩大，连成一片，红军为实施新的突击正在右岸积蓄兵力。

从10月20日起，朱可夫所属的两个方面军分别改为乌克兰第一方面军，司令为瓦杜丁；乌克兰第二方面军，司令为科涅夫。

通过对敌行动的认真分析，朱可夫得出结论：继续按原计划行动，从基辅南部的布克林登陆场对基辅实施进攻，成功的希望并不大。希特勒军队显然会针对登陆场集结重兵集团予以迎击。在这种情况下，不能同敌人硬拼。

10月26日，统帅部指示乌克兰第1方面军把主要兵力转移到柳捷日登陆场。这就是说，需要把整个坦克集团军和炮兵从布克林登陆场向北调动约200公里。朱可夫和第1方面军司令部打算从基辅实施突击，以收复乌克兰首都。军队变更部署进行得非常顺利，各种伪装措施收到了很好的效果，这一切都是在敌人眼皮底下进行的，而德军却丝毫没有察觉。

11月1日，朱可夫采取声东击西的战术，命令炮兵向布克林登陆场轰炸。果然，受到攻击的曼施坦因立即将预备队调到受威胁的地段，这正好中了朱可夫的圈套。

11月3日，苏军从德国人认为很"太平"的柳捷日登陆场实施进攻，2,000门火炮与迫击炮、500门"喀秋莎"一齐对敌实施突击，很快就撬开了敌人的防御大门。为避免被苏军合围的威胁，德军被迫撤离基辅，掉头南下。经过一番激战，苏军终于攻占了基辅。而后，乌克兰大小城市一个接一个被苏军收复。

11月6日晨，朱可夫、瓦杜丁和方面军军事委员会委员们乘坐的汽车开进了基辅。极其贫弱和疲惫不堪的人们一看到朱可夫他们，便紧紧地围了上来。看到这一幕情景，大家都流下了眼泪，连朱可夫也悄悄地擦了擦湿润的眼睛。

重返故地，朱可夫已经认不出这座过去非常熟悉的城市。只见到处是瓦砾，中央大街已变成了一片废墟，而这一切几乎都是被希特勒军队蓄意破坏的。

基辅曾是俄罗斯历史上引以为自豪的基辅罗斯的发源地。基辅的解放，具有重大的政治、经济、军事和心理上的象征意义。

1943年12月中旬，朱可夫被召到莫斯科。这时的朱可夫，看上去比过去憔悴了许多。因为从4月份起，朱可夫几乎不停地在各个战场上奔波，一刻也没有停下来过，不是在飞机上，就是乘车奔驰在前线的路上。这一时期的形势相当复杂、紧张，既有巨大的胜利，也有令人遗憾的挫折。所有这一切都使这位最高统帅部代表经常睡眠不足，体力与脑力过度紧张，身心都感到异常疲倦。利用在最高统帅部的几天时间，朱可夫很难得地恢复和松弛了一下自己的神经。

在莫斯科期间，朱可夫详细地了解从列宁格勒到黑海的整个战场形势。据总参谋部统计并报告：截至1943年年底，1941、1942年被敌人侵占的领土有54%已收复。红军在一年中向西推进了500~1,300公里，在西部战线已越过白俄罗斯东部地域，南部战线已接近到日托米尔、基洛夫格勒，其中乌克兰第1方面军向西推进得最远。

12月，最高统帅部召开了一次会议，主要讨论并总结了苏德交战的形势，分析了军事经济的潜力。此前不久，斯大林刚刚结束与罗斯福、丘吉尔一起举行的德黑兰会议★。斯大林向大家介绍了这次会谈的概况，罗斯福和丘吉尔对苏军的胜利给予了高度赞扬。其实，苏军的英勇顽强、能征善战已经不是秘密。英国代表团团长马特利将军曾声称："世界上没有一支军队，能够建立像红军强渡第聂伯河那样的功绩。"

"罗斯福保证，"斯大林放慢了速度，最后说道："1944年他们在法国将开展广泛的行动。我想他会遵守诺言的。即使他违背诺言，我们也有足够的力量彻底打败希特勒德国。"

朱可夫微笑地说道："当然，一定能彻底打败！即使他们违背诺言，我们也有足够的力量彻底打败希特勒德国。"

长期处于超负荷运转的高度紧张状态，朱可夫的双眼因缺乏睡眠而布满血丝，脸颊因劳累而明显憔悴。虽然他疲惫至极，但一谈起作战却马上神采飞扬。这时，朱可夫再次适时提出了自己的看法，认为现在不是应该进行正面进攻把敌人赶走，而是要更大胆地实施合围战役，把敌人彻底消灭，以便为尔后的出国作战减轻阻力。

"现在我们更强大了，我们的军队也更有经验了。"斯大林同意说："现在我们不仅能够，而且应该对德军实施合围战役。首先解决西南战线的问题，也十分有利于解决西方战线白俄罗斯问题。你和华西列夫斯基同志分别去组织实施吧。"

最高统帅部一致同意这一作战部署。对于这两位久经考验、极少出差错的最高统帅部代表也表示十分信任。

经过几天的全面总结和局势分析之后，苏军最高统帅部决定在1943年冬和1944年初，展开北由列宁格勒、南

△ 苏军解放基辅后，朱可夫等受到当地民众的热烈欢迎。

∨ 苏美英三国首脑：斯大林、罗斯福、丘吉尔在德黑兰会议上。

★德黑兰会议
第二次世界大战期间，苏美英三国首脑斯大林、罗斯福、丘吉尔在伊朗首都德黑兰所举行的一次重要国际会议。会议于1943年11月28日召开，12月1日闭幕。会议的主要议题是：盟军消灭德国武装力量的各项计划以及安排战后和平与合作。会议最为重要的成果是三国领导人就关于1944年5月在法国开辟第二战场的问题达成了协议，对于第二次世界大战战局产生了极为重要的影响。

◁ 朱可夫与瓦杜丁（右）等一起制订作战计划。

到克里木的大范围进攻。为了集中优势兵力，苏军最高统帅部计划在1943年冬和1944年初，把主要兵力和武器集中在乌克兰第1、2、3、4方面军，从而在短期内粉碎德军"南方"集团军群和"A"集团军群。至于北方、西北和西方方向上的各方面军，则给予比较有限的兵力。

在研究和确定了各方面军的任务后，朱可夫和华西列夫斯基又要分头出发到各自负责的方面军去了。朱可夫负责协调乌克兰第1和第2方面军行动，华西列夫斯基负责协调乌克兰第3和第4方面军行动。

当朱可夫来到乌克兰第1方面军司令部的时候，司令员瓦杜丁大将正披着大衣草拟发起进攻的命令。

朱可夫很钦佩这位富有才华的杰出的司令员。当时，瓦杜丁指挥的乌克兰第1方面军，是所有苏联方面军部队中实力最强、担负作战任务最多最重的一支，由此可见，瓦杜丁在苏军统帅部所受到的重视。

战争的实践证明，瓦杜丁大将担此重任是当之无愧的。同时，他又是一位优秀的参谋人才，具有非常简明扼要地阐述自己思想的能力。方面军大部分重要的命令、指令和呈送最高统帅部的报告，都是瓦杜丁亲自撰写的。另外，瓦杜丁还有一手罕见的优美而整齐的书法。

乌克兰第1方面军司令部设在一座农舍中。屋里的温度很高，原来瓦杜丁大将正患感冒，于是用"发汗"这种俄罗斯的传统办法加以治疗。朱可夫不忍心多打扰这位前线司令员，于是极简要地介绍了最高统帅部的进攻决定，并听取了瓦杜丁对方面军作战计划的修改意见。

朱可夫关切地劝他一定要吃药躺下休息，否则发起进攻后，体力和精力都会吃不消的。瓦杜丁点点头，喝了一杯浓茶，服了2片阿司匹林，就到自己卧室里去了。

朱可夫同参谋长博戈柳博夫来到司令部作战处。还不到10分钟，电话铃响了。原来是瓦杜丁打来电话，要参谋长到他那里去。朱可夫不放心瓦杜丁的病情，决定与参谋长一同前往。

刚一进门，朱可夫便看见瓦杜丁又在那里标示进攻图。

"我们不是说好了你先休息吗？怎么又干起来了？战斗打响，司令员病倒了可怎么办？！"朱可夫不由得叫了起来。

"已经习惯了，我还想把进攻构想得更完善一些。"

朱可夫一边强迫瓦杜丁离开办公室，一边说："这些事都是参谋长的直接职责，让参谋长完成就行了。"朱可夫知道，瓦杜丁是一位对什么事情都放心不下的人。他总是抱着强烈的责任感，竭尽全力去完成上级委托的事情。

1943年12月底到1944年1月初，乌克兰第1方面军和第2方面军先后实施了新的战役，发起了解放第聂伯河右岸乌克兰领土的进攻。1944年1月，德军在乌克兰第1和第2方面军翼侧的科尔松－舍甫琴柯夫斯基地域部署了一个相当强大的集团。这个集团由威廉·施滕麦尔曼将军指挥，共有9个步兵师、1个坦克师和1个摩托化师。由于德军占据着一块约120公里宽的突出部，因此严重制约了苏军两个方面军向西的发展。

按照战役计划，作为迅猛插入西部的尖刀的乌克兰第1方面军，向日托米尔发动了进攻。驻扎在这一地段的疲惫不堪的希特勒军队，负隅顽抗。他们企图收回基辅、恢复"东方壁垒"★，但是毫无结果。

朱可夫元帅始终不渝地执行统帅部的指示，大胆地实施机动作战。在战斗中，德军损失了60%～70%的人员和战斗技术装备。苏军很快就摧毁了德军长达200公里地段上的防御，参加突破的两个坦克集团军前进了100多公里。苏联坦克兵预先破坏了敌人的反机动，并前出到两翼，迫使希特勒军队不得不放弃筑垒地区。

希特勒军队为了阻止苏军进攻，紧急调动了一切能够调动的力量。到1944年1月中旬，战线终于稳定下来了。在这次战役中，苏军前进了200公里，完全收复了基辅州和日托米尔州、基洛夫格勒等地区。基辅突出部是乌克兰第1方面军的一把尖刀，深深地插入了德军的防御地带。

曼施坦因清楚地看到，下一步将是乌克兰第1方面军把进攻轴线从西移向西南，从后方切断德军"南方"集团军群。但是，曼施坦因不清楚，苏军指挥部是想对敌实施合围战役，才暂时放弃了正面进攻。很明显，德军统帅部妄图重新夺取基辅，但是没料到他们已在这里为自己掘了陷阱。

∧ 德军南方集团军群司令
曼施坦因在前线指挥战斗。

★"东方壁垒"

1943年秋季之前，德国军队在第二次世界大战苏德战场所构筑的一条战略防线。建立此防线的计划最初拟定于1943年春。同年8月11日，希特勒曾下令加速修筑防线。"东方壁垒"通过纳尔瓦河、普斯科夫、维捷布斯克、奥尔沙、索日河、第聂伯河中游及莫洛奇纳亚河。德国最高军事当局对"东方壁垒"曾寄予厚望，认为苏军为攻克此战略防线将付出巨大代价。1943年9月底，苏军经过激烈战斗终于突破了"东方壁垒"。

∧ 被俘的德军官兵。

把乌克兰第1方面军果断地调向西部之后，便与正在南部作战的乌克兰第2方面军之间，形成了一个从西到东长达275公里的突出部。其顶部在第聂伯河，基础即两个方面军之间的距离为130公里。战事未开，朱可夫、瓦杜丁等已经是胜券在握。

1月24日和25日，乌克兰第1和第2方面军分别发起了进攻战役，两路大军东西对进，势如破竹。1月28日，两军胜利会师。到2月3日，苏军包围了科尔松－舍甫琴柯夫斯基地域的全部德军，并建立了巩固的对内正面和对外正面。

德军元帅企图救出被切割的部队，但未得逞。天气每天都在变化，暴风雪天气与冰雪融化天气交替出现。在这种情况下，再次证明苏军坦克在雪地或潮湿地的越野能力比德军的坦克优越，因为红军的坦克履带比较宽。

2月8日，朱可夫向被困德军发出最后通牒，保证"一切伤病人员将给予治疗，对全体投降的军官和士兵将立即供应食物"。

2月9日12时，施滕麦尔曼将军拒绝了苏军的最后通牒，决心孤注一掷，作最后的一次拼杀。2月11日，在合围的对内正面和对外正面上，德军发起了猛烈冲击。到了夜间，德军包围圈内外的部队仅相隔12公里了。

战场态势发展到了十分严重的地步！

此时的朱可夫正在生病，感冒并发高烧，但仍然密切关注着战场的一举一动。当听到德军猛烈冲击的消息后，他不顾病体，立即命令瓦杜丁和科涅夫采取紧急措施，不让敌人突破，并且把情况向斯大林作了汇报。

12日早晨，朱可夫正无力地躺在床上，昏昏沉沉地睡着了。不知睡了多久，忽然觉得有人使劲推他。

"出什么事了？"朱可夫问。

"斯大林同志来电话了。"

朱可夫赶紧跳下床，拿起听筒。

斯大林说："我接到报告，在瓦杜丁那里，敌人在夜间突入到希尔基和新布达，你知道吗？"

"我不知道。"

"请你核实一下并报告我。"斯大林挂断了电话。

朱可夫顿时清醒过来，意识到这里面可能会有什么坏事情发生。他立即给瓦杜丁打了电话，得知敌人企图利用夜暗和暴风雪的机会突围，但前进不到3公里即已被挡住。现在乌克兰第1方面军已经在进行收复希尔基的战斗了。

朱可夫和瓦杜丁商定了补救措施，然后向斯大林报告了解到的实际情况。

斯大林在电话中告知朱可夫："科涅夫建议，由他担任消灭科尔松－舍甫琴柯夫斯基地域包围圈内敌军集群的指挥任务，在对外正面上负责警戒救援的部队则由瓦杜丁指挥。"

当时，被合围的德军被压缩在一个不大的区域，完全在苏军炮兵的控制之下。空中补给已被切断，德军运输机不是被击落就是无法进入包围圈。

于是，朱可夫回答："彻底歼灭被围敌军，只是三四天的事。变更对集团军的指挥，可能会延长战役进程。"

斯大林显然没有听进他的意见，接着说道："让瓦杜丁亲自负责第13和60集团军在罗夫诺、卢茨克、杜布诺地域的战役。你负责不让对外正面上的敌突击集群突破利扬卡地域好了。"说完，斯大林就把电话挂了。

过了2个小时，朱可夫接到了最高统帅部关于上述内容的指令。

一接到指令，瓦杜丁立刻给朱可夫打来电话。他是个很容易动感情的人，以为这种变动是朱可夫的意见，所以很委屈地说道："元帅同志，别人不了解，还没什么。而你应该是知道的，我接连有好几个昼夜没有合眼，竭尽全力来实施科尔松－舍甫琴何夫斯基战役。为什么到这个时候要免我的职？为什么不让我把这个战役进行到底？我也是热爱自己方面军荣誉的，也希望在首都莫斯科能为乌克兰第1方面军的战士们鸣放礼炮。"

朱可夫冷静地回答说："瓦杜丁同志，这是最高统帅的命令，我和你都是战士，让我们无保留地执行命令吧。"

瓦杜丁立即回答："是，一定执行命令。"然后就再也没说什么了。

2月14日，苏军进一步缩紧了包围圈。被围德军已经明白，援军是不会来了。特别是当一些将军们乘飞机逃跑后，部队中的绝望情绪更加强烈了。2月16日夜间，天空突然下起了暴风雪，能见度极低。被围德军抱着最后一线希望开始突围。苏军趁势进行分割歼灭。到2月17日，除少部分坦克和装载着将军、军官和党卫军的装甲车得以突围外，被包围的德军基本上全部被歼和被俘。

据苏联方面统计，这次战役共击毙德军 5.5 万人，俘虏 1.82 万人，缴获其全部战斗技术装备，苏军大获全胜。2 月 18 日，首都莫斯科鸣放礼炮，庆祝乌克兰第 2 方面军所取得的胜利，科涅夫获得了苏联元帅军衔。在 1944 年 2 月 23 日的命令中，斯大林称这次战役是第聂伯河右岸的新的"斯大林格勒"。

>> 第一号胜利勋章

由于各个乌克兰方面军部队的胜利行动，到 1944 年 2 月底，已为苏军接下来解放右岸乌克兰地区创造了有利的局面。

德军统帅部认为，乌克兰正值春季道路泥泞时节，这会给苏军运送弹药、燃料和给养造成特别大的困难。因此，德军有足够的时间变更兵力部署和巩固防御。事实上，苏军正是利用了德军这种错误的推算，准备向对方实施毁灭性的突然攻击。

1944 年 2 月 18 日至 20 日，朱可夫在莫斯科向斯大林汇报了自己对发展进攻的设想。他认为苏军必须采取积极行动，突然打击敌人，因为希特勒军队不会坐等苏军的进攻。

经过广泛讨论，统帅部酝酿了一个宏伟的作战计划：乌克兰第 1 方面军实施数百公里的突击，到达切尔诺维策市附近的喀尔巴阡山地区。一旦成功，德南部集团就失去了最短的交通线。乌克兰第 2 方面军应南下，向雅西方向前进。

最高统帅命令应不失时机地发起进攻。作为统帅部代表，朱可夫再次被派去协调这两个方面军的行动。

朱可夫来到乌克兰第 1 方面军司令部，同瓦杜丁及其他将军开了好几天的会议，详细研究了各种作战细节。由于乌克兰的雨季来临，道路泥泞，后勤保障上出现了困难，瓦杜丁决定亲自去检查一下战役准备情况，并研究地面部队与航空兵配合的问题。

朱可夫建议瓦杜丁派副司令员去，而他本人则应该留在司令部，审查各集团军司令员的作战计划。但是，瓦杜丁坚持要自己去，说道："我很久没去过第 60 和第 13 集团军了。"朱可夫不好再坚持，只得同意了他的请求。

但是朱可夫没有想到，瓦杜丁将军却因此发生了不幸。

2 月 29 日下午，瓦杜丁大将及方面军军事委员克赖纽科夫少将在 8 名警卫人员陪同下，离开第 13 集团军司令部驱车前往第 60 集团军。

大约在下午 7 点 40 分，瓦杜丁及其随行人员在沿途一个村庄的后面，看到约 300 人的一群人，同时还听到在这群人中间响起了零落的枪声。

∧ 雨季来临，在乌克兰泥泞的道路上行军的德军部队。

　　瓦杜丁命令把汽车停下，查明情况。正说着，突然从一家农舍的窗户里扫来一排子弹——他们遭到了乌克兰民族主义分子的伏击。

　　瓦杜丁和警卫人员跳下汽车，但是此时瓦杜丁的腿部却负了伤。

　　一辆汽车迅速掉过头来，3名战士把瓦杜丁抬到车上，连同克赖纽科夫和所带文件，向罗夫诺方向疾驰。

　　瓦杜丁负伤的部位在膝盖以上，由于得不到及时的包扎，失血过多，生命垂危。野战医院的条件有限，经过简单处理后，他被紧急转送到乌克兰首都基辅。

　　朱可夫得到这一不幸消息后，感到十分震惊，马上向斯大林作了汇报，并将莫斯科最好的医生派往基辅，指示方面军卫生勤务主任全力抢救。但是一切为时已晚，瓦杜丁大将还是不幸逝世，红军失去了一位卓越的指挥员。

∧ 苏军部队穿过泥泞地带向前挺进。

　　为了告慰这位苏军著名统帅，莫斯科鸣放了20响礼炮，向瓦杜丁致以最后和最崇高的敬礼！

　　由于乌克兰第1方面军的地位极端重要，不可一日无帅。1944年3月1日，苏联最高统帅部正式任命朱可夫担任乌克兰第1方面军司令员。至此，从战争开始以来实行了近3年的最高统帅部代表制度，自动完成了历史使命，两位统帅部代表——朱可夫和华西列夫斯基先后到前线担任了方面军司令员的职务。

　　朱可夫接替瓦杜丁担任乌克兰第1方面军司令员，没有改变原先对各个部队下达的任务，唯一的变动是命令第13集团军以其主力防守目前的防线，而该军左翼的一个师则要在第60集团军协同下向西线进攻。

　　3月4日，朱可夫亲临前线，发动了切尔诺夫策攻势。在这位威震全军的著名元帅的鼓

< 苏军工兵部队搭设浮桥输送坦克部队过河。

舞下，乌克兰第1方面军穿越几乎无法通行的田野和沼泽，正面突破了德军宽达180公里的坚固防线，2天内向西挺进了50公里。

5日，斯大林命令在莫斯科用224门大炮齐鸣20响，向乌克兰第1方面军的部队致敬！

从3月7日到11日，朱可夫率突击集团，艰难跋涉，穿过乌克兰泥泞地带的泥淖向前挺进，夺取了沃洛契斯克－切尔内－奥斯特罗夫地域，切断了利沃夫－敖德萨铁路线，向前推进了100公里。

与此同时，马利诺夫斯基大将指挥的乌克兰第3方面军也转入进攻，突破了德军在河西岸的坚固防御。

德军统帅部感到十分恐慌，迅速抽调了15个师集中对付乌克兰第1方面军。为了避免被合围，德军坦克第48军开始非常冒险地穿过了朱可夫的先遣部队的正面，向塔尔诺波尔撤退。赫尔曼·巴尔克将军采取了白天战斗，夜晚行军的办法。为了保证不间断地控制军队，他把指挥部设在远离前线的地方，以便能够在一个地方待上几天，然后再向后方迁移。

显然，德军已经注意到红军的作战特点，即主要都是针对大的城镇采取进攻行动。而在此之前，德军的许多失败正是由于把高级指挥部设在大城镇，或者故作勇敢而把指挥部设在过分靠近前线的地方，结果是指挥部常常被卷入战斗，使部队完全失去控制和指挥。巴尔克十分狡猾地避免了这一错误，注意把指挥部设在远离城镇和交通线的地方。

3月17日，朱可夫的乌克兰第1方面军攻克杜布诺，一个坐落在陡峭河岸上的古老要塞。翌日，苏军又占领了重要的铁路枢纽日梅林卡。3月19日，苏军通过翼侧迂回和正面进攻相结合，收复了卡梅涅茨，接着在第二天攻占了铁路枢纽莫吉廖夫波多尔斯克。与此同时，科

★曼施坦因 (1887～1973)

德国陆军元帅。1906年开始服役。1914年毕业于军事学院，参加过第一次世界大战。1935年任陆军参谋部作战部长。1938年任南方集团军群参谋长。1939年入侵波兰。1940年任第38军军长，参与制订德国侵略西欧诸国的作战计划，同年进攻法国。1941年转入对苏联的作战，历任第11集团军司令、"顿河"集团军群司令和"南方"集团军群司令。1944年因作战失败和批评希特勒的战役决定被解除职务。战后被英军俘获。

涅夫的部队正在夺取南布格河上的工业中心文尼察。

3月21日，朱可夫的突击集团继续进攻。因春汛的到来，深谷以及泛滥的溪流使得部队前进的速度有所减慢，但突击集团继续向德涅斯特河挺进。坦克第1集团军强渡了这条河，而其他坦克部队则渡过了普鲁特河，解放了切尔诺夫策。

这一时期，由于朱可夫的部队的挺进速度过于神速，以致苏联新闻局根本不可能掌握确切的前线消息，有时不得不笼而统之，诸如使用"解放了240个地方"等提法。

切尔托夫、普罗斯库罗夫、波多尔斯克、科洛梅亚等城均被红军接连攻克。

每当前方攻占了较大的、比较重要的地方，按照通常的惯例，莫斯科都要在傍晚时分鸣放12响到20响礼炮。这是对前线浴血奋战的指战员的最高奖赏。

在不到一个月的时间内，乌克兰第1方面军就来到了喀尔巴阡山，于3月29日收复了切尔诺夫策城，并在切尔诺夫策与捷尔诺波尔之间形成了一个很大的缺口。为了堵住缺口，德军统帅部不得不从战场的其他地段，甚至从法国、南斯拉夫、挪威等地调来军队。

希特勒被眼前的局势气得要发疯了，并把曼施坦因叫去，严厉训斥了一顿。他说："根据空中侦察，发现敌人几辆坦克，德军整个部队就开始逃跑，防线不断后撤。"对此，曼施坦因也不得不承认。因为，200辆苏军坦克击败了重新组建的两个德国师，就是战场上刚刚发生的事情。辩解是徒劳的，希特勒于3月31日解除了曼施坦因★的职务。

乌克兰第1方面军的任务是击溃被包围和在急行军中掉在后面的德军集团。在卡梅涅茨－波多尔斯克附近被合围的有21个德军师，其中10个坦克师，主要由坦克第11集团军编成。其中有几个师不久前曾企图拯救科尔松－舍夫琴柯夫斯基的德军部队，但未得逞。

此时，朱可夫作出了正确的判断：这个强大的德军集团正在企图向南撤退，渡过第聂伯河，然后组织防御。根据这一判断，朱可夫下达命令，指挥部队堵死敌人向南的退路，同时命令列柳申科将军的坦克第4集团军挡住敌人向西的退路。这样一来，苏军几乎封锁了德军的所有逃跑的通道。

　　被合围的德军选择了向西撤退，向列柳申科的集团军猛扑过来。连续5天，他们拼命猛攻，企图打通卡梅涅茨－波多尔斯克的道路。疯狂的法西斯军队几次冲到集团军司令部的所在地，双方发展到白刃格斗的程度。

　　在战斗过程中，列柳申科通过无线电向朱可夫报告进展情况。因为要同时指挥部队作战，列柳申科不得不三次中断报告。朱可夫从话筒中听到射击声，知道他的处境，便让列柳申科先组织抗击，以后再报告。在苏军的反击下，德军损失了大部分坦克、自行火炮和全部炮兵。最后，他们只好沿着僻静的乡间土路，徒步向西逃去，结果却陷进泥泞的小道，被早已埋伏在此的游击队彻底歼灭。

∨ 莫斯科红场为在前线作战取得胜利的部队鸣响礼炮。

4月5日，苏联《消息报》宣布：在苏联元帅朱可夫同志指挥下，乌克兰第1方面军取得了辉煌战绩，使德军损失了20万官兵、2,180多辆坦克和自行火炮、4,600多门火炮。苏联新闻局发布的一项特别公报说："朱可夫指挥的28天作战，解放了4,800平方公里的苏联领土、3个乌克兰区中心城市，以及57个城镇。"

　　朱可夫的乌克兰第1方面军的部队继续向西推进，在喀尔巴阡山山麓击败了德军，并前出到捷克斯洛伐克和罗马尼亚边境。为了庆祝这一胜利，4月8日，莫斯科使用324门大炮齐鸣24响，再一次向乌克兰第1方面军致敬。

　　马利诺夫斯基指挥的乌克兰第3方面军继续进攻，夺取了敖德萨接近地上的重要据点拉兹德尔纳亚，切断了德军敖德萨集团退向罗马尼亚的主要道路。科涅夫元帅的乌克兰第2方面军的部队，在雅西以北强渡了普鲁特河，占领了多罗霍伊和博托沙尼。

　　4月15日，朱可夫的部队乘胜前进，夺取了重要城镇塔尔诺波尔。当晚，莫斯科人再次听到了他们已经习以为常的向乌克兰第1方面军致敬的礼炮声。

　　在此次战役中，朱可夫再次显示了高超的指挥才能，并取得了重大的胜利。因为功绩卓越，他荣获最高统帅勋章胜利勋章，勋章的编号是第1号。

　　胜利勋章是苏联最高苏维埃主席团于1943年设立的。主要奖赏给"卓越地领导大规模的军事行动，并打败德国法西斯军队，取得辉煌胜利"的人。从设立这一勋章以来，能得到这一荣誉的只有出类拔萃的少数几个人。其中斯大林、朱可夫、华西列夫斯基三人曾两次荣获胜利勋章，戈沃罗夫、罗科索夫斯基、科涅夫、托尔布欣、铁木辛哥、马林诺夫斯基、麦列茨科夫和安东诺夫各获得一枚胜利勋章。

　　而朱可夫则是获得这一荣誉勋章的第一人。

>> "巴格拉季昂"之剑

　　4月22日，朱可夫奉命回最高统帅部，讨论1944年夏秋季战局。

　　朱可夫先来到总参谋部，给斯大林打了一个电话。斯大林的秘书波斯克列贝舍夫接了这个电话，并建议朱可夫休息一下。

　　波斯克列贝舍夫说："只要斯大林同志有空，我就给你打电话。"

　　对朱可夫来说，这个建议无疑是求之不得的，因为他现在的第一需要就是睡觉。

　　傍晚，朱可夫被叫到斯大林办公室。

　　斯大林向他问好后，微笑着问道："去过什韦尔尼克那里了吗？"

　　"没有去。"朱可夫答。

　　"应该去领胜利勋章。"

< 20世纪40年代的斯大林。

朱可夫谦虚地向斯大林表示了谢意。

"从哪儿开始?"斯大林问副总参谋长安东诺夫。

接着,围绕1944年夏秋季战局问题,安东诺夫、空军司令员诺维科夫上将、装甲坦克兵司令员费多连科元帅都作了汇报。

斯大林不慌不忙地掏出烟斗,点着烟,又深深地吸了一口,把烟全吐了出来。

"好,现在我们听朱可夫汇报。"他边说边走到地图前。

朱可夫也不紧不慢地打开自己的地图。这时,斯大林已经走到朱可夫的身旁,也在认真察看眼前这张小地图。

在发表自己的看法之前,朱可夫首先表示同意安东诺夫所作的分析和今后的计划,尔后提出了今后将可能遇到的困难。这时,斯大林打断了他的话说道:"6月份,盟军终于打算以大批兵力在法国登陆。我们的盟军也着急了!"接着又笑着说:"他们生怕我们独自打败了法西斯德国,他们没份参加。当然我们所关心的是德寇最终将在两个战场上的作战。这会使他们的处境更坏,德寇将无力挽回败局了。"

朱可夫在叙述对1944年夏季战局计划的看法时,请斯大林特别注意敌白俄罗斯集团。因为粉碎了这个集团,也就等于摧毁了德军在整个东部战略方向上的防御。

斯大林问安东诺夫:"总参谋部是怎么想的?"

安东诺夫回答:"我同意。"

这时斯大林又把秘书叫了进来,吩咐道:"接通华西列夫斯基的电话。"

几分钟之后,电话接通了。

★ "巴格拉季昂"战役计划

苏军总参谋部制定的白俄罗斯战役计划。同以往的每次战役一样，它的代号也是根据斯大林的建议而确定的。"巴格拉季昂"是一位俄罗斯著名将军和英雄的姓，他的全名叫彼得·伊万诺维奇·巴格拉季昂。1812年法国皇帝拿破仑一世远征俄国时，先是大败于莫斯科的熊熊大火，旋即在博罗季诺会战中受到重创，50万大军只剩了2万余人，仓皇逃出俄国，以致最后彻底败北于比利时南部的滑铁卢。巴格拉季昂即是博罗季诺会战中的著名英雄之一。

斯大林拿起话筒说："你好，朱可夫和安东诺夫都在这里。你能坐飞机来商谈夏季计划吗……你在那里忙些什么……那好吧，你就留在那儿，把你的意见给我送来。"

斯大林放下话筒，对朱可夫说："你和安东诺夫拟个夏季行动计划的初步方案再讨论一次。"两三天后，斯大林又把朱可夫和安东诺夫叫了过去，对计划进行了充分的讨论。

1944年4月末，最高统帅部定下进行整个夏季战役的最后决心，决定首先由列宁格勒方面军和波罗的海红旗舰队在卡累利阿地峡展开战役进攻，然后于6月下半月再在白俄罗斯展开更大的战役进攻。

在朱可夫的直接领导下，总参谋部制定了白俄罗斯战役计划。其核心思想是：对白俄罗斯突出部的敌人翼侧进行强大的向心突击，粉碎敌中央集团军群，并进而解放白俄罗斯。

斯大林亲自决定，将这次战役的代号定名为"巴格拉季昂"，这是用以纪念在1812年驱逐拿破仑大军出俄国的俄军统帅巴格拉季昂将军的。斯大林这样做，是在号召苏军将士像这位英雄一样骁勇善战。

"巴格拉季昂"战役计划★具有鲜明的特点，既简明扼要，又具有独创性，显示出以朱可夫为首的苏联将帅指挥作战的宏大气魄。

朱可夫陪同斯大林，分别与总参谋部及各方面军司令员讨论了详细的作战计划。

为保密起见，当时只有6个人了解白俄罗斯战役部署的详细情况。他们是：斯大林和他的第一副手朱可夫、总参谋长华西列夫斯基和他的第一副手安东诺夫将军、作战部长什捷缅科和他的副手。

按照"巴格拉季昂"计划，这次战役将持续40～50天，向前推进200～240里，主要消除维切布斯克－博勃鲁伊斯克－明斯克地域的突出部德军，保证苏军前出到莫洛杰奇诺、斯塔罗宾。计划预定用两个突击集团进攻守卫这个突出部的德军部队的两翼，A突击集团由波罗的海第1方面军和白俄罗斯第3方面军组成；B突击集团由白俄罗斯第1和第2方面军组成。2个突击集团的编制内共有77个步兵师、3个坦克军、1个摩托化军和骑兵军。

5月22日夜间到5月23日清晨，在最高统帅部召开的会议上，斯大林和各方面军代表到会，参加审查了这项计划。虽然对各方面军的具体任务作了更详细的规定或作了一些变动，但计划的总目标没有改变。

在明确了总的突击方向之后，最高统帅部还规定了各方面军的当前任务。

当面之敌是德军的中央集团军群，这是一个极其强大的军群。它的兵力达到120万人，装备了9,500门火炮和迫击炮，900辆坦克和强击炮，1,350架作战飞机，而它的防御纵深达250～270公里。另外，凭借有利的地理位置和坚固的防御条件，德军还可以与苏军展开殊死对抗。

朱可夫与华西列夫斯基非常仔细地研究了敌我双方的优点和弱点，预想了各种问题的处置方案。

就在苏最高统帅部加紧实施白俄罗斯战役的准备工作之时，德军统帅部却做出了错误的判断。他们预计苏军夏季首先攻击的地方是乌克兰，而不是白俄罗斯。德军统帅部认为，由于白俄罗斯的森林沼泽地形的条件限制，苏军不可能将配置在乌克兰的4个坦克集团转调到白俄罗斯，也不可能在白俄罗斯很好地利用这些坦克集团军。

苏军最高统帅部正是利用德军这种错误的判断，一方面特别谨慎小心地进行输送调动兵力；一方面抓紧时间，争取在极短的时间内，把部队所需的各类装备物资调整完毕。

在此期间，总参谋部向马克斯第三方面军司令员下达命令，要他在方面军右翼的后面集中八九个步兵师，并配置了坦克和炮兵，以加强其攻击力量。与此同时，他们采取了一些隐真示假的措施，在阵地上配置大批假坦克和假火炮，用以迷惑德军的飞机轰炸。此外，他们还严格控制战役中的通信，绝对禁止用电话和电报进行机密谈话；严格控制无线电通信，在距战区前沿大约60公里范围内，甚至连低功率的无线电台也不得使用。

苏军广泛实施作战方面的伪装活动，波罗的海第3方面军司令员也接到类似指令，要求他们在切列哈河以东采取伪装和迷惑敌人的措施。

当一切计划安排停当之后，斯大林又对各方面军的指挥员作了调整：朱可夫作为最高副统帅，众望所归地担负起协调白俄罗斯战役编制内三大方面军（白俄罗斯第1、第2方面军和乌克兰第1方面军）数百万人马的艰巨任务，同时将临时担任的乌克兰第1方面军司令员的职务交给了科涅夫元帅。华西列夫斯基则负责协调波罗的海第1方面军和白俄罗斯第3方面军的作战行动。

为了加强白俄罗斯战役的准备工作，苏军统帅部不仅配备了最为出色的指挥员，而且强化了整个战役指挥班子的人选，指派总参谋部作战部长什捷缅科带领一个作战组，到白俄罗斯第2方面军来协助朱可夫工作。

6月5日，朱可夫到达白俄罗斯第1方面军指挥所，会见了司令员罗科索夫斯基和军事委员布尔加宁，询问了前线的最新情况。由于最高统帅部特别重视白俄罗斯第1方面军即将实施的突击，因而把主要的兵力和武器装备调给了这个方面军。但是这个方面军的正面是很不容易通行的森林和泥泞的沼泽地带，会给苏军即将实施的进攻带来很大困难。

朱可夫很熟悉这些地方，战前他曾在这里工作过六年。至今他还记得在这块沼泽地里打猎的愉快情景，那里的野鸭子非常多，树林里还有数不清的飞禽走兽。可能正是因为这种特殊的地理环境，使德军料想不到苏军会选择这里展开突击。所以在这一地段，德军只部署了据点式的防御，并无绵密的防线。

在"巴格拉季昂"战役之前，朱可夫做了大量的准备工作，尤其是深入前线，充分掌握敌人与苏联的情况。作为一名统帅人物，在战前能深入第一线作实际的调查了解，和部队指挥员共同讨论和研究作战方案，这将产生非常积极的作用。

一天早晨，天刚亮时，朱可夫元帅和方面军司令员罗科索夫斯基一起，突然来到位于树林中的第65集团军观察所。在这里，朱可夫见到了集团军司令员巴托夫，并向他提出了一系列的问题。

"你最后一次去部队是在什么时候？"

"夜间。"巴托夫答道。

"去哪里？"朱可夫又问道。

"伊万诺夫的军队和第69步兵师的地域。"

"请在图上指给我看。"

"在这一沼泽地域。"巴托夫用手指着地图上的一块地方。

"能不能乘车通过？"

"这里是一片开阔地，敌人不时地扫射。"

"我们现在就去吧！"朱可夫兴奋地说道。

显然，白天在敌人扫射下乘车前往这一地域，是非常危险的。但是，朱可夫一旦决定要做的事情，通常是很难改变的。

< 苏军第65集团军司令员巴托夫（右）向朱可夫汇报备战情况。

巴托夫提出了他的建议："如果决定去，元帅同志，那么人数要限制到最少。各辆车的行驶间隔应为2～3分钟。"

于是，朱可夫一行从树林的边缘开始步行，很快就走进了交通壕。朱可夫和罗科索夫斯基都穿着黑色皮面短大衣。其实，这种衣服并不适合在前沿穿。这时，除了偶尔听到几声机枪声，周围的环境显得很安静。

来到第一道堑壕后，朱可夫用望远镜观察对面的情况，判断德军防御地形和纵深。朱可夫特别重视眼前的这块沼泽地，而德军却对此没有给予足够的重视。为使坦克能在泥泞的水洼地中通过，苏军战士预先铺设了束柴路，并且进行了伪装。朱可夫认真检查了坦克如何驶过这些地段，不仅严格地检查了火炮和坦克通过沼泽地的方法，而且还注意到束柴路的强度计算是否精确，以确保一切顺利。

朱可夫领导的这些战前准备工作，都是在德军没有察觉的情况下进行的。这与他注重军事保密工作是分不开的。此间，朱可夫颁布了一系列规定，诸如：在军队集结地区，白天严禁部队人员在公路上运动，也禁止过多的指挥员去现地勘察；火力射击一般不许有任何变化，不许在敌区上空进行任何侦察飞行；隐蔽在森林中的部队，必须实行良好的伪装等等。

不管这个人的军衔有多高，一旦违背这些命令，就将受到严肃处罚。对此，朱可夫显得毫不留情，铁面无私。而正是依靠这一点，保证了军令的畅通。

一次，65集团军司令员巴托夫和空军集团军司令员鲁坚科，因为处理事务，在部队呆的时间比较长。等到他们回司令部时，天已经亮了。这时，巴托夫他们看到敌人的侦察机在空中跟踪。幸好，一切平安无事。

朱可夫得知这一情况时，非常严肃地与巴托夫将军和集团军军事委员会委员拉捷茨基将军进行了一番谈话，主要内容是关于部队严格伪装的问题。他认为，正是由于部队不好好伪装，导致敌人的侦察机在头上飞，暴露了自己的战役企图。朱可夫提出要立即整顿纪律，给犯错误的人以严厉的处分。

随后，在朱可夫的指导下，部队采取了补充措施，迅速解决了军队和装备的隐蔽集结的问题。

到6月22日，苏军攻势的准备业已完成。即将发起进攻之前，一些先遣营进行了威力侦察，以便获得关于德军防御状况的最后情报。由于这一行动在某些地段获得成功，使红军一些部队的战术地位也得到改善，而且在许多地段上，这种侦察性的试探进攻发展成为总攻。

6月23日，波罗的海第1方面军、白俄罗斯第3方面军和白俄罗斯第2方面军同时发起了总攻。

∧ 苏军向德军发起总攻。

经过炮火和航空火力准备之后，白俄罗斯第3方面军的第5集团军和第39集团军首战告捷，它们在一条48公里宽的正面上突破德军防御，突破纵深约达10公里。在奥尔沙地段，攻势进展稍慢，近卫第11集团军遭到猛烈抵抗，一天之内只前进了1~3公里。第31集团军的进攻未能奏效。沿明斯克公路进攻的苏军部队进展也很缓慢，主要原因是炮火和空中轰炸未能压制住德军在这一地区非常强固的防御，也未能充分查明德军的火力配系。此外，苏军炮兵部队没有很好执行伪装纪律，以致被敌人发现，未能像它们原来希望的那样对敌军发动突然袭击。

尽管如此，白俄罗斯第3方面军的部队经过3天战斗，粉碎了南德维纳河和第聂伯河之间一条长约20公里的狭长地带的敌军防御，向前推进了30～50里，并于6月27日晨攻占了维切布斯克和奥尔沙。

白俄罗斯第1方面军于6月24日开始进攻，然而由于气候不好和侦察不充分，一些部队的进展在开始阶段显得迟缓，而南部突击集团则进展比较顺利。当步兵部队在防线上打开突破口时，坦克部队趁机进入。其中，博勃鲁伊斯克地域的战斗尤为激烈。德国人极力避免在该地域被合围，而苏军则向这一地区倾泻了大量的炮弹和炸弹，以便把德军合围起来。双方展开了殊死的较量，厮杀到了空前惨烈的程度。

朱可夫来到了白俄罗斯第1方面军编制内的戈尔巴托夫的第3集团军指挥所。在离前沿数百米的地方，瞭望台隐蔽在茂密的树冠之中。午夜时分，在朱可夫的头上响起了低沉的轰鸣声，数百架苏军远程航空兵的飞机飞临上空。飞机根据配置在前沿掩体内射向东方的汽车前灯的光线判定方位，尔后投下炸弹。

> 苏军大炮向德军阵地猛烈轰击。 ∧ 苏军部队向德军阵地发起攻击。

当一阵阵爆炸声传来时，强烈的气浪使得树林和大地都震动起来了。朱可夫不由得开始担心起来，生怕飞机扔下的炸弹误伤到自己人。部下检查后，向他报告道，一切都在按计划进行。

对敌前沿的空袭持续了近一小时后，终于停了下来。这时，天开始下雨了，机组人员看不见识别信号，也看不见轰炸目标。朱可夫果断下达命令，按照规定的时间，炮火准备在拂晓开始。

当东方的地平线与天际间泛出鱼肚白时，苏军的数千门火炮发出了轰鸣，向德军阵地展开猛烈攻击。在突破地段上，平均每公里就有200多门火炮。

∧ 朱可夫在明斯克视察，其身后为罗科索夫斯基。

朱可夫对覆盖德军阵地的密集炸点认真观察了几分钟，然后对身边站着的将军说道："走，睡一会儿去。这部音乐还要奏好一阵呢！"作为一个富有经验的军事指挥员，他胸有成竹，因为一切都在按照自己的计划进行。

2个多小时的炮火准备快结束时，强击机和"喀秋莎"对敌人进行了攻击。随后，步兵一跃而起，跟随双层弹幕射击，发起了纵深为1.5～2公里的冲击。在进攻的散兵线中，德军的炮弹腾起阵阵烟柱，未被压制的机枪发射点开始射击。苏军的冲击受挫，士兵们只好卧倒在地，等待时机，再组织冲击。

此时，朱可夫并没有因此而着急：他没有去打扰集团军司令员戈尔巴托夫，而是一个人在集团军观察所附近的小树林里散步，偶尔听取前线的战斗情况和白俄罗斯第二方面军的战况报告。

整个白天和夜间，甚至第二天，朱可夫始终显得异常沉着镇定，没有表现出丝毫的惊慌失措。朱可夫的沉着镇定，也极大地激励了广大苏军官兵更加奋勇作战。

经过5天战斗，白俄罗斯第1方面军的部队在一段200公里的正面上突破德军防线，向纵深推进了108公里。

白俄罗斯第二方面军的部队于6月23日投入战斗，到6月26日，先头部队强渡了第聂伯河，在莫吉廖夫以北的河右岸占领了若干个登陆场。3天以后，苏军部队解放了莫吉廖夫，进抵到普鲁特河和第聂伯河汇合处。

这时，德军从南德维纳河到普里皮亚特河开始全线撤退。苏军最高统帅部向四个方面军发出新的指令，要它们挺进到明斯克，解放该城，并歼灭正在逼近的敌预备队，从而使德军不能稳固其阵地。

到1944年6月26日，苏军已经在其各个方面军集结了庞大的阵容，共有部队166个师和9个步兵旅，得到3.1万门大口径火炮和迫击炮、5,200辆坦克和自行火炮以及6,000架飞机的支援。

与德军相比，苏军在步兵师和骑兵师的数量方面的优势为3∶1，而火炮和迫击炮的优势几乎也是3∶1。使德国人更加倒霉的是，苏军在坦克和自行火炮方面拥有4倍的优势，而作战飞机的优势比这还要稍大一些。白俄罗斯第1和第3方面军拥有4个方面军的总兵力的2/3，拥有全部坦克和自行火炮、飞机数目的3/4。

白俄罗斯的3个方面军向明斯克实施向心突击，7月3日，该地域的德军被全部肃清，苏军解放了白俄罗斯首都明斯克，并把从东南方向溃退下来的10万德军包围在明斯克以东地区。

苏军攻势凌厉，仅仅用6天时间，就击毙德军10万多人，俘虏3万多人。在以后的日子里，苏军开始有计划地歼灭明斯克以东的德军各集团。莫斯科为白俄罗斯3个方面军隆重地鸣放了祝捷礼炮。

怀着胜利者的喜悦，朱可夫重归明斯克城。遥想当年，他曾在这里担任红军团长和旅长长达 7 年时间。所以，他对这里的每一条街道、每一座重要的建筑物、每一座桥梁、每一个公园和电影院，感觉都非常熟悉。

但是，明斯克，这座当年美丽繁华的大城市，今天已经面目全非了！战争使一切都成了废墟，住宅区变成了一堆堆瓦砾，从死亡线上挣扎出来的居民们极度虚弱和贫穷，他们的脸上充满了悲哀和恐慌的神情。朱可夫看到这些，心里有一种说不出的难过。

由于苏军在西部方向上已经打开了缺口，苏最高统帅部于 7 月 4 日命令各方面军继续进攻，给各方面军分别下达的任务是：

——波罗的海第 1 方面军向希奥利艾总方向进攻，其右翼向陶格夫匹尔斯进攻，左翼向考纳斯进攻；

——白俄罗斯第 3 方面军向维尔纽斯进攻，并以部分兵力向利达进攻；

——白俄罗斯第 2 方面军向新格鲁多克、格罗德诺、比亚韦斯托克进攻；

——白俄罗斯第 1 方面军向巴拉诺维奇、布列斯特进攻，并在西布格河上夺取登陆场。

至 7 月 7 日为止，被围在明斯克附近的德军主力已被肃清，苏军从明斯克一线向西推进了很远，并在维尔纽斯－巴拉诺维奇－明斯克地区继续对敌作战。这时，斯大林给朱可夫打来电话，命令他立即返回最高统帅部。

7 月 8 日早晨，朱可夫飞回莫斯科，心想，在与斯大林见面时最好先了解清楚整个战局的情况。于是，朱可夫先来到总参谋部，见到了安东诺夫，并与他进行了交谈。下午，两人一同前往斯大林的别墅。

斯大林情绪很好，先给他们说了一段笑话。正在谈话间，华西列夫斯基又从前线报告了胜利消息，斯大林更加高兴起来了。

"我还没吃早饭。"他说，"我们到饭厅去，到那里再谈。"

朱可夫和安东诺夫虽然已吃过早饭，但是他们当然不会拒绝他的邀请。

餐桌旁，他们的话题没有离开苏德战争形势。他们说到德国在两条战线上作战的能力，谈到苏军在战争后期的作用，以及战争结束时，以何种政治军事局面而告终。对所有这些问题，斯大林已经深思熟虑过了。他简明扼要地谈了自己的想法，认为苏联虽然有足够的力量能够独自打败德国，但仍然企盼盟国能尽快在欧洲开辟第二战场★，因为这将加速战争的结束，而这正是已被战争和贫困拖得筋疲力尽的苏联人民迫切需要的。

谈话间，莫洛托夫和国防委员会的其他成员也来了。大家在谈到德国继续作战的能力时一致认为，德军的力量已经枯竭，苏军的力量正随着乌克兰、白俄罗斯、立陶宛等大片国土的解放而得到极大加强。

斯大林凭着战略家和政治家的洞察力，有着比别人更深刻的认识："就像发狂的赌徒孤注一掷一般，他们的全部希望寄托在英国人和美国人身上。"

听了斯大林的一番议论，在座的人无不点头称是。坐在斯大林旁边的莫洛托夫又补充说："看起来，希特勒会不惜任何代价，企图与美、英政府单独达成协议。"

"是这样，"斯大林说，"但是罗斯福和丘吉尔是不会同希特勒做交易的。因为希特勒分子已经十分孤立，完全失去了人民的信任支持，美、英政府不会在这种形势下与他们相勾结的。"斯大林作了十分肯定的判断后，接着又说："美、英政府为了保障在德国的利益，他们会尽可能在德国建立一个顺从他们的政府。"

稍稍停了一会儿，斯大林问朱可夫："我军是否能够开始解放波兰的作战，并且不停顿地一直攻到维斯瓦河？波兰第1集团军已具备一切必要的战斗力，把它放在哪个地段上作战好？"

"我军能够攻到维斯瓦河，"朱可夫很有把握地说，"而且还应在维斯瓦河上夺取良好的登陆场，保障今后在柏林战略方向上实施战役进攻。至于波兰第1集团军，应当让他进攻华沙。"

安东诺夫表示完全支持朱可夫的意见，同时还报告说："德军统帅部抽调了大批部队，来堵塞我西部各方面军打开的缺口。这样，在我乌克兰第1方面军地段上的德军兵力就大为减弱。"

根据苏军的战役计划，此时乌克兰第1方面军和白俄罗斯第1方面军左翼正准备转入进攻。

"现在乌克兰第1方面军的行动也要由你来负责协调。"

斯大林对朱可夫说："你要把主要精力放在白俄罗斯第1方面军左翼和乌克兰第1方面军。总的计划和乌克兰第1方面军的任务你都知道。最高统帅部的计划未作修改，计划的细节你可向总参谋部了解。"

朱可夫点点头，表示接受任务，同时又建议要大力加强华西列夫斯基负责协调的各个方面军以及白俄罗斯第2方面军，并且要求他们截断德军北方集团军群和攻占东普鲁士。

听了朱可夫的意见，斯大林感到很奇怪。

"你怎么啦？你同华西列夫斯基已经商量过了吧?"斯大林问，"他也要求对他进行加强。"

★第二战场

指的是第二次世界大战后期英国、美国军队在西欧所开辟的反法西斯德国的战场。苏德战争爆发后不久，斯大林即代表苏联政府于1941年7月向英国政府正式提出了在欧洲大陆开辟第二战场的问题。此后，苏联同英国和美国展开了一系列的外交活动，就开辟第二战场的时间、地点等一系列具体问题进行磋商。经过长时间的准备，英美盟军于1944年6月6日在法国诺曼底登陆，正式开辟了反法西斯第二战场。

∧ ＞ 苏军与波兰军队士兵在解放波兰的战斗中。

"没有，我们没有商量过。"朱可夫说，"但是如果他也这样想的话，那他的想法是正确的。"

斯大林对朱可夫的意见，没有作正面的表态，只是说："德国人会为东普鲁士而斗到底。我们可能会陷在那里。首先应该解放利沃夫州和波兰东部。"

1944年7月下旬，由于苏军波罗的海第2和第3方面军转入进攻，同时，同盟国远征军在西线战场正对德军构成越来越大的压力，整个战场局势对德军来说愈趋严重。

7月下旬，苏军的主要任务是彻底解放白俄罗斯，把德军逐出立陶宛和波兰。白俄罗斯第1方面军右翼负责向巴拉诺绍契和布列斯特实施主要突击，前出到南布格河，并在河的西岸建立登陆场；白俄罗斯第2方面军负责向诺沃格鲁多克推进，前出到涅瓦河，然后继续向比亚韦斯托克进攻；白俄罗斯第3方面军的任务是向维尔纽斯和利达进攻，并在涅瓦河西岸夺取登陆场；波罗的海第一方面军则向考纳斯实施主要突击。

这些任务绝大部分都在7月下旬完成了。其间，朱可夫具体组织了攻打布列斯特的战斗。在那里，苏军投入了1个坦克集团军和9个诸兵种合成集团军，其中包括波兰第1集团军。在战役的此一阶段，朱可夫与波兰军队的领导人之间已经建立起互相尊重和敬佩的感情。

7月20日，苏军向德军展开了强大的攻势。白俄罗斯第1方面军在宽大的正面上前出到布格河，然后一鼓作气，在3个地点渡过该河，进入波兰东部领土，开始了解放波兰的行动。

7月22日，朱可夫与乌克兰第1方面军司令员科涅夫元帅进行了一番长谈。双方一致认为，只要苏军坦克第3集团军攻占通往桑河的后方道路，从而造成切断德军退路的有利态势，那么德军肯定无疑要放弃利沃夫。对苏军来说，这一十分难得的战场良机自然是不能错过的。

然而第二天一早，科涅夫突然给朱可夫打来电话："刚才最高统帅打电话给我，他说，你

和朱可夫怎么想到先打桑多梅日？应该首先夺取利沃夫，然后再考虑桑多梅日。"

"那么科涅夫同志，你是怎样回答的呢？"朱可夫急切地问，"若对其实施夹击，利沃夫很快就会被我攻占。"

朱可夫与科涅夫商量，部队仍按原计划行动，再向斯大林作解释。

当斯大林听完朱可夫的报告后，问道："根据你们计算，什么时候可以攻下利沃夫？"

朱可夫回答："我想，最迟再过两三天。"

斯大林又说："赫鲁晓夫打电话来说，他不同意给坦克集团军下达的任务。他认为这将会耽误事情。你和科涅夫是企图先夺取维斯瓦河，其实这条河是跑不掉的。你们要赶快攻占利沃夫。"

在斯大林的强硬要求下，朱可夫觉得没有再作解释的必要了。他只好保证在部队前进到维斯瓦河之前，先攻克利沃夫。

7月23日，苏军在行进间攻克卢布林，24日进抵到维斯瓦河。

德军统帅部意识到了苏军在维斯瓦河占领登陆场的重大意义，于是投入了大量精锐部队，用来对付朱可夫的部队。在几天里，双方为争夺登陆场展开了浴血奋战，但最终还是苏军得手。乌克兰第一方面军向俄罗斯拉瓦方向顺利推进，并攻占桑河后方，迂回利沃夫城，迫使德军在后路被切断的威胁下，狼狈撤离利沃夫。

苏军于7月27日占领了利沃夫。随后，乌克兰第1方面军强渡维斯瓦河，并且在桑多梅日登陆场上牢牢地站住了脚跟。

苏军继续推进，于同一天对德军布列斯特集团形成包围。7月28日，白俄罗斯第一方面军在粉碎了布列斯特德军集群后，收复了布列斯特——这座在1941年6月经受战争首次打击的要塞城市。

布列斯特的收复，标志着德军在西方方向上已经被赶出苏联领土。莫斯科为此再次向白俄罗斯第一方面军鸣炮祝贺。

在随后的几天里，虽然战争进行得十分紧张疲劳，朱可夫还是收到许多战友们的祝贺，心里自然感到十分高兴。但是，更使朱可夫感到鼓舞的，还是苏军在维斯瓦河西岸已经巩固下来了，并且为完成解放波兰和进攻德国作好了准备。

这样，经过两个月的战场较量，"巴格拉季昂"战役（即白俄罗斯战役）取得了辉煌的战果。苏军粉碎了德军中央集团军群和北乌克兰集团军群，在维斯瓦河上夺得3个巨大的登陆场，并使部队前出到华沙附近。苏军解放了全部白俄罗斯和乌克兰的国土，向西推进了600公里，德军从西德维纳河直到黑海的2,200公里的正面防线被突破。

在此期间，白俄罗斯第1、第2、第3方面军和波罗的海第一方面军共击溃德军70个师，其中全歼德军30个师。乌克兰第1方面军击溃德军30多个师，全歼德军8个师。乌克兰第2、第2方面军解放了摩尔达维亚，为迫使罗马尼亚和匈牙利退出战争创造了条件。

∧ 朱可夫等视察布列斯特要塞。

05

> 由菲律宾败退澳大利亚的麦克阿瑟。

日本偷袭珍珠港

随着日本侵占中国及向南方推进，日美矛盾日益尖锐。1941年3月起举行的日美外交谈判也未取得进展。日本决定对美国发动战争，并选择珍珠港作为首先打击的目标。1941年12月7日晨7时55分，日机开始向珍珠港投弹，当即炸毁美国的大量舰只和飞机。8时54分，日机对珍珠港进行了第二轮的轰炸，而后日机返航。日本偷袭珍珠港标志着太平洋战争的爆发。

美国对日宣战

1941年12月7日太平洋战争爆发后，美国总统罗斯福于12月8日在美国国会发表了一篇重要演说，题目是《要求国会对日本宣战》。罗斯福在演说中指出，1941年12月7日"将成为美国的国耻日"。日本对珍珠港的偷袭，以及对亚太地区的大规模进攻已经对美国的存亡安危构成了严重的威胁，美国将设法保证自己的安全，确保不再受到这种背信弃义行为的伤害。在演说末尾，罗斯福要求美国国会正式对日本宣战。

麦克阿瑟调任澳大利亚

1942年1月10日，日本第14军向巴丹半岛发动猛攻，美日双方在巴丹半岛展开了激烈的攻防战役。3月12日，由于意识到菲律宾将难免被日军占领，罗斯福总统命令正在为保卫同盟国领土而在巴丹半岛指挥战斗的麦克阿瑟撤离菲律宾。随后，麦克阿瑟将军被调任澳大利亚，并在那里就任太平洋地区盟军司令。在撤离巴丹半岛时，麦克阿瑟向菲律宾人承诺说："我还会回来的"。

retrieval

艾森豪威尔就任欧洲战区司令

1942年6月25日，艾森豪威尔就任驻欧洲战区美军总司令。该战区司令部设在伦敦。这个指挥机构的设立，意味着美国已经决定开辟第二战场，尽管当时盟军在利比亚和埃及遭受了挫折。艾森豪威尔称，该司令部的设立，是美英两国合作关系发展的"必然产物"。

盟军在北非登陆

1942年11月11日，盟军在艾森豪威尔的指挥下，成功地在法属北非登陆，控制了这一地区。罗斯福总统高兴地说，美国在北非的胜利，成功地阻止了德国和意大利向那里派遣更多的军队。他还说，苏联将会因开辟第二战场得到援助。在伦敦，丘吉尔在宣布英国在北非取得的胜利的时候，他说："由于它的本身的意义，在埃及的战斗，必须被认为是历史上的胜利！"

∧ 美军五星上将艾森豪威尔。

卡萨布兰卡会议

1942年底，盟军在法属北非登陆，控制了这一地区。为进一步协调盟军今后的进攻方针，英美首脑丘吉尔和罗斯福及两国军事参谋人员于1943年1月14日至23日在法属北非的卡萨布兰卡举行会议。经过反复协商讨论，于1月23日通过了题为"1943年作战方针"的最后报告。其主要内容包括全力击败德国潜艇战，在战胜德国后，立即对日本发动全面进攻等。

共产国际解散

为加强反法西斯统一战线,便于各国共产党独立自主地结合本国情况开展革命运动,1943年5月15日,共产国际执委会主席团制定《关于解散共产国际的提议书》,交共产国际所属各国共产党支部讨论。6月9日,季米特洛夫代表共产国际执行委员会主席团在该提议书上签字,6月10日,共产国际正式宣告解散。共产国际成立于1919年3月,是继"第二国际"之后,领导共产主义运动的国际性组织。

> 罗斯福、丘吉尔与加拿大总理麦肯齐·金在第一次魁北克会议期间。

墨索里尼下台

西西里战役使意大利的溃败已成定局,意大利处于山穷水尽的境地,法西斯政权摇摇欲坠。意大利国内的几股军事和政治势力都企图动手推翻墨索里尼。1943年7月24日,意大利法西斯大议会举行会议,要求国王收回墨索里尼的军队指挥权。7月25日,国王下令解除墨索里尼的一切职务,并将其逮捕。至此,统治意大利长达21年的墨索里尼法西斯政权终于垮台,这使得盟国获得了道义上和政治上的巨大胜利。

第一次魁北克会议

1943年夏季,英美在意大利战场上的作战行动进展顺利,同年7月25日墨索里尼政权垮台,意大利政局动荡。英美两国首脑认为有必要再次举行会晤,以研究地中海地区作战方针和加速准备"霸王"战役,并就欧洲战场与太平洋和印度洋战场的关系问题尽快达成协议。1943年8月14日至24日,会议以"四分仪"为代号在加拿大魁北克举行。与会者除丘吉尔和罗斯福外,还有英美两国的高级军政人员。会议达成了多项协议。

诺曼底登陆

为了彻底消灭德国法西斯,履行在国际会议中开辟第二战场的诺言,确立自己国家在战后世界和欧洲的地位及发挥应有的作用,英美两国政府决定于1944年实施在法国登陆的"霸王"战役。1944年6月6日,盟军2,395架运输机和847架滑翔机,载着3个伞兵师,在法国境内实施空降。至清晨6时半,盟军先后在法国诺曼底的五个滩头登陆。1944年8月25日,盟军中的法国第2装甲师率先进入巴黎。至此,诺曼底登陆战役胜利结束。

> 在诺曼底登陆的盟军舰船。

08 retrieval

法西斯魔头的最后会晤

1944年7月20日,德国最高领导人希特勒与"意大利社会共和国"领导人墨索里尼在德国希特勒大本营"狼穴"举行会晤,这是希特勒和墨索里尼的最后一次会晤。双方讨论了欧洲战局和德意政局,但未就具体问题达成实质性的协议。会晤结束后,希特勒带领墨索里尼观看了仍在冒烟的会议室残迹。数小时之前,在此发生了一次暗杀希特勒的行动,在该暗杀行动中,希特勒险些丧命。

第九章
迅雷之势的挺进

1896-1974 朱可夫

当朱可夫的部队突然奇迹般地出现在距柏林仅70公里处的时候，大大出乎了德国人的意料。在苏军先遣队进入基尼茨时，德军士兵还在马路上悠闲地散步，而德国军官则坐在饭店里大吃大喝，从基尼茨到柏林的火车仍按部就班地运行……

>> 抢渡维斯瓦河

1944年8月23日，朱可夫奉命飞往乌克兰第3方面军，帮助方面军司令部拟制苏军进入保加利亚作战的计划，并指导该方面军完成对保加利亚作战的准备。方面军由苏联元帅托尔布欣指挥，共有25.8万人。

此时，保加利亚仍由亲法西斯的巴格梁诺夫政府统治，听命于希特勒。但由于以季米特洛夫为首的保加利亚共产党的工作，苏军的进攻行动几乎未遇任何重大抵抗，很顺利地进入了保加利亚。一路上，苏军受到当地军民的热烈欢迎和慰问。

朱可夫立即打电话给统帅部，把进展情况作了详细报告。斯大林听完汇报后，对他说道："保加利亚军队的全部武器留给他们。叫他们做自己该做的事情，等候自己政府的命令。"

保加利亚国内爆发了武装起义，并最终获得胜利。新成立的保加利亚政府与苏军签订了停战协定，同时断绝了同德国的关系。之后，意大利、芬兰和罗马尼亚相继退出战争。

8月29日，斯大林命令所有4个方面军在耶尔加瓦到尤塞夫沃一线占领防御阵地。朱可夫指挥的白俄罗斯第1和第2方面军则获准在9月份进行有限的攻势作战，以便在纳雷夫河上建立登陆场，解放普拉加，然后再建立防御阵地。

9月初，斯大林开始对乌克兰方面军可能采取的作战方针表示关注。由于驻方面军的最高统帅部代表铁木辛哥病了，斯大林非常着急，急于了解该地段的确切情况。朱可夫刚从前线回来，斯大林就向他布置任务，前往白俄罗斯第1方面军去查明波兰前线的情况，并采取相应的应对措施。

此前，朱可夫和罗科索夫斯基提出，苏军从南面和北面包围并解放华沙，同时波军第1集团军必须进入华沙。该计划被统帅部批准，付诸实施。9月14日，经过激烈战斗，苏军占领了华沙郊区维斯瓦河东岸的普拉加。

9月15日，朱可夫飞到白俄罗斯第1方面军。翌日晨，朱可夫和罗科索夫斯基一起来到位于普拉加热莱纳区的波兰第1集团军司令部。这时波兰司令员已开始派遣步兵部队，渡过维拉瓦河去援助起义者。当晚，波军一个团渡过维斯瓦河，向华沙前进。

朱可夫一行同波兰司令员讨论了当前局势。为保证部队顺利渡过维斯瓦河，什捷缅科表示尽一切努力。几天以后，斯大林命令总参谋部同

< 时任白俄罗斯第一方面军司令员的罗科索夫斯基。

∨ 在波兰华沙附近作战的苏军。

朱可夫和罗科索夫斯基商量怎样援助华沙。9月20日，朱可夫和罗科索夫斯基向总参谋部提出建议，并得到斯大林的同意，波兰第1集团军奉命在维斯瓦河东岸转入防御。

9月底，白俄罗斯第1方面军遵照斯大林的命令，朝柏林和华沙之间的平原地带实施进攻。但是，面对德军强大的防御，苏军遭受了重大伤亡，疲惫不堪。看到这种没有多大效果的进攻，朱可夫认为有必要加以纠正。他当即打电话给斯大林，请求停止白俄罗斯第一方面军的进攻战斗，让部队转入防御，确保他们得到充足的休息和补给。

斯大林不置可否，只是简单地说："你明天同罗科索夫斯基一道，乘飞机到最高统帅部来当面商谈。再见！"

第二天，朱可夫同白俄罗斯第1方面军司令员罗科索夫斯基赶到最高统帅部。

见面后，斯大林开门见山地说道："好，你们报告吧！"

把地图摊开后，朱可夫便开始作报告。可是，在报告的过程中，他发现斯大林的情绪显得焦躁不安。只见他在地图前走来走去，目光一会儿瞧着朱可夫，一会儿瞧着地图，一

会儿又瞧着罗科索夫斯基。更使朱可夫担心的是，斯大林把烟斗也扔到了一旁，这是很少见的事情。按照以往经验，这表明他开始变得不太冷静，或者是对某一件事情不太满意。

"朱可夫同志，"坐在斯大林旁边的莫洛托夫首先打断了朱可夫的话，"当精疲力竭的敌人已无法阻挡我军攻击的时候，你却建议停止进攻，难道你的建议合理吗？"

"敌人已经建立起防御并调来了必要的预备队，"朱可夫据理不让地反驳道，"敌人现在正顺利地击退我军的冲击，而我军却在遭受毫无意义的伤亡。"

斯大林走到罗科索夫斯基的跟前，问道："你支持朱可夫的意见吗？"

"是的，我认为在长期紧张战斗之后，应该给部队以休整的时间。"罗科索夫斯基不假思索地回答。

"我认为，敌人对休整时间将会比你们利用得更好，"斯大林说，"如果我们用航空兵支援，用坦克和炮兵加强的话，第47集团军能不能在莫德林和华沙之间前进到维斯瓦河呢？"

"很难说，斯大林同志。"罗科索夫斯基抢先回答说，"敌人同样可以加强这个方向。"

这时，斯大林又转问朱可夫："你是怎样想的呢？"

"我认为这种进攻除了伤亡外，不会给我们带来任何好处。"朱可夫还是重复自己的意见，"从战役观点来看，我们并不特别需要华沙西北地域。应该从西南迂回，同时向罗兹－波兹南总方向上实施强大的分割突击的方法，仍可用来攻取华沙。目前前线还没有采取这一行动的兵力，我们应该集中必要的兵力。同时柏林方向上的各友邻方面军也应作好共同行动的准备"。

"你们出去再思考一下你们的建议。"斯大林又一次打断了朱可夫的话。

朱可夫和罗科索夫斯基只好退到隔壁的书房。可是当他们刚刚推开地图，在座位上还没有坐稳时，斯大林又把朱可夫和罗科索夫斯基叫回办公室。

没等朱可夫讲话，斯大林抢先说道："我们商议了一下，决定同意我军转入防御。至于今后的计划，我们晚些时候再讨论。你们可以走了。"

看来，斯大林已经不再给他们说话的机会了。朱可夫只好一言不发地告辞走了。

第二天，斯大林在电话中问朱可夫："如果今后所有各方面军都由最高统帅部直接领导，你认为怎样？"

朱可夫马上领会了斯大林这番话的意思，即要取消负责协调各方面军行动的最高统帅部的代表，而这里面当然包括朱可夫本人。

"是的，方面军的数目减少了，"朱可夫平静地说，"整个战线的宽度也缩小了，领导各个方面军已经比较容易，现在完全可以由最高统帅部直接指挥各个方面军。"

"你不会是因为赌气才这样说的吧？"斯大林半认真半开玩笑地问。

"有什么可赌气的呢？我想，我和华西列夫斯基是不会失业的。"朱可夫也半开玩笑地说。

当天傍晚，斯大林告诉朱可夫："白俄罗斯第1方面军位于柏林方向，我想派你去这个

*齐格菲防线

即"西方壁垒"。第二次世界大战前，德国军队构筑的一条重要军事防线。1935 年开始修筑，1939 年竣工。防线沿德国西部边界北起荷兰南至瑞士，建造了一系列永备工事配系。防线全程 500 公里，纵深 35～100 公里，共约 16,000 个筑城工事。第二次世界大战期间，盟军从 1944 年 9 月到 1945 年 3 月曾多次突破由德军驻防的齐格菲防线。二战结束后，该防线的地面工事被拆除。

方向工作。"随后，他又补充说："你今后仍旧是我的副手。"

朱可夫坚决地回答："我准备指挥任何一个方面军。"

此时，苏军已将德军全部逐出了苏联国境，并把战场开始转移到了东欧国家和德国本土。与此同时，美、英、法军队在解放了法国、比利时和荷兰的大部分国土后，已经前出到荷兰的马斯河河口沿德国边界到瑞士一线，直抵齐格菲防线★。

法西斯德国受到来自东面、东南面、南面和西面的夹击，没有解脱包围的可能，正面临严重时刻。而希特勒希望联合美、英并得到支援的计划，也在这时彻底破灭了。

法西斯的垮台已经不再是遥不可及的梦！

与此相反，苏联的形势则向更好的方面转化。特别是武器装备的生产在成倍地增长，不仅能完全保证苏联武装力量所需，而且能以武器援助中欧和东欧各国的反法西斯斗争。1944 年底，苏军人数为 670 万人，有 106,700 门火炮和迫击炮、2,677 门火箭炮、11,800 辆坦克和自行火炮、14,700 多架飞机。

德军的力量虽然此时已不如苏军的强大，但是如果用于防御抵抗，也不可等闲视之。当时德国还有 940 万人的武装力量，其中作战军队有 540 万人。而在 540 万兵力中，有 370 万人、56,000 多门火炮和迫击炮、近 8,000 多辆坦克和强击炮、4,100 架作战飞机可用于东部战场对付苏军；同时，还应该看到，苏德战场的战线几乎缩短了一半，这可以使德军有条件增强自己的防御密度。总之，1944 年底的形势虽然对苏军有利，但是苏军若要完全战胜德国军队也不会轻而易举。

在全面分析了交战双方的实力与现状后，苏军最高统帅部决定于1945年初在各个战略方向上都实施强大的进攻战役，这些战役的主要任务是粉碎德军东普鲁士集团并攻占东普鲁士；粉碎波兰、捷克斯洛伐克、匈牙利和奥地利的敌军，苏军部队前出到维斯瓦河河口－布龙贝格－波兹南－布雷斯劳－俄斯特拉发－维也纳一线。

10月份，朱可夫着手研究部队向西进军的问题。这时，苏联对于希特勒会在西线放弃地盘以加强东线作战的担心有所减少，因为他们看到了西线德军防御的情形。盟军开始深入德国领土，夺取了亚琛，威胁着鲁尔区。虽然德军在西线集结了它的残余的装甲部队，投入一场伤亡惨重的反攻，几乎进抵到马斯河。但到年底时，盟军阻止了德军的这次进攻，再次迫使其后退。

10月3日，乌克兰第2方面军的部队越过南斯拉夫边界，开始解放边境附近的一些城镇。10月20日，苏军和南斯拉夫军队解放了贝尔格莱德，而乌克兰第2方面军正攻打匈牙利的德布勒森市。到12月底，乌克兰第2和第3方面军包围了布达佩斯，匈牙利临时政府向德国宣战。

苏军最高统帅部在制定向德国本土突击的计划中，决定将主要兵力集中于白俄罗斯第1方面军准备进攻的华沙－柏林方向。1944年11月7日，朱可夫到达莫斯科，参加庆祝布尔什维克革命27周年的活动。在庆祝活动中，斯大林宣布，将由朱可夫指挥的白俄罗斯第1方面军部队去攻占柏林。

朱可夫将要在这一重大军事活动中，扮演重要的历史角色。

11月15日，朱可夫前往卢布林，并于第二天被任命为白俄罗斯第1方面军司令员；同时，原司令员罗科索夫斯基被调任白俄罗斯第2方面军司令员。

朱可夫在战争期间充分体现出自己的独特作用，总是在最艰难的时刻被推到第一线，竭尽全力去排除苏军遇到的任何一个重大困难！

现在摆在朱可夫面前的主要任务是全线突破维斯瓦河，解放整个波兰领土，特别是攻占波兰首都华沙和工业重镇波兹南，以及布龙贝格地区，前出至柏林以东的最后一个大的天然屏障——奥得河。

1945年新年伊始，红军在东普鲁士、在布达佩斯城下、在捷克斯洛伐克和南斯拉夫的山区、在濒临华沙一片废墟的维斯瓦河沿岸，摆好了准备进攻的阵势。为完成维斯瓦河－奥得河战役中最大规模的一次攻势行动，苏军最高统帅部紧张而认真地做着各项准备工作。

维斯瓦河－奥得河战役预定由朱可夫的白俄罗斯第一方面军、科涅夫的方面军以及乌克兰第4方面军之一部，在罗科索夫斯基的方面军部分部队的支援下，在华沙－柏林总方向上实施。波兰第1集团军也将参加这次战役。

这次战役的政治目标，是要把波兰从德国人手中解放出来，并"帮助建立一个强大的独立的民主国家"。战略目标是消灭掩护着德国一些极为重要的中心城市的"A"集团军群，前

∧ 向南斯拉夫贝尔格莱德攻击的苏军。

∨ 向匈牙利布达佩斯攻击前进的苏军。

出到奥得河，并为最后进攻柏林创造条件。另外，这次战役还有一个意图，就是"把敌军部队从西欧战场吸引过来，以缓和美军和英军由于德国法西斯军队在阿登山区的攻势而陷入的困境。"

这次攻势的方针是：向波兹南和布雷斯劳方向，对德军实施两个强大的突击。把防御之敌分割成孤立的集团，然后分别歼灭。

苏军最高统帅部给朱可夫和科涅夫派去大量增援部队。白俄罗斯第1方面军和乌克兰第1方面军加在一起的兵力之大令人惊讶：163个师、3.2143万门火炮和迫击炮、6,460辆坦克和自行火炮、4,772架飞机和220万人。在即将发动的攻势中，苏军拥有大大超过德军的优势兵力兵器：兵力5.5：1、火炮和迫击炮7.8：1、坦克5.7：1、飞机17.6：1。在各方面军的进攻地域，部队的平均战役密度为每2公里正面有1个步兵师。火炮密度达到每公里正面有65门火炮和迫击炮，而坦克和自行火炮的数量平均每公里为12辆。

朱可夫和他的司令部人员拟定了进攻的详细计划，决定对纵深3公里的地域进行2个半小时的火炮弹幕射击，为白俄罗斯第五方面军部队实施突击做准备。工兵部队则要在布雷区扫清通道，并设置障碍物以阻滞敌军的反击。他们修筑了新的道路，修复了原有的道路，并在维斯瓦河上架起桥梁。在马格努舍夫登陆场和普瓦维登陆场，储存了大量给养、弹药和燃料，各个医疗队准备了治疗和后方伤员的设备。仅在朱可夫的方面军，就建立了共有6万余张床位的180所野战医院，在后方还另外准备了6.8万张床位，准备好了供输血用的血浆。在白俄罗斯第5方面军中，有3.25万人献血了，其中包括4,000多名波兰人。在政治军事方面，波兰政府和苏联政府的代表进行了磋商，决定把波兰第1集团军置于朱可夫的战役指挥之下。

1月12日，乌克兰第1方面军从维斯瓦河沿岸的阵地出击，苏军由此开始对德军发动强大的攻势。第二天，朱可夫下令对德军进行短暂的、但很猛烈的炮火集中射击，德军经受不住炮击，误认为是苏军主力发起冲击，于是开始从前沿阵地向纵深撤退。就在这时，朱可夫指挥全部火炮和飞机向德军猛烈射击、轰炸。接着，各集团军第一梯队向德军发起冲击。苏军的突破性进攻按计划展开，同时节约了几十万发炮弹。朱可夫心想，这些炮弹在以后的战役中将会派上大用场。

白俄罗斯第1方面军的部队从马格努舍夫登陆场和普瓦维登陆场同时发起突击。当日终，从马格努舍夫登陆场发起突击的部队强渡了皮利

< 德军炮击之后的华沙。

★华沙

波兰首都。1945年1月17日，波兰第1集团军和朱可夫的部队进入华沙，解放了德军占领下的华沙。1939年9月1日，德国法西斯突然袭击波兰，第二次世界大战全面爆发。9月17日，波兰政府逃往罗马尼亚，又转赴巴黎，后流亡伦敦。当德军围攻华沙时，华沙军民拒绝投降，英勇开展保卫战，直至弹尽粮绝。9月28日，华沙军民被迫停止抵抗，华沙沦陷。这一事件对国际局势的发展产生了深远的影响。

查河，楔入德军阵地约达12公里。从普瓦维登陆场实施的突击取得了更大的胜利：红军部队渡过了兹沃伦卡河（拉多姆和普瓦维之间维斯瓦河的一条支流），攻占了兹沃伦防御据点，与德军展开了争夺拉多姆的战斗。

朱可夫派遣近卫坦克第1集团军进入在第8近卫集团军地段打开的一个突破口。此后数天，白俄罗斯第1方面军赢得了引人注目的胜利：它占领了新米亚斯托，挺进到罗兹附近。1月16日，苏军攻占拉多姆。

在朱可夫的白俄罗斯第1方面军的攻击下，德军只得向后溃退。当德军感到后路即将被苏军迂回切断时，被迫从华沙撤离主力。

1945年1月17日，白俄罗斯第1方面军与乌克兰第1方面军前出到同一线上。同时波兰第1集团军和朱可夫的部队当日进入华沙，解放了残破不堪的华沙★。在安排进入华沙的时间和顺序时，朱可夫有意让波兰第1集团军首先进城，这一点无疑是明智之举。这足以说明，朱可夫不仅仅是一名驰骋疆场的元帅，同时也有一定的政治眼光。

朱可夫和其他方面军军事委员们巡视了波兰首都华沙。这已经是一个破烂不堪的城市，街区和建筑都被烧毁或破坏，公用设备不能使用，成千上万居民流离失所，市内一片死寂。

华沙失守，德军吃了败仗，希特勒又像过去一样，撤换了一批将领。"A"集团军群司令官哈尔佩上将、第9集团军司令官鲁特维茨将军都因此丢了职务。为了对付苏军强大的攻势，希特勒赶紧向东部战场调兵遣将，但是调来的部队还没有完全展开，就被苏军急剧的突击所

> 苏军在波兰华沙近郊与德军展开激战。
> 苏军攻进百孔千疮的华沙城。

击溃。由此看来，德军在波兰境内已经完全丧失了阻止苏军进攻的希望。

　　与此同时，在白俄罗斯第1方面军的右翼，白俄罗斯第2和第3方面军也同时对东普鲁士德军集团转入进攻。在白俄罗斯第1方面军左翼，由科涅夫元帅指挥的乌克兰第1方面军的进攻也很顺利。这个兵力和装备与白俄罗斯第1方面军一样强大的方面军，凭借自己的实力勇猛进攻，仅6天时间，就向前推进了150公里，造成了进一步向奥得河进攻的有利形势。

　　在指挥维斯瓦河－奥得河战役的过程中，朱可夫考虑到敌人将兵力平均地部署在整个战线上，因而决定实施三个突击：两个突击分别从位于马格努舍夫和普瓦维地区维斯瓦河西岸的登陆场实施，第3个突击则从华沙以北地区实施。战役的成败取决于能否迅速突破敌军战术防御地域，以及随后能否勇猛地向纵深扩大战果。

　　为了实现这次战役的一些决定性的目标，并加快实施的进程，朱可夫巧妙地使用了装甲部队和机械化部队。在维斯瓦河－奥得河战役开始时，白俄罗斯第1方面军的编制内有2个坦克集团军、2个独立坦克军和5个独立坦克旅。根据朱可夫的决定，2个坦克集团军作为迅速扩大进攻的基本力量，是在战役开始后的第2和第3天，也就是说，是在敌人防御被完全突破以后才投入战斗，以保存机动集团的力量用于敌方防御的战役纵深，为进行持久的、激烈的战斗提供保障。

　　在这次堪称典范的战役中，坦克军和独立坦克旅用作集团军的机动集群，而坦克则用于直接支援步兵部队。在突破敌人的战术区域后，增援步兵部队的坦克不再归步兵师师长指挥，而是集中起来专门组建成集团军机动分遣队以便追击敌人。这些分遣队起着坦克集团军和诸兵种合成集团军之间联络环节的作用。

由于在维斯瓦河－奥得河战役中正确使用了坦克部队，因而实现了一次异常高速的突击。在突破敌军防御以后，坦克集团军的突击进度在24小时内平均达到45公里，有时高达70公里，而在脱离诸兵种合成集团军以后，则达到62英里。

随着华沙的解放，维斯瓦河－奥得河战役的一个重要阶段就此结束。在4～6天内，朱可夫的白俄罗斯第1方面军和科涅夫的乌克兰第1方面军，在500公里宽的地段上，向德军防御纵深突破了100～160公里，到达索哈切夫－托马苗夫－马佐维茨基－琴斯托霍瓦一线。

>> 进入德国境内

鉴于已经为进一步发展进攻创造了特别有利的条件，最高统帅部于1月17日更明确地规定了以后几周的任务。乌克兰第1方面军部队继续向布雷斯劳推进，不迟于1月30日在雷希诺以南进抵奥得河，并在该河西岸建立登陆场。

与此同时，科涅夫的部队攻占克拉科夫，并在3天后强渡了奥得河，开始在河西岸建立登陆场。

在朱可夫的指挥下，白俄罗斯第1方面军愈战愈勇，一路势如破竹，连连获胜。1月18日，朱可夫指挥白俄罗斯第1方面军歼灭了被包围在华沙以西的德军部队，翌日迅速占领大工业城市罗兹，以致德军来不及进行任何破坏，甚至连已经装箱准备运往德国的贵重机床和其他设备也来不及运走。1月23日，苏军占领比得哥什。1月24日，部队到达波兹南附近，展开了夺取波兹南的战斗。

在1月22日和23日两天内，方面军前进了大约100～150里。在方面军右翼，近卫坦克第2集团军和近卫骑兵第2军进行迂回包围以后，构成波兹南市防线一部分的筑垒城市比得哥什被苏军占领。

1月25日中午，斯大林打电话给朱可夫。在听取了情况汇报后，斯大林询问朱可夫下一步有什么打算。

朱可夫回答：“德军军心涣散，目前已不能作有力的抵抗。我们决定继续进攻，使方面军部队前出到奥得河。进攻的主要方向是屈斯特林，我们将力求在该处夺取登陆场。方面军右翼将向北和西北方向展开，以对付德东波美拉尼亚集团。”

听完了朱可夫的计划，斯大林表示不赞成，认为一旦朱可夫的部队前出到奥得河，脱离白俄罗斯第2方面军的距离就会超过150公里。随后，斯大林说出了自己的想法：“目前，你们还不能这样做，应该等一下，等白俄罗斯第2方面军结束东普鲁士战役和兵力渡过维斯瓦河之后。”

"这需要多长时间?"朱可夫问。

"大约10天左右。"然后斯大林又补充说:"你要注意,乌克兰第1方面军目前无法继续推进,并从左面来保障你们,因为他们需要花一些时间来肃清奥珀伦-卡托维采地域的敌人。"

朱可夫不同意斯大林的意见,并发表了自己的看法:"我请求不要停止方面军的进攻,因为往后将更难攻打梅瑟里茨筑垒地域。"接着,朱可夫向斯大林请求道:"为了保障我方面军右翼,只要再加强1个集团军给我就够了。"

看来朱可夫的意见产生了效果,斯大林答应考虑一下再做决定。

朱可夫的意见是建立在对当时敌我军情分析基础之上的。虽然白俄罗斯第1方面军向前突进,具有一定的孤军深入、两翼缺乏防护的冒险性,但在苏军兵力比德军占据重大优势的情况下,以强有力的行动克服敌军抵抗,着眼于对前方最大障碍奥得河的突破,是一项深有远见的举措。

1月26日,近卫坦克第1集团军的侦察部队到达梅瑟里茨筑垒地域,并俘获一大批敌军。朱可夫从德军战俘口供中了解到,德军在梅瑟里茨筑垒地域的防御十分薄弱。德军部队刚刚调进来,许多地段还没有来得及占领。朱可夫抓住这个机会,当机立断,决定让方面军主力加速向奥得河推进,力求从行进间渡过奥得河,在河西岸建立登陆场。为了保护向奥得河挺进的方面军主力(近卫坦克第1、第2集团军、突击第5、近卫第8集团军、第33和第69集团军)不受东波美拉尼亚德军的攻击,朱可夫决定派遣第3突击集团军、波兰第1集团军、第47、第61集团军和近卫骑兵第2军向北和西北方向展开。

为了保证方面军主力顺利向前推进,朱可夫分出部分兵力对付翼侧的东波美拉尼亚和波兹南的德军。朱可夫留下近卫第8集团军和近卫坦克第1集团军的部分兵力,用来消灭波兹南的德国守军。苏军领导人当时以为波兹南的敌军部队不会超过两万人,而实际上却有6万多人,以致在这个城市

∧ 苏军坦克向前挺进。

∧ 苏军指挥员在奥得河侦察敌情。

251

的战斗一直拖到 2 月 23 日才结束。

经过进一步交换意见，斯大林还是同意了朱可夫继续进攻的计划。但是，他拒绝再给白俄罗斯第 1 方面军增补兵力。在此情况下，朱可夫要求白俄罗斯第 1 方面军注意以自己的力量，防御波美拉尼亚和波兹南这左右两翼的德军集团。

朱可夫的部队以迅雷不及掩耳之势，在行进间向梅瑟里茨筑垒地域发起毫不停顿的攻击，并将德军完全消灭，而自己只付出了非常微小的代价。当朱可夫的部队突然奇迹般地出现在距柏林仅 70 公里处的时候，大大出乎德国人的意料。在苏军先遣队突入基尼茨时，德军士兵还在马路上悠闲地散步，而德国军官则坐在饭店里大吃大喝；从基尼茨到柏林一线的火车仍按部就班地运行着，通信也在正常地运转，好像一切事情都没有发生一样。

神奇的攻占行动完全达成了战役目的，而且在战略上，苏军获得了一个攻克柏林的前进基地。2 个月后，苏军正是从这里发起了攻占柏林的战役。

∧ 被苏军俘获的德军官兵。

苏军攻占梅瑟里茨筑垒地域，扫清了突破德军奥得河防线的重大障碍，整个防线洞开在苏军的面前。朱可夫本想等待补给，6 天后再次发动进攻，突破奥得河攻击柏林。但是，清醒过来的德军，却在这时对朱可夫的两翼构成了严重的威胁。

德军不愧是训练有素的天生的战士，他们在短暂的惊慌之后，马上对眼前的形势作出了清醒的判断。德军统帅部部署在苏军右翼的东波美拉尼亚集群，集结了 40 多个师的兵力。德军统帅部打算将这些部队隐蔽在洛鲁琼兹地域，一俟朱可夫的部队向柏林进攻，就以迅雷不及掩耳之势，向朱可夫所部的后方实施深远突击，并越过瓦尔塔河和内策河平原，前出到屈斯特林。如果德军这一企图得以实现，朱可夫的白俄罗斯第 1 方面军将会处于十分被动不利的境地。

∧ 苏军用 152 毫米榴弹炮向德军阵地轰击。

　　为对付来自北面波美拉尼亚的紧迫威胁，朱可夫立即采取了迅速而坚决果断的措施，命令把第 3 突击集团军和波兰第 1 集团军调到他的右翼，同时命令近卫坦克第 1、第 2 集团军将其在奥得河的地段交给友邻部队，以急行军向北面的阿尔恩斯瓦尔德地域集结。此外，朱可夫还把得到加强的近卫骑兵第 7 军以及大量的炮兵、工程兵部队和物资调往该处。

　　1 月底、2 月初，在白俄罗斯第 1 方面军右翼和中央部位，双方展开了激烈的战斗。位于比得哥什以西的波美拉尼亚筑垒地域的德军，对苏军的进攻进行了特别顽固的抵抗，并在某些地区迫使他们后退。1 月 29日，波兰第 1 集团军投入战斗，2 天之后，第 3 突击集团军也被调来参战。

　　德军内部对朱可夫的进攻作出了不同的反应。2 月初，古德里安上将强烈要求希特勒推迟在匈牙利发动进攻的计划，并从巴尔干半岛各国、意大利、挪威，特别是从库尔兰调集兵力，突击已经在法兰克福和屈斯特林之间前出到奥得河的苏军先头部队。古德里安认为，苏军先头部队的两翼仍很薄弱，可以从南面的格沃古夫和古本一线和从北面的皮日利策－阿尔恩斯瓦尔德一线发动突击，以此将增强对柏林和德国内地的防御，并能赢得时间与同盟国进行停战谈判。

　　可是，希特勒拒绝了古德里安的这个建议，但古德里安仍坚持己见。他争辩道："我一再建议撤出库尔兰，并不是因为我顽固不化，你应该相信我。我看不出我们还有什么别的办法来积聚预备队，而没有预备队，我们就不能期望保卫首都。我向你保证，我完全是从德国的利益出发才这样做的。"

希特勒听了这一席话，气得身体直发抖。古德里安的话音刚落，他便跳起来大声吼叫道："你怎么敢这样跟我说话？难道你不认为我是在为德国而战吗？我的整个一生就是为德国长期奋斗的一生。"他继续严厉训斥古德里安，直到他的怒气平息下来，戈林★才把古德里安从房里领走。

　　2月10日，白俄罗斯第2方面军的部队向东波美拉尼亚的德军发起进攻，但未能完成所受领的任务。为了配合白俄罗斯第2方面军的行动，朱可夫指挥白俄罗斯第1方面军右翼也转入进攻，从而加快了苏军在东波美拉尼亚的推进速度。

　　2月13日，希特勒终于同意对苏军实施突击，但没有向古德里安提供他所需要的预备队。头一两天取得了一定的进展，但几天以后，德军的突击便停顿下来了，从此便再也没有恢复先前的势头。

　　2月24日，最高统帅部预备队的第19集团军到达后，白俄罗斯第2方面军重新发起进攻作战。3月1日，朱可夫的白俄罗斯第1方面军的部队也转入进攻，帮助白俄罗斯第2方面军的部队加快了前进速度。他们于3月5日前出到波罗的海沿岸，占领了基奥兹林，然后即转向东面，进攻格丁尼亚和格但斯克。朱可夫的近卫坦克第1集团军临时调给白俄罗斯第3方面军，以协助粉碎格丁尼亚地域的敌军。

　　到3月底，白俄罗斯第2和第1方面军结束了东波美拉尼亚战役，整个东波美拉尼亚都已掌握在苏军手中。

　　与此同时，乌克兰第1方面军在二三月份也胜利地完成了2个战役，并在3月底前出到

< 德国空军司令戈林与希特勒交谈。 ←

★戈林（1893~1946）
德国帝国元帅，第二次世界大战的主要战犯。经历了第一次世界大战。1923年，他参与希特勒在慕尼黑发动的"啤酒馆暴动"。希特勒于1933年1月上台执政后，作为希特勒最得力的助手，策划制造了德国近代史上骇人听闻的"国会纵火案"，建立了秘密警察组织"盖世太保"，1935年德国正式建立空军，他出任空军总司令。1939年被宣布为希特勒的继承人。德国战败投降后被盟军逮捕。1946年由纽伦堡国际军事法庭判处绞刑，行刑当天服毒自杀。

尼斯河，与早先到达奥得河的朱可夫部队并列成一线。

至此，维斯瓦河－奥得河战役——苏军历史上最著名的战役之一，宣告结束。这一进攻战役，几乎呈一边倒的形势。据苏联方面宣称，在23天的战役中，苏军消灭德军整编的"A"集团军群35个师。仅白俄罗斯第1方面军和乌克兰第1方面军就俘虏敌人14.7万多名官兵，摧毁和缴获1,377辆坦克和自行火炮、5,707门迫击炮和1,360架作战飞机。苏军在这一战役中，平均每昼夜向前推进25～30公里，而各坦克集团军则达到平均45公里的速度，最快时曾达到一昼夜推进70公里。这样的进攻速度，在苏联卫国战争中还是第一次。

在同一时间里，苏军乌克兰第2和第3方面军进行了维也纳战役，粉碎了德军"南方"集团军群的30多个师。4月中旬，苏军进入了奥地利，占领了维也纳，打开了向捷克斯洛伐克中心地域进军的道路。这样，德国完全失去了匈牙利和奥地利的石油产地和武器生产基地。

到4月底，苏军战略正面的几个方面军基本处于同一线上，这使苏军在柏林方向上占有一条宽大的作战面，并在两翼获得了可靠的保障，为下一步彻底粉碎德军柏林集团和突击柏林创造了有利的条件。

在西线战场上，美、英等盟军于2月和3月强渡莱茵河，迫使在鲁尔区的德集团军投降。

在东、西两个战场上，德军几乎遭到土崩瓦解般的惨败，使得希特勒已经没有力量继续作战。

德国法西斯的灭亡已经指日可待！

∨ 希特勒与时任德国陆军参谋长的古德里安（右一）等交谈。
∨ 强渡莱茵河的美军部队。

第十章
攻占柏林的荣耀

1896-1974 朱可夫

斯大林说道："一定要找到希特勒死亡的确切证据。告诉索科洛夫斯基，除了敦促他们无条件投降外，不要同克莱勃斯或者其他希特勒分子进行任何谈判！"

"是，斯大林同志！"朱可夫放下了电话听筒，现在唯一感到扫兴的事情，就是没有能够活捉希特勒……

256

>> 厉兵秣马大战前

维斯瓦河－奥得河战役接近尾声之时，围绕是否要不间断地向柏林发起进攻，进攻的结果将会如何，在苏军将领中引起了广泛而热烈的讨论，成为当时的一个主要议题。

在决定是否要一鼓作气攻占柏林的问题上，朱可夫感到十分为难，因为当时有两个不得不考虑的因素：

一是苏军在维斯瓦河－奥得河战役过程中遭受了重大伤亡。在该战役结束后，白俄罗斯第1方面军各步兵师人数平均只有5,500人左右，而近卫第8集团军各步兵师的人数则在3,800～4,800人之间。两个坦克集团军仅有坦克740辆，每个坦克旅平均仅有坦克40辆，其中的许多装甲旅甚至只有15～20辆坦克。乌克兰第1方面军也存在着类似的情况。由于装备和人员都受到很大削弱，势必影响对柏林实施进攻的能力。

二是部队的后勤保障存在一定问题。由于朱可夫的部队在20天的进攻时间里，不间断地向前推进了500多公里，在如此高速度前进的情况下，后勤保障很难跟得上，这样就使部队在物资器材、弹药和燃料方面感到紧张。后勤供应远远不能满足苏军对作战物资的急切需求。另外，航空兵也未能向前转移基地，以支援前线的战斗。

考虑到这些因素，朱可夫决定先不冒险去攻打柏林，并向斯大林作了详细报告："由于白俄罗斯第2方面军左翼脱离白俄罗斯第1方面军右翼过远，到1月31日为止，我方面军战线的宽度已达500公里。如果罗科索夫斯基的左翼仍继续停滞不前，敌人毫无疑问将对拉得过长的白俄罗斯第一方面军的右翼采取积极的行动。"

在报告中，朱可夫建议让罗科索夫斯基元帅立即组织部队向西进攻，以尽可能地靠近白俄罗斯第1方面军的右翼；同时责成科涅夫元帅指挥乌克兰第1方面军迅速前出到奥得河。届时，白俄罗斯第1方面军应预先前出到格列茨地域一带，方面军部队随后应迅速向柏林方向运动，集中主力从东北、北面和西北包围柏林。也就是说，3个方面军合力攻打柏林，胜利的把握将会更大，伤亡会更小。

当时负有特殊身份和特殊责任的朱可夫元帅认为，不论是乌克兰第1方面军还是白俄罗斯第1方面军，在1945年2月1日前都不能进行柏林战役。

对于朱可夫的建议，斯大林既没有立即答复，也没有给白俄罗斯第

1方面军什么具体支持。

苏联元帅科涅夫也向最高统帅部提出了自己的建议，保证粉碎敌布雷斯劳集团，并于2月25日至28日前出到易北河，并以方面军的右翼部队，协同朱可夫的白俄罗斯第1方面军攻占柏林。

为使科涅夫的计划与斯大林早些时候宣布的由白俄罗斯第一方面军攻克柏林的意见协调起来，总参谋部同意科涅夫的方面军突击柏林；但最高统帅部只让科涅夫的方面军负责解放柏林以南地域，而朱可夫的白俄罗斯第1方面军则在主攻方向上居于垄断地位，最高统帅部还建议在两个方面军之间划一条分界线。

朱可夫承认，这时德军在柏林的接近地上只有有限的兵力，但他一再表明，2月初敌人从东波美拉尼亚实施反突击的危险，开始对方面军翼侧和后方造成威胁。为了证明他的看法正确，朱可夫引用德国元帅威廉·凯特尔和参谋长古德里安的话说，德军确曾计划从波美拉尼亚向苏军发动突击。

2月初，在奥得河和维斯瓦河中间地带活动的德军，是第2和第11集团军，包括16个步兵师、4个坦克师、3个摩托化师、4个旅和8个战斗群。苏军的情报表明，敌军正向这个地域继续增加兵力。此外，德军指挥部可以将坦克第3集团军用于保卫柏林，也可用来加强东波美拉尼亚集团。朱可夫反问道："在北面存在如此严重威胁的情况下，苏军统帅部是否还能冒险用方面军主力继续对柏林实施进攻呢？"

显然，对于这样的冒险行动，朱可夫持反对态度。他认为，如果苏

> 苏联元帅科涅夫，时任白俄罗斯第一方面军司令员。

军无视这一危险，让两个坦克集团军和三四个诸兵种合成集团军直捣柏林，那么敌人倘若从北面实施突击，就会切断苏军掩护部队而前出到奥得河渡口，从而使整个方面军陷入危险境地。

朱可夫提醒道："历史经验表明，有时确实需要去冒险，但不能随意妄为。在这一点上，1920年红军对华沙的进攻很能说明问题。当时红军没有充分保障就轻率地向前推进，结果不但未能取得胜利，反而造成了我西线部队的惨重失败。"

"夸大自己一方部队的能力和低估敌人的兵力与能力同样都是危险的。"朱可夫认为，"这就是战争给予我们的多方面的经验教训，是不可忽视的。"

朱可夫关于推迟向柏林突击的理由无疑是有根据的。在向柏林发动最后的决定性的突击以前，"必须首先粉碎从北面威胁柏林方向苏军的东波美拉尼亚的敌军集团，同时，彻底破坏德国法西斯统帅部企图阻止我军向柏林方向突击的计划。除此以外，还必须消灭被孤立在东普鲁士的敌军集团。"

在瞬息万变的战争态势面前，朱可夫能够根据变化了的战场情况，及时地调整部队的作战计划，做到了实事求是，而不急功近利，表现了卓越的军事才能和出色的灵活应变之能力。朱可夫从丰富的战争经验中深知，急躁冒进，为争夺头功而不顾实际情况，这是兵家的大忌，在节节胜利的形势下尤其如此。如果当时朱可夫贪图虚荣，头脑发热，抢先攻打柏林，那么极有可能被敌人截断后路，孤军作战，至少要造成惨重的伤亡，带来极其恶劣的政治影响，甚至要延缓战争胜利的时间。善于审时度势，同时又不计个人名利，这正是朱可夫有别于常人的最可宝贵的特点。

在当时的整个苏军内部，从元帅到士兵，无不在为争取攻克柏林的头功而摩拳擦掌，互相较劲。如果联系当时苏军将士的这一普遍心态，更可以看出朱可夫在突破奥得河防线后，作出协助两翼友军巩固阵地这一决定，是非常难能可贵的，也是超出常人之处。

3月的一天，还在苏军实施东波美拉尼亚战役期间，斯大林召朱可夫飞回莫斯科。

朱可夫从机场直接前往斯大林的别墅，立刻发现斯大林的身体看上去不太舒服。或许是因为这段时间处于高度紧张的压力之下的缘故吧，朱可夫心想。

斯大林向朱可夫询问了前线的一些情况后说："我们出去走一走，我怎么感到有点精神不爽快。"

朱可夫再一次仔细地打量了一番斯大林，只见他面容憔悴，举止和言谈都透着一种疲惫感。作为斯大林的副手，朱可夫当然比别人更清楚：在4年的战争期间，斯大林的工作非常紧张，经常睡眠不足，特别是在1941～1942年曾为苏军的失利而过度忧虑，的确是太疲劳了！一般人根本是无法承受得住的。但不可否认的是，斯大林的神经系统和健康也在长期战争中深受了影响。

散步时，使朱可夫感到意外的是，斯大林没有谈战役计划，也不谈国际关系，而是谈起了他的童年生活。

他们两人边走边谈，大约一个钟头过去了。突然，斯大林停下了，说道："我们喝茶去吧，还有些事需要同你谈一谈。"

在往回走的路上，朱可夫问道："斯大林同志，我早就想知道有关你的儿子雅科夫的情况。有没有关于他的消息呢？"

斯大林默默不语，仍然慢慢地向前走着，好像尽量想回忆一些什么东西。一会儿，斯大林以低沉的语调说："雅科夫无法从战俘营逃出来。法西斯强盗会把他枪毙掉的。据说他们把他同其他战俘隔开，诱劝他背叛祖国。"

接着，便是一阵沉默。之后，斯大林像是对朱可夫又像是对自己讲："不会的，雅科夫宁愿死也不会背叛祖国。"

此时，站在斯大林旁边的朱可夫觉察到，斯大林的内心极度痛苦。可是一时之间，朱可夫却找不出话来安慰这位刚强的统帅。

斯大林并不知道，雅科夫实际上已经死于德军乱枪之下。雅科夫拒绝了德寇的诱降，然后扑向监狱的电网。作为苏联最高统帅的儿子，雅科夫捍卫了斯大林的荣誉，也维护了苏联军人的尊严。

当坐下喝茶时，斯大林自言自语地说："多么艰苦的战争。它夺去了我们多少人的生命。看来，我们很少有谁的家庭没有牺牲亲人……这种体验只有在斗争中受到锻炼的、意志坚定的、受过共产党教育的苏联人才能忍受住。"

说完这段话，斯大林的情绪似乎好了一些。随后，他给朱可夫讲述了雅尔塔会议的情况，并表示对这次会议的结果是满意的，对罗斯福的印象也很好。

斯大林详细讲述了会议期间所达成的协议内容，主要有关于苏联与各同盟国就德国投降

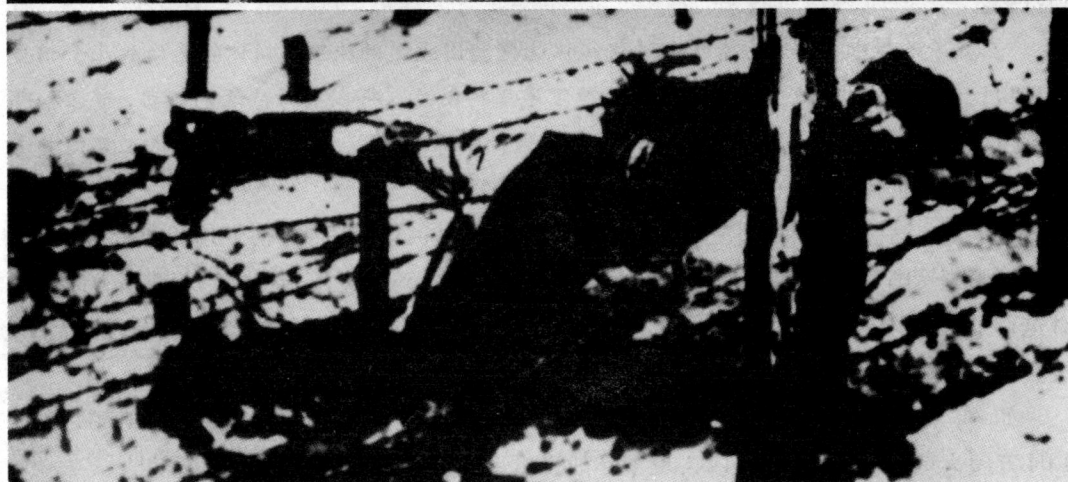

∧ 战争初期，斯大林之子雅科夫被德军俘虏。

∧ 在德军监狱以身殉国的斯大林之子雅科夫。

后实行管制、关于德国领土如何划分占领区等问题。此外，他还谈到了关于波兰未来的西部国界问题达成的协议，即以奥得河和西尼斯河作为国界。

在谈话中，斯大林对朱可夫寄予了厚望："苏联红军最有资格占领柏林的人，应该是你。这个任务我准备派你去完成。看来，莫斯科的保卫者理应成为柏林的攻克者，具体如何去攻克，就看你的了。"

朱可夫深知，接受这一崇高的使命，既是对自己的极大的信任，同时也是极重的责任。为了不辜负最高统帅及全党全军的期望，朱可夫急切地要去制定周密的作战计划。于是，在结束与斯大林的谈话后，朱可夫便起身告辞，准备去承担起新的历史重任！

就在胜利即将到来之际，新的矛盾也在同盟国之间产生了。

英国首相丘吉尔认为，如果苏军占领了柏林，将给人留下苏军对战争胜利作出了绝大部分贡献的印象。为避免这一点，丘吉尔向美国建议道："我们应尽可能向德国东部推进，如果柏林是在我们能达到的范围之内，我们毫无疑问应当将它占领。"

随后，美、英军队统帅部一改过去那种犹豫拖延的态度，而是加足马力，以最快的速度向德国的中心地域和柏林推进，企望在苏军到达之前占领柏林。

在此期间，朱可夫加紧各项战备工作，命令航空侦察兵先后六次拍摄了柏林及其所有接近地和防御地带的照片。根据拍摄的照片、缴获的文件和俘虏的口供，他编制了详细的地图和附有图表说明的报告，发给从司令部到连队的各级指挥员。此外，工程兵部队为朱可夫及其司令部人员制作了一台柏林及其郊区的精确模型。

尽管如此，朱可夫对向德国首都发动最后进攻还是有一定的担心，而这种担心是有充分根据的：

"在战争过程中，我们从未攻取过像柏林这样坚固设防的城市。柏林的总面积几乎相当于900平方公里，城市地下铁道和众多的地下建筑物使敌人得以实行广泛的机动，市区和郊区都为进行顽强防御作了细致准备，每一条街道、广场、胡同、房屋、沟渠和桥梁都构成这个城市总的防御体系的一部分。"

事实正是这样，柏林并不是人们想象中的那么容易被攻克。希特勒于1939年上台后，为了把"第三帝国"★的首都变成欧洲乃至全世界的中心，可以说不惜工本，不遗余力地对柏林进行了历史上最大规模的改建和扩建。希特勒所在的总理府被造得富丽堂皇而又坚固无比，国会大厦也远远胜过以前。

如今，为对抗苏军的进攻，希特勒在城中及周围部署了90个师约100万人的兵力，拥有1.04万门火炮、1,500辆坦克、3,300架作战飞机。城中还编有20万人的守备部队。

从1945年2月苏军突破奥得河防线后，希特勒强迫许多战俘、劳工和本地居民在奥得河－柏林一线修筑了3道防线：第1道防线在沃林湖东岸；第2道防线在泽劳弗高地；第3道防线在高地以西100～200公里。此外，又环绕柏林筑起了3层防御圈：最外圈距市中心24～40公里，沿

★"第三帝国"

1933年1月，法西斯纳粹党夺取了德国政权后，对其独裁统治下的德国的称呼。纳粹党的宣传家使用这一名称的目的是为了强调其法西斯专政与历史上德意志帝国的连续性，并断言对建立"伟大的德意志帝国"的向往和怀念是"德国人民的共同意愿"。并宣称纳粹党建立的第三帝国，将被赋予去实现第一、第二帝国未竟之业的使命。1945年5月，第三帝国在世界反法西斯同盟的共同打击下遭到彻底失败。

∧ 德军在柏林附近构筑的防御工事。

当地湖泊、河流筑成，中间一圈距市中心12~20公里，利用郊区森林筑成；最里圈利用柏林的环城铁路线修成，这道环城铁路线与莫斯科环城铁路相比，只在其上不在其下，既可调兵又可踞以布防。同时，城内设置了9个防御区，分兵把口，逐屋防御，把一切可以作为抵抗堡垒的大楼、墙体都改为阵地。可见，为保卫柏林，困兽犹斗的德军作了充分的准备。

　　根据柏林的实际情况，斯大林果断决定，除朱可夫率领的白俄罗斯第1方面军部队外，由科涅夫率领的乌克兰第1方面军和罗科索夫斯基的白俄罗斯第2方面军也参加柏林战役。苏军这3个最强大的方面军总兵力在250万人以上，共有火炮4.2万门、坦克6,250辆、飞机7,500架，对德军占有压倒性的优势。

>> 红旗插上国会大厦

　　3月29日，朱可夫奉命回莫斯科最高统帅部。

　　斯大林开门见山地对朱可夫说道："德国的西方战线已经彻底崩溃了。看来希特勒并不想阻止美英盟军前进，反而乐于他们快速推进，先到达柏林。然而，却加紧部署兵力来阻挡我们。看来将会有一场恶仗，你必须加紧准备。"

　　鉴于这种形势，斯大林决定尽快组织柏林进攻战役，并就此问朱可夫："我军什么时候开始进攻呢？"

∧ 1945年3月，朱可夫与科涅夫（左三）及第8近卫集团军司令员崔可夫（左一）在前线。

朱可夫毫不犹豫地回答道："白俄罗斯第1方面军和乌克兰第1方面军两周后可开始进攻。白俄罗斯第2方面军要到4月中旬才能肃清但泽和格丁尼亚的敌人，因而可能要晚些时候参加进攻。"

"有什么办法呢？"斯大林无奈地说："只好不等罗科索夫斯基就开始了。即使他迟几天也妨碍不了大事。"

4月1日，斯大林先后两次召见朱可夫，科涅夫也一同被召见。另外，安东诺夫上将和什捷缅科上将也在场。朱可夫他们刚向斯大林问过好，斯大林就迫不及待地问道："你们认为对最近的形势了解得很清楚吗？"

朱可夫和科涅夫回答说，他们认为，根据他们在各自的方面军可以得到的情报资料，他们对局势已经了解得很清楚。

"给他们念一下这份电报。"斯大林对作战部长什捷缅科说道。

什捷缅科念了一份电报，内容是英美军司令部准备实施一次战役，以便攻占柏林，并且已经建立了由英国元帅蒙哥马利指挥的主要突击部队。他们打算在鲁尔区以北沿着大部分英军部队与柏林之间的最短路线，实施主要突击。电报中列举了盟军司令部已经采取的几个初步措施，包括组织突击部队和集结军队。

当什捷缅科读完电报，斯大林转过身来向朱可夫和科涅夫发问道："现在谁将要攻克柏林，是我们还是同盟国？"

科涅夫首先回答道："我保证苏军一定能先攻占柏林。"

斯大林对这位司令员的性格十分了解。战争初期，科涅夫在西方方面军作战不利，差点被撤职并送军事法庭审判。当时，新任西方方面军司令员的朱可夫力保他当自己的副手，并去加里宁方向任司令员。而科涅夫的确没有辜负朱可夫对自己的重用，在战争中进步很快。科涅夫的特点是从不言败，勇于争胜。

"你就是这个脾气，"斯大林不禁笑了起来。尔后，他又直截了当地问道："你怎样才能为这一目的建立起一个突击集团呢？你的主力部队在你的南翼，因此你显然将不得不大规模地变更部署。"

"斯大林同志，"科涅夫很自信地答道，"你可以放心，方面军将采取一切必要的措施，我们将在适当的时间内重新部署完毕，为进攻柏林作好准备。"

斯大林又征询朱可夫的意见。朱可夫满怀豪情地回答说："白俄罗斯第1方面军齐装满员，兵力兵器都处于饱和状态，为攻占柏林作好了一切准备，并且处于攻击柏林的正面，距离最近，而且不必另外建立前进基地。我请求批准白俄罗斯第1方面军进攻柏林。"

"很好，"斯大林迅速作出了决策，"你们两人都可以参加柏林战役。你们在莫斯科这里，与总参谋部拟订出你们的详细计划，并在一两天之内向最高统帅部报告。这样，你们回方面军去的时候，就可以随身带上得到全面批准的计划了。"

此时，朱可夫与科涅夫都希望统帅部采纳自己制订的突击德国的计划。朱可夫认为，白俄罗斯第一方面军的部队能够靠他们自己的力量攻占柏林，而科涅夫则不满足于仅仅攻占柏林以南的地域，而是想抢先攻进柏林，以此来突出自己。

4月3日清晨，最高统帅部再次召开会议。会上，斯大林听取了两位司令员的计划，然后走到挂图前，在乌克兰第1方面军和白俄罗斯第1方面军之间重重地画了一条线。这条线的起点在两个方面军的结合部，终点在柏林东南大约60公里施普雷河上的昙本。斯大林指着这条线，当众宣布道："哪个部队先到达昙本这儿，哪个部队就从正面攻击柏林。"

斯大林标出的这条界线，可谓高明之举：一方面默许了乌克兰第1方面军可以表现主动精神，另一方面对白俄罗斯第1方面军又是一种激励。他摸透了手下两位指挥员的心思，因而采取了"遣将不如激将"的用将之道，心照不宣地在他们之间开展了一场进攻竞赛，从而有利于更快地攻克柏林。

会议最后作出决定，白俄罗斯第1方面军主要对柏林方向实施进攻，科涅夫的乌克兰第

< 朱可夫在柏林前线指挥作战。
> 朱可夫在观看军事演习。

1方面军则从尼斯河发起突击，粉碎柏林以南的敌军集团，把敌中央集团军群的主力与敌柏林集团隔绝开来。斯大林还给苏联元帅科涅夫发出了一条指示："倘若敌人在柏林的东接近地上进行顽强抵抗，以致白俄罗斯第一方面军的进攻受阻，乌克兰第1方面军应准备从南面突击柏林。"

朱可夫对胜利充满信心，但也深知白俄罗斯第1方面军当面是敌人设防的重点，自己肩负的任务是非常艰巨的。4月5日至14日，他利用战前的直接准备时间，再一次组织了战役战法预备交流会，并利用地图和模型进行了军事演习，参加人员有各集团军、师、方面军炮兵部队和后勤部队的首长。

黑夜时分，朱可夫把参战指挥员带到演练场。一声令下，数百部探照灯及警报器一齐打开，灯光刺眼，笛声凄厉，一时天地变色，在场人员顿时头晕目眩，有的甚至出现了暂时性的致盲症状。根据现场的测试效果，朱可夫提出了"声光电震慑和从精神上压制敌人"的战法，得到了大家的一致赞成。

在临近进攻时，朱可夫进行了最后的准备工作。考虑到守敌在夜间更容易发生混乱和恐慌，并依据之前的战役准备会的经验，他决定在黎明前两小时实施突击，以便从精神上震慑和压制敌人。朱可夫准备使用140部对空探照灯照射敌人的阵地，以利于红军展开进攻。

为了保证首次突击和后续进攻的需要，朱可夫指挥部队在奥得河上架设了25座桥梁和40个渡口，向出发阵地运送了714.7万发炮弹、3,155辆坦克、14,628门火炮、1,531门火箭炮和77个步兵师的兵力，以保证每公里正面的76毫米以上口径火炮密度达到270门以上。类似这样大的兵力和火力密度是历史上从来没有过的。而这一切，都是在德军曼施坦因集团军群及第9集团军的不断袭扰下完成的，堪称为军事后勤补给史上的一个奇迹。

与此同时，德军正在奥得河沿岸疯狂地构筑防御工事。戈特哈特·海因里希上将，在1944年夏从后备队中召回，被希特勒任命为维斯瓦集团军群司令官，奉命把苏军阻挡在奥得河上，

< ∧ 苏军数百门大炮和火箭炮向德军阵地怒吼。

守住柏林。

　　海因里希特别擅长防御作战。1942年1月底，他曾担任在莫斯科附近固守的第4集团军残余部队司令官，在那里制订了一套极其成功的防御战术。每当海因里希断定某一地段即将遭受苏军进攻时，就命令部队在夜间向后撤退二三公里，进入新的阵地。这样一来，通常几乎能够摧毁一切的红军炮兵的弹幕，也就会倾泻到已被德军放弃的前沿阵地上。

　　1945年4月初，海因里希视察了德军在奥得河沿岸建立的两条防线。德军部队预定要在朱可夫的炮兵即将进行弹幕射击之前撤出最东边的防线，以便使炮弹落在无人据守的堑壕里。对于德军来说，最关键的问题显然是要判断出苏军进攻的准确时间。

　　针对海因里希的心理，为了迷惑敌人，朱可夫搞了多次的佯攻。苏军发动的这一系列假进攻，收到了应有的效果，使得这位德国将军深信，苏军在4月中旬以前不会发起进攻。于是，海因里希下令德军撤出第一线阵地。

　　4月15日下午，在分析了从战场上得到的报告之后，海因里希给德军第9集团军司令官布塞将军下达命令："后撤，占据第二道防线的阵地！"德军在夜幕掩护下开始后撤。

　　这时，朱可夫准备对德军发起强大突击。4月16日黎明前，朱可夫在厄斯特林（科斯钦）登陆场的小山头上的掩蔽所观察了德军阵地。凌晨4时整，朱可夫发出命令："开始，同志们，现在开始！"

　　顷刻间，3颗红色信号弹出现在漆黑的夜空，朱可夫的140部探照灯连同坦克和卡车的前灯一齐开亮，把德军阵地照得通明。

　　接着，3颗绿色信号弹升上天空，这是开始炮火弹幕射击的信号。一时间万炮齐鸣，炮声隆隆，大地震撼，森林上空火光冲天，"喀秋莎"火箭炮及无数重型火炮将德军阵地夷为废墟，炮火之猛烈是东线战场不曾有过的。猛烈的炮击引起了风暴性大火，刮起了怪异的热风，把灰烬和碎片卷上了天空，德军阵地完全被掩埋在炮火烟尘之中。德军被打得

★"柏林之钥"

即泽洛高地。位于德国柏林以东50~60公里处。因其扼守柏林大门故又称"柏林之钥"。第二次世界大战期间,苏联军队和德国军队曾在这一高地进行过激烈战斗。1945年4月16日至17日,苏军对该高地的德国守军发起了猛烈攻击。德军顽固防御,却终未能抵挡住苏军的强烈攻势。苏军突破泽洛高地的防守之后,迅速转入对德国首都柏林的进攻。第二次世界大战结束后,泽洛高地附近修建了一座苏军战士纪念碑。

晕头转向,不知所措。

按照常规,炮火准备应持续一段时间,但朱可夫果断决定缩短时间,提前发起冲击。间距200米的140部探照灯同时开亮,发出的强光将德军阵地照得透明,德军士兵被这突如其来的强光照得眼花缭乱,完全看不见目标。这时又有上千部警报器和苏军将士发出的怒吼声,汇成一片声浪席卷而来,德军官兵心惊胆跳,纷纷溃散逃跑。在一片混乱中,朱可夫的部队很轻易地就消灭了这一部德军,趁势攻占了德军坚固设防的第一、二线阵地。此时,天刚刚开始发亮,德军被一举逼退了8公里,退守泽洛高地。

泽洛高地处于苏军进攻路线的中途,高踞于四周的平地之上,地势东部陡峭,后面是一个反斜面高原,正好利于阻击苏军的冲击。德军称这个高地为"柏林之钥"★"无法攻克的堡垒"。

苏军炮兵停止了射击,步兵向德军发起了突击。战场上的各种声响交织在一起,坦克发

V 在前线指挥作战的崔可夫上将。

动机发出的隆隆声和履带的咋咋声震耳欲聋，整个大地在颤抖。但就是这时，向前进攻的苏军遇到了麻烦。

由于事前对泽洛高地的复杂性缺乏认识，因而在德军大量的猛烈炮火打击下，苏军的几次冲击都失利了。德军高射炮和反坦克炮开始向苏军队形发射炮火，伴随着一阵低沉的轰鸣，一排88毫米的炮弹呼啸着飞过，击中了苏军的坦克。被击中的坦克立刻燃烧起来，金属碎片和弹片像雨点般落到散兵坑里。在微红的火光中，坦克更加醒目了，不利的地形使得许多苏军坦克陷在泥沼中，成为德军炮火打击的靶子。在德军大口径火炮的轰击下，苏军不得不停止了前进。

朱可夫不肯相信部队已经受阻的事实，以怀疑的目光盯着崔可夫，突然发火道："你说的究竟是什么意思——你的部队给挡住了吗？"

"元帅同志，不管我们是否暂时给敌人牵制住了，进攻几乎肯定会成功的。可是眼下敌人的抵抗很顽强，把我们挡住了。"崔可夫解释说，从泽洛高地打来密集的炮火，截击了向前推进的苏联部队。此外，地形对履带式车辆十分不利。在奥得河沿岸的沼泽地和灌溉渠，自行火炮和坦克都陷在里面，遭到了德军猛烈炮火的轰击。

朱可夫很快获悉，第一梯队的进攻强度已经证明是不够的。在集团军陷入困境之时，他决定改变战术，派遣轰炸机轰炸敌军炮兵阵地，并加大火炮对高地的轰击强度。同时，迅速动用坦克集团军，命令它们立即参加战斗，全力攻克泽洛高地。但是，德军也派出增援部队投入作战，双方的战斗变得更加激烈。

4月17日，朱可夫重新调整兵力后，再一次发起攻击。在密集的炮火掩护下，苏军坦克向泽洛高地发起冲击。在红军压倒一切的进攻狂潮下，德军渐渐支持不住，开始退却。次日凌晨，朱可夫的部队终于粉碎了德军的防御，攻克泽洛高地，继续向前推进。但是，德军又运来更多的兵力兵器，其中包括从柏林城防部队调来的高射炮，以致朱可夫的进攻速度不得不减慢下来。

4月20日下午三四点钟，朱可夫的方面军编制内的第3突击集团军步兵第79军的远程炮兵，首先向柏林市区开炮。经过一天紧张的战斗，柏林接近地的德军防线终于被突破了。德军坦克第56军军长维德林将军承认说："4月20日，对我的这个军，很可能是对所有德军部队，都是最困难的一天。它们在先前的战斗中遭到惨重损失，已经极端疲惫，无法抵挡占优势的俄国部队的强大突击。"

4月21日，近卫坦克第2集团军、第47集团军的部队突破到柏林城下。朱可夫认识到，柏林市区街道狭窄，容易设置障碍物，以往那种大面积推进的打法已不适用了。因此，朱可夫决定把坦克集团军与诸兵种合成集团军协同起来，开展一场肃清守敌的战斗。同一天，科涅夫的坦克部队接近了柏林防御圈，到达柏林南部边缘大约24公里的地方。到了傍晚，在几个地点越过了柏林环形公路防线。当天夜间，科涅夫作出了一系列新的决定，其中之一就

∧ 苏军坦克势不可挡。

是把炮兵突击第 10 军、突击第 25 师和高射炮第 23 师置于雷巴尔科的指挥之下，以加强在柏林南接近地遭到猛烈抵抗的近卫坦克第 3 集团军，歼击航空兵第 2 军也拨归雷巴尔科指挥。

至此，朱可夫在东，科涅夫在南，对柏林郊区的德军集团形成了包围圈，并基本上消灭了外围的敌人。两大方面军的作战分界线问题再一次突显了出来。

4 月 22 日，朱可夫与科涅夫统领的两个方面军，开始封闭法兰克福和古本附近德军集团的合围圈。雷巴尔科的部队从前面向柏林推进，朱可夫的近卫第 8 集团军则向柏林东南部推进，这两支部队之间只隔着一条大约 12 公里宽的狭长地带。于是，两个包围圈很快形成并逐渐收紧：一个包围了柏林东面和东南的德军第 9 集团军，另一个包围了防守柏林西面的那些德军。

科涅夫的部队在到达特尔托运河时，遇到了严重障碍——德军在运河北岸构筑了坚固的防御，配备了大量的火炮、迫击炮、坦克和火箭筒。同时，他们已经破坏了许多桥梁，正准备炸毁其余的桥梁。

4 月 24 日，在大炮、步兵和轰炸机支援下，雷巴尔科的部队开始渡过特尔托运河。调来的几个重炮旅猛轰运河北岸的一排建筑物，许多楼房当即被摧毁。在一段不宽的正面上，每

公里集中了 600 多门苏军的大炮，一支支突击队不等大炮停止弹幕射击，就开始强渡运河。渡河行动从下午开始，一直持续到深夜。雷巴尔科的部队得以突破掩护柏林市南区的德军内圈防线。

当天，白俄罗斯第 1 方面军与乌克兰第 1 方面军胜利会师。正在这时，斯大林给朱可夫和科涅夫发去第 11074 号命令。命令规定，根据 4 月 23 日的情况，两个方面军攻占柏林的分界线划定如下："从吕本起，到托伊皮茨、米滕瓦尔德、马里恩多尔夫、安哈尔特车站。"

这条分界线表明了斯大林对朱可夫的偏爱。因为虽然两军都参加攻克柏林的战役，但是德国国会大厦★却在朱可夫的战区之内，而这座大厦一直被苏联军民看作是德国的象征。斯大林曾经激励苏军部队说："看谁能在国会大厦上升起胜利的旗帜。"每一支苏军部队都希望赢得这一荣誉。

尽管战争接近尾声，但德国法西斯仍然垂死挣扎，德国的柏林守军仍在继续抵抗苏军的冲击。德军利用一切条件，组成绵密的火网，以阻止苏军前进。但是，苏军昼夜不间断地攻击前进，不给德军以任何喘息的时间，并分成小群多路的突击集群，将敌人分割包围，各个击破。朱可夫调来了新的大炮、坦克和航空兵，其中用铁路运来的大口径要塞炮发射的炮弹，每发足有半吨重，威力可以完全摧毁一座大楼。从4月21日开始到5月2日，朱可夫对柏林发炮180万发，相当于36万吨炸药，战争到了空前惨烈的程度。

在强大的苏军火力和兵力攻击下，柏林城防土崩瓦解，柏林每个人都尝到了苏军大炮的厉害。双方在柏林市区进行了激烈的战斗，德军被赶到环城铁路附近。

苏军在进攻时很讲究方式方法，每次实施新的冲击以前，首先要进行轰炸和炮击。步兵得到坦克和配备有喷火器、爆破器材的工兵部队的支援。红军步兵部队一小段一小段地向前推进，从后院、从地下室，甚至经过地下铁道或下水道渗透进去，攻占每一条街道、每一幢楼房。

德军渐渐抵挡不住了，不得不撤进防空洞和高射炮塔楼里。到最后，只有政府机关地区、动物园，以及从动物园向西伸展到哈弗尔河的狭长地带，尚在德军手中。

与此同时，美英军队在德国境内迅速推进。到4月22日，他们进抵到从汉堡经马格德堡、莱比锡、克姆尼茨、尼恩贝格到斯图加特一线，大大深入了原先议定由苏军解放的地区。在东进的过程中，美军碰到了逃避苏军追击的成千上万的德军官兵。很快，各个战俘营便关满了俘虏。

> 苏军部队架设浮桥渡河作战。
> 柏林战役中，苏军与德军展开了惨烈的巷战。

4月20日，在惨淡的气氛中，希特勒迎来了自己的56岁生日。他与情妇爱娃·布劳恩在地下室举行了庆祝会，纳粹的主要党徒都参加了。但在会后，希姆莱、戈林、里宾特洛甫等乘车南逃，背叛了这位纳粹党魁。紧接着，又有人向希特勒报告说，朱可夫的部队已经逼近了总理府。

4月25日，在易北河附近，美军第69师的一支侦察部队遇见了一名苏军骑兵。当天晚些时候，第69师另一支侦察部队制作了一面粗糙的美国国旗，打着旗子走向托尔高附近的一座已被破坏的桥梁。当美军士兵沿着破烂不堪的桥梁向对岸爬去的时候，一名苏军士兵也开始向他们爬过来。他们在易北河上会师了。美军侦察队长和这个苏军战士都咧嘴笑着，温和地相互拍着肩膀。

4月30日清晨5时，苏军大炮向国会大厦开火，开始了攻克国会大厦的战斗。当天下午，朱可夫的部队冲进国会大厦墙壁的缺口，紧接着在大厦内部进行了激战。不久，苏军终于获得了胜利，在已经遭到严重破坏的国会大厦的圆顶上升起了苏联国旗。

库兹涅佐夫怀着抑制不住的激动心情，向朱可夫报告说："国会大厦上升起了红旗，元帅同志，乌拉！"

朱可夫说道："亲爱的库兹涅佐夫，衷心地祝贺你和你的士兵们所取得的光辉胜利。苏联人民将永远不会忘记这一具有历史意义的功勋。"朱可夫马上将此胜利的消息报告了斯大林。最高统帅当然也是兴奋不已。

当朱可夫的部队在国会大厦上升起红旗的时候，希特勒正在帝国办公厅的地下防空掩蔽部里。处于绝望之中的希特勒写下了遗嘱，并安排完各项后事，同爱娃·布劳恩秘密举行了结婚仪式。在获悉本尼托·墨索里尼死讯以后，希特勒默默地吃过午餐。饭后，他和

< 柏林总理官邸里焚烧希特勒与爱娃尸体的地方。

*希特勒自杀事件

在苏联军队的炮声渐近之际，希特勒自知末日将临。1945年4月29日，希特勒与跟随了他多年的情妇爱娃在柏林总理府地下避弹室举行了婚礼。口述并签署了私人和政治遗嘱。将戈林和希姆莱开除出纳粹党，任命邓尼茨为德国总统兼国防军最高司令。29日下午得知墨索里尼被悬尸街头后，决计立即自杀。30日下午3时左右，希特勒与爱娃自杀身亡，尸体由部下焚烧。

那些在场的人握手告别，然后回到了自己的寝室。下午3点30分，希特勒开枪自杀★，爱娃也服毒自尽。

此时，戈培尔与鲍曼企图利用希特勒的自杀，与苏军进行谈判，寻找一条生路。他们选定当时的陆军参谋长克莱勃斯将军为谈判代表。这位将军在莫斯科当过助理武官，会讲一口流利的俄语，并且与许多苏军将帅经常有来往。当他听说苏军第8集团军司令部离总理府地下室很近时，就决定前来投石问路。

5月1日凌晨3时，克莱勃斯来到了崔可夫将军的司令部。这位斯大林格勒保卫战的英雄以胜利者的姿态，接待了已经沦为失败者的德国陆军参谋长。

"今天是5月1日，是我们两个国家的伟大节日。"克莱勃斯一开始想制造一种熟人见面的轻松气氛。但是，崔可夫决定不给这位上门求和的德国将军以机会。他不冷不热地答道："我们今天当然要欢庆这个伟大的节日。至于你们那边的情况如何，恐怕就很难说了吧？"

此时此刻，克莱勃斯感到非常尴尬，于是直截了当地说，希特勒已经自杀，他此来是与苏联人接洽谈判，放弃柏林，使几个头面人物安全离开。

在崔可夫听来，这真是一条特大新闻！因为现在几乎所有的人都在为希特勒下落不明而

焦急万分，而盟军方面还没有一个人知道希特勒已经自杀身亡。在核对了有关证据后，崔可夫马上打电话向朱可夫报告，朱可夫一方面派副手索科洛夫斯基大将赶往崔可夫的司令部，一方面立即电告斯大林。

这时已经是凌晨4时左右，斯大林刚刚躺下休息。值班将军接到朱可夫的电话，感到很为难，因为再过几个小时，斯大林要登上列宁墓去检阅民众的游行队伍，以庆祝战争的胜利，一直要持续几个小时。于是，他希望能等斯大林睡醒之后，再让斯大林接电话。

朱可夫急切地说道："请叫醒他。事情很紧要，不能等早上。"刚刚入睡的斯大林被唤醒之后，来到电话旁。朱可夫急不可待地向他报告了希特勒自杀的消息。

斯大林听完后并不感到惊奇，只是又一次询问了证据核实的情况，沉吟半晌后说道："终于完蛋了，这个混蛋！可惜没能活着把他抓到。"紧接着，斯大林不放心地问道："希特勒的尸体呢？"

朱可夫答道："据克莱勃斯将军说，希特勒的尸体已经烧掉了。"

斯大林说道："一定要找到希特勒死亡的确切证据。告诉索科洛夫斯基，除了敦促他们无条件投降外，不要同克莱勃斯或其他希特勒分子进行任何谈判。"

"是，斯大林同志。"朱可夫放下了电话听筒，现在唯一感到扫兴的事情，就是没有能够活捉希特勒。"如果我能活捉这个家伙，那是件多么令人高兴的事情。可惜我不能兑现几年前的诺言了。"想到此，朱可夫不由自主地叹了口气。

朱可夫立即向索科洛夫斯基转达了斯大林的指示："你告诉他，他们只能无条件投降，他们没有资格提任何条件。否则，我们将以更猛烈的炮火来粉碎他们抵抗的念头。"

5月2日，柏林城防司令魏特林将军投降，并下达了停止抵抗的命令，柏林15万德军残部放下了武器。至此，历时16昼夜的攻克柏林的战役胜利结束。

∧ 克莱勃斯代表德军向苏军洽降后垂头丧气地离开。

第十一章

东方与西方的"蜜月"

1896-1974 朱可夫

检阅结束后，艾森豪威尔和朱可夫正准备离开，这时人群向他们热烈欢呼。在这种氛围下，两人激动地相互拥抱，此举更赢得广场上人们的一片掌声和欢呼声。他们两人不停地向呼喊的群众招手，使得在场的美国人也觉得心里热乎乎的，认为这是苏联人民的真情流露……

>> 主持德国投降的仪式

1945年5月3日，朱可夫、白俄罗斯第1方面军军事委员捷列金、柏林卫戍司令别尔扎林、第5集团军军事委员博科夫、阿尔图尔相约来到国会大厦看望攻克这座大厦的士兵们。

德国国会大厦是一座庞大无比的建筑，它的墙壁有一米厚，只有用大口径火炮才能打开。大厦的圆顶及各式各样的附属建筑，可以构成任何方向、任何角度的多层火力。大厦的内部结构也十分复杂，易守难攻。可以想见，苏军将士是付出多大的智慧与代价才攻占了这座大厦，其实普通的士兵是更值得尊敬的！

朱可夫发现大厦入口处的圆柱上涂满了苏联军人的留言和签名。他知道，战士们为自己所进行的具有伟大历史意义的战斗而自豪。朱可夫的心情也不由得激动起来，拿起笔来，在战士们的名字中间写下了自己的名字。

这时，战士们认出了朱可夫，立刻围拢过来，向他提出了许多问题。朱可夫笑容可掬、耐心认真地回答了他们的问题，直到战士们心满意足地离开为止。尽管有些累，但他的心里却为自己手下能有这些勇敢而可爱的士兵，感到特别的欣慰和骄傲！

希特勒的自杀，柏林的失守，使欧洲各地的残余德军陷入极大的恐慌之中。他们此时才彻底明白，战争已经完全失败了，法西斯德国已经灭亡。此刻，除了尽快投降外，他们别无出路。于是，曾经征服了大半个欧洲的德军土崩瓦解。

∨ 在柏林国会大厦前庆祝的苏军士兵。

∧ 1945年5月7日，弗里德堡代表德军向盟军代表蒙哥马利投降。
∧ 约德尔代表德军在投降书上签字。

　　驻意大利的德军在4月29日宣布无条件投降。5月4日，在德军最高统帅部的命令下，德国北部、丹麦、荷兰、阿尔卑斯山北部的德军纷纷放下武器，凯塞林元帅的集团军也停止了战斗。

　　新上任的德国元首邓尼茨、海军总司令弗里德堡、总参谋长约德尔密谋策划只向美英盟军投降，而不向苏军投降。他们派人去盟军总司令部驻地兰斯接洽，和盘托出了自己的计划。艾森豪威尔此时还不想违反雅尔塔协定，也不愿得罪强大的苏联，因而拒绝了单独投降的要求，但答应可以先签订一份投降书，举行一个投降仪式。

5月7日凌晨2时41分，投降仪式在设于法国兰斯市一所学校的艾森豪威尔总部举行。作为德国统帅部的代表，弗里德堡将军、约德尔将军签署了德国全体海陆空军部队向盟国无条件投降的投降书。沃尔特、比德尔·史密斯将军代表盟国签字，而伊万·苏斯洛帕罗夫少将以证人身份代表苏联签字。

德国的投降仪式明显地贬低苏军而偏向美英盟军。兰斯的投降仪式，无论是地点的选定还是签字的方式，都有损于苏军的威望。斯大林对此十分气恼，特别是当他得知苏斯洛帕罗夫少将未经授权，就擅自代表苏联在投降文件上签字时，气得胡子都翘了起来。

斯大林立即打电话问炮兵参谋长沃罗诺夫："这位'著名的'炮兵将军伊万·苏斯洛帕罗夫究竟是谁？"他斥责沃罗诺夫没有教育好炮兵军官。他命令道："不管他这个苏斯洛帕罗夫有什么借口，马上下令调他回莫斯科，并给予严厉的处分。"

同一天，斯大林给远在柏林的朱可夫打来电话，详细地说明了他对受降的意见和要求："今天，德国人在兰斯签署了无条件投降书。是苏联人民，而不是同盟国，肩负了战争的主要重担。因此，投降书应在反希特勒联盟所有各国的最高统帅部面前签署，而不能只在同盟军最高统帅部面前签署。"

斯大林提高了嗓门继续说道："不在柏林，不在法西斯侵略者的中心签署投降书的这种作法，我是不同意的。我们已与各同盟国商定，把在兰斯签署投降书★一事只当作投降仪式的预演。明天德国最高统帅部的代表和盟军最高统帅部的代表要来柏林。苏军最高统帅部的代表由你担任。"

★兰斯签署投降书

兰斯，法国东北部城市，距首都巴黎130公里。第二次世界大战期间，德国第2集团军第34步兵师于1940年6月11日攻占兰斯。1944年8月下旬，美国第3集团军在巴顿将军的率领下向兰斯发起猛攻。不久，兰斯即被盟军控制并成为美军指挥机构所在地。1945年5月7日2时41分，德国军队大将约德尔代表德国国防军在设在兰斯的艾森豪威尔将军大本营签署投降书。

就在斯大林给朱可夫打电话的同时，盟军总司令艾森豪威尔将军收到了苏军总参谋长安东诺夫将军的一封电报。电报说，苏联方面认为，苏斯洛帕罗夫将军不是苏联方面出席兰斯仪式的合适代表，要求签署一项更正式的投降书，仪式将在柏林举行，由朱可夫元帅代表苏联政府。

艾森豪威尔将军觉得，这是苏联方面对于盟国在德国投降问题上的诚意产生了怀疑。为了消除这种隔阂，艾森豪威尔立即复电向安东诺夫保证，自己一直严格遵守关于不单独停战的规定。并乐意于第二天即5月8日，在朱可夫元帅指定的时间到柏林去。艾森豪威尔还说，如果天气不好，他不能按规定时间到达，那么英美两国驻莫斯科的军事使团团长可以代替自己签字。后来，艾森豪威尔决定不到柏林去，而是派副手英国空军上将泰德代替自己签字。美国驻苏联军事使团团长约翰·迪恩，则从莫斯科飞抵柏林出席。

< 朱可夫宣布投降仪式开始。
< 德军凯特尔元帅举起元帅杖向朱可夫致敬。

1945年5月9日零时整，投降仪式在一所规模不大的学院的会议厅里正式举行。这一天，世界各大报刊的记者、撰稿人都云集柏林，他们争先恐后地记录下从法律上肯定法西斯德国灭亡的这一历史性时刻。

当会议厅里的嘈杂声沉寂下来时，朱可夫站起来宣布开会："我们，苏军最高统帅部和盟军最高统帅部的代表，受反希特勒同盟各国政府的委托，来接受德军统帅部代表德国作无条件投降。"

在宣读了与会者名单后，朱可夫对站在门口的军官吩咐道："让德国代表团进来。"

凯特尔、弗里德堡和施通普夫以及他们的助手耷拉着脑袋，缓慢地顺序而入。凯特尔只跨了三步就走到座位前，举起自己的元帅杖致敬，然后拉出中间的椅子坐下了。跟在凯特尔身后的是施通普夫上将，然后是弗里德堡上将。他们紧靠凯特尔的左右坐了下来。随从的军官们则站在他们的椅子后面。

朱可夫问德国代表团："你们手里有没有无条件投降书？你们是否已研究过它并有全权签署它？"

"是的，"凯特尔把面前的文件稍稍晃了一下，用嘶哑的声音回答说："我们已研究过并准备签署它。"

说完，德国代表团将邓尼茨签署的一份文件递给了朱可夫。这份文件证明，凯特尔、弗里德堡和施通普夫有权签署无条件投降书。

仪式按照预定程序，有条不紊地进行着。

这时，人们都把好奇的目光集中到几位德国将军的身上。施通普夫是个矮个儿，他似乎是平静的，眼睛里充满了仇恨而又无能为力的表情。弗里德堡显得未老先衰，他一动不动，从他那僵硬的姿态中流露出极端绝望的神态。凯特尔开头很平静，他先把戴手套的两只手平放在面前的桌子上，接着转过头来不停地看着朱可夫。他流露出一种很奇特的神情，仿佛是在看一个长期以来使他感兴趣的人。或许，他不相信而又竭力想弄清楚，曾经不可一世的德军为什么会败在眼前这位貌不出众的苏联元帅手下。

轮到德国代表签署文件了。

凯特尔的脸阴沉得让人觉得可怕，表情严峻而又沮丧。突然间，他把头向后一仰，仿佛要控制住就要从眼眶里流出来的泪水。

"建议德国代表团到桌子这儿来签署无条件投降书。"朱可夫用不容商量的口气说。

还没等翻译员译完这句话，凯特尔似乎已经明白了，却仍然坐在那里，用一只手在桌子上比划了几下，意思是要求把投降书送到他的面前。

可是朱可夫继续站在那里，不客气地打着手势，要德国代表团走过来。"让他们到这儿来签！"朱可夫厉声地命令道。

凯特尔用极反感的目光瞪了一下朱可夫之后，随即站了起来，垂下眼睛，慢慢从桌子上拿起他的元帅杖，迈着迟缓的步子走上前来。他的单眼镜掉了下来，挂在前胸的镜绳上，脸上布满着红斑。施通普夫、弗里德堡和随从的德国军官也跟在凯特尔身后，走到桌子跟前。凯特尔慢慢地戴上单眼镜，坐到椅子边上，用颤抖的手签署了 5 份投降书。施通普夫和弗里德堡也依次签上了自己的名字。

5 月 9 日零时 43 分，签字仪式宣告结束。

投降书的第一条宣布："我们，这些代表德国最高统帅部的签字者，同意德国一切陆、海、空军及目前仍在德国控制下的一切部队，向红军最高统帅部，同时向盟国远征军最高统帅部无条件投降。"投降书规定，该投降书从 1945 年 5 月 9 日零时开始生效。

"德国代表团可以离开会议厅了。"朱可夫宣布。凯特尔立即站起来，一个十分标准的立正动作，紧接着用他的权杖致敬，然后转过身，大步走出了大厅，其他德国代表团成员也跟在他的后面退出去了。

∧ 准备在投降书上签字的施通普夫（左）、凯特尔（中）和弗里德堡（右）。

　　历史上前所未有、空前惨烈的在欧洲的这场战争终于正式结束了！法西斯德国终于投降了！当德国代表团离开大厅时，刚才的紧张气氛也立刻随之消散，所有在场的人都长长地吐了一口气，心中感觉无比的舒畅和惬意。

　　正在这时，主持仪式的朱可夫以十分友善的语气宣布：“我以苏联最高统帅部的名义，为这一长久期待的胜利，向所有在场的人表示衷心的祝贺！”大厅里顿时响起一片欢呼声。大家互相握手祝贺，许多人眼里涌出了激动的泪水。

　　“亲爱的朋友们，”朱可夫显得更加激动，他对在场的苏军战友们说，“伟大的荣誉落到了我和你们身上。人民、党和政府信任我们，要我们在最后的交战中，率领红军强击柏林。苏联军队，包括你们这些参加了争夺柏林战斗的指挥员，光荣地完成了任务。遗憾的是，有许多人已不在我们中间了。否则，面对这长久盼望的胜利，他们会多么欢欣鼓舞啊！他们正是为了这个胜利而毫不动摇地献出了自己的生命……”

　　说到这里，朱可夫和在场的战友们，这些毫不畏惧死亡的人们，都再也控制不住自己的感情，禁不住流下了热泪。

　　在热烈的气氛中，庆祝胜利的宴会开始了。朱可夫举杯祝贺反法西斯同盟对德国取得的胜利。随后，英国将军泰德、法国将军塔西厄和美国将军斯巴兹依次祝酒。他们都谈到了在这严酷的战争年代中内心的感受，都希望反法西斯同盟各国间的友好关系能永远巩固。

朱可夫在宴会上热情赞扬艾森豪威尔，说他是"我们当代最伟大的军事战略家"，他"建树了一位当代将军所能建树的最辉煌的功勋。他在西部的大踏步前进，帮助了我在东部的作战"。

参加宴会的人员，不论来自哪个国家、代表哪方利益，在这时都无拘无束，尽情享受胜利带来的喜悦。其中，展现各民族特色的歌声和舞蹈把宴会推向了高潮。朱可夫虽然穿着一身笔挺的戎装，也情不自禁地跳起了"俄罗斯舞"，博得大家一片喝彩。

宴席一直持续到清晨，在宴会即将结束时，各种武器开始对空射击，以此表示对胜利的庆祝。在轰鸣声中，大家更加体会到这场战争结束后的欢乐是多么甘甜和有意义。

当大家各自离去，返回自己的住处时，柏林市区和郊区的占领军都在对空鸣枪鸣炮，以庆祝胜利。

受降仪式一结束，斯大林就于当天发表了《告人民书》：

战胜德国这一伟大的日子来到了。法西斯德国被迫向红军和我们盟国的军队屈膝，承认自己被战败并宣布无条件投降了……

我们为了我们祖国的自由和独立而遭到的巨大牺牲，我国人民在战争进程中所经受的无数苦难，为了祖国而在后方和前线进行的紧张劳动，这一切都没有白白过去，而是获得了完全战胜敌人的结果。各斯拉夫民族长期以来为了自身的生存和独立而进行的斗争，终于以战胜德国侵略者和德国暴政而告终了。

从此，各国人民的自由和各国人民之间的和平的伟大旗帜，将飘扬在欧洲上空。

现在，摆在盟国司令官们面前的头等大事，就是坐在一起开会，以便起草宣布成立盟国对德管制委员会的宣言，承担起共同管理德国的责任。

>> 与艾森豪威尔的友谊

5月30日，杜鲁门总统的特别助理哈里·霍普金斯向艾森豪威尔通报说，斯大林已任命朱可夫为盟国对德管制委员会苏方成员。美国人认为这一任命意味着，盟国方面可以立即在柏林建立一个联合军事管制机构。

艾森豪威尔认为美、英同苏联的关系，目前正处在就像战争初期美英之间的关系所处的那种"保持距离"的阶段。后来美英两国代表们一起工作，建立起共同的谅解。他觉得，苏联人同美国人接触越多，他们对美国的了解也会越多，美苏两国间的合作也就会更多。艾森豪威尔认为，如果美国本着友好合作精神去同苏联人打交道，应该说是能够同他们共事的。

6月5日，艾森豪威尔将军、克莱将军、美国驻德国政治顾问罗伯特·墨菲等人飞往柏

∨ 在柏林时的朱可夫。

★雅尔塔会议

第二次世界大战期间苏美英反法西斯同盟国所举行的最重要的国际会议之一，对战争局势和战后国际关系格局产生过重大的影响。会议是在反法西斯战争处于重要关头时举行的。苏联领导人斯大林、美国总统罗斯福和英国首相丘吉尔于1945年2月4日至11日出席了会议的全过程。会议的主要内容和议题是：处置德国问题、波兰问题、联合国问题以及远东问题。这些都是第二次世界大战末期迫切需要加以解决的重大国际政治问题。

林，参加盟国接管德国最高权力宣言的签字仪式，和盟国对德管制委员会成立会议。

艾森豪威尔坚持按照事先制订并为各方所接受的时间表开展活动，因此，他亲率美国代表团按时到达柏林。由于会议预定在下午才开始，艾森豪威尔利用这个机会拜访了朱可夫的总部，并代表美国政府，授予朱可夫一枚总司令级荣誉勋章。这对于朱可夫和全体苏联军人来说都是一个不小的荣誉。因为此事表明，尽管西方极力贬低苏军在二战中的作用，但是骄傲的美国也不能不承认以朱可夫为代表的苏联军人不可磨灭的功绩。

但是，在和好的表象背后，东西方争夺的斗争已经开始了。围绕着划分占领区、对西柏林实施管辖等问题，斗争呈更加激烈化的趋势。

美方战略空军司令斯巴兹将军无理地提出荒谬主张：美国飞机过去和现在飞行都不受任何限制，并在美、英越界进占苏联占领区的情况下，反而要求苏军无条件地撤出西柏林以使盟军可以自由出入西柏林。艾森豪威尔比较克制，制止了斯巴兹的傲慢态度，但他毕竟还是代表美国国家利益的。

在美方代表的盛气凌人面前，朱可夫针锋相对，严正驳斥了他们的无理要求："在解决英、美军队进入柏林的通道问题之前，同盟国的一切部队必须首先遵照克里森会议的决定，配置在规定的德国的一定区域内……你们的飞机要经过苏战区飞行，不受限制是不可能的。你们将只能在规定的空中走廊内飞行。"

英国元帅蒙哥马利向来目空一切，好胜心极强。他见朱可夫的态度如此强硬，有些难以承受，想站起来争论，但是被老练的艾森豪威尔按住了。艾森豪威尔知道朱可夫言之有理，并且也知道他不是一个好对付的人，于是说道："朱可夫元帅，我同意你的意见，并将做到这一点。"

朱可夫清楚，英美已经在争夺战后的势力范围了。由于雅尔塔会议★当事人罗斯福的去世，强硬的杜鲁门上台，加上丘吉尔及其继任者艾德礼从中作梗，盟军不愿交出已进占的苏军驻扎地，却想占领更多的苏占区土地。对此，苏联方面是绝不能容忍的。当时，也只有朱可夫才能捍卫苏联的国威和军威，有资格与美、英代表分庭抗礼，迫使对手作出让步和妥协，从而捍卫苏联的利益。

Ⅴ 四国对德管制委员会成员: 英国蒙哥马利元帅、美国艾森豪威尔五星上将、苏联朱可夫元帅、法国塔西厄将军 (左起)。

预定由朱可夫主持的这次会议，开会时间因故推迟了。由于苏方没有作出解释，艾森豪威尔显得越来越烦躁，并让罗伯特·墨菲去询问一下具体的原因。维辛斯基解释道，当天议程上的3个宣言中，有一个宣言里包含的一项条款中，要求三大国保证在各自的辖区内拘留日本人。由于苏联尚未同日本宣战，他们不能公开同意进行这种合作。

　　"这显然是弄错了，"墨菲对维辛斯基说，"我可以肯定，艾森豪威尔将军将会同意删去这一条而不必询问华盛顿或伦敦的意见。"

　　维辛斯基只是回答说，他必须等待苏联政府的指示。大概是因为苏斯洛帕罗夫将军签署兰斯投降书一事惹出了麻烦，所以维辛斯基和朱可夫处事特别小心谨慎。

　　莫斯科的指示在下午时分传来了。于是，三位总司令便聚集在一起签署宣言，朱可夫随后在柏林又非正式地召开了三大国军事管制长官的首次会议。艾森豪威尔要求立即着手建立同盟国对德管制委员会，并建议把墨菲和克莱将军留在柏林从事这一工作。

　　朱可夫在同维辛斯基商量之后，婉言拒绝了这一建议，说每个占领国必须将其部队撤回到自己的区域，然后才可实施国际管制。这样，美国人被要求无条件地撤出当时他们在图林根、萨克森、波美拉尼亚苏联占领区所占据的全部地盘。艾森豪威尔决定在这个问题上不再坚持自己的意见。

　　在这次会议上，苏、美、英、法四国共同签署了接管德国最高权力的宣言。根据这个宣言，成立了四国对德国管制委员会。参加这个委员会的美国代表为艾森豪威尔五星上将，英国代表为蒙哥马利元帅，法国代表为塔西厄将军，苏联代表兼苏占区最高行政长官为朱可夫元帅，副代表为索科洛夫斯基将军，外交部第一副人民委员维辛斯基为朱可夫的政治顾问。

　　委员会内部采取的是类似今天联合国常任理事国的机制，一切决议，只有在四大国一致同意的情况下才算有效。否则，各国的主张只能在各国的占领区内才能实行。这样，具体工作中常常会出现1：3的局面，只是由于朱可夫的崇

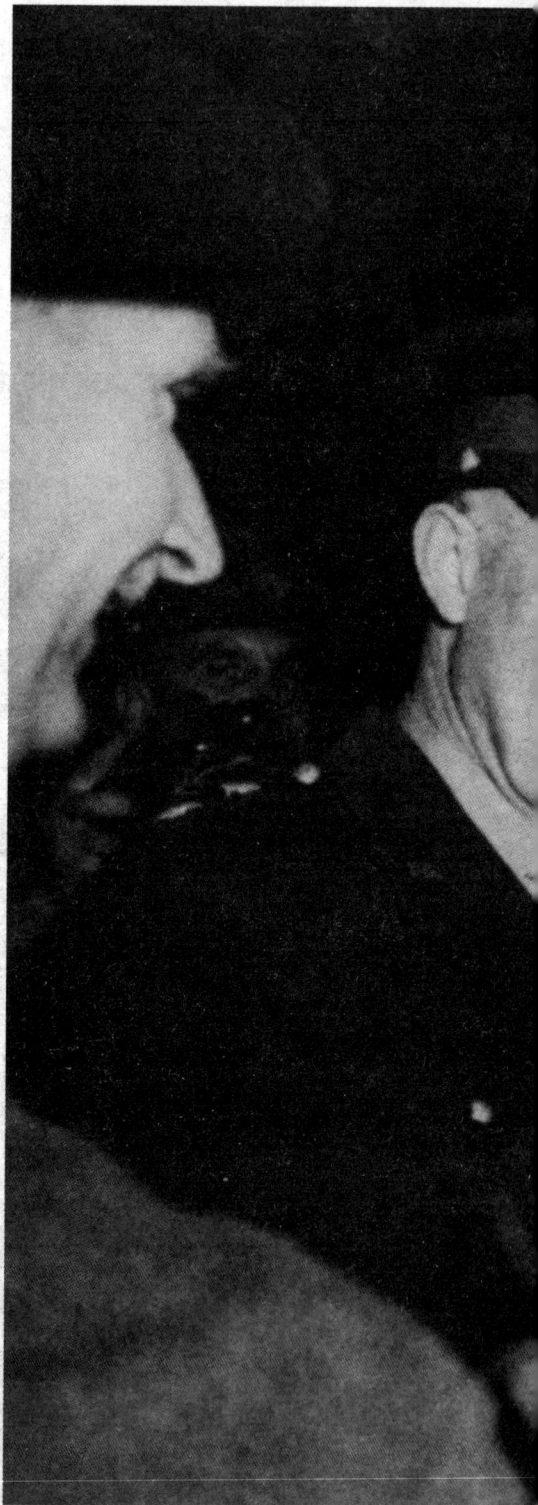

∧ 朱可夫与艾森豪威尔、蒙哥马利在柏林一次庆祝盟军胜利的宴会上。

高威望，苏联的分量，再加上艾森豪威尔的明智和友好，设计者使某些问题达成了妥协及对苏联较有利的结果。朱可夫在管制委员会的斗争是有理有利有节的。

在朱可夫的坚持下，美英两国也自知理亏力薄，于是终于按苏方的条件达成了协议，并发布了三个宣言。第1号宣言解散了德国全国政府的最后残余，把德国的最高权力交给各战胜国的总司令。

第2号宣言规定，在处理涉及整个德国的问题时，各战胜国必须协商一致，如不能达成一致意见，那么每一位总司令在他自己的区域内将拥有最高权力。实际上，这一宣言赋予每个占领国以绝对否决权，结果造成了德国在东方战胜国的地区和西方战胜国的地区之间的长期分裂。

第3号宣言划定了各占领区之间的边界，并确认了关于把柏林划分为几个区、每个战胜国各占领一个区的伦敦协议。

为了表示友好，蒙哥马利带来最好的摄影师，与朱可夫、艾森豪威尔和塔西厄照了一张合影。

表面暂时的良好合作，毕竟不能消除东西方根本的利益冲突、观念对立和相互猜忌，彼此协商合作的良好气氛并没有维持太长的时间，相互争夺成为东西方关系的主流。

苏与美、英等西方国家的分歧，突出表现在对德国残余部队的处理上、被俘的苏军战俘和苏联公民的问题。除此之外，还有诸如将德国划分成南德、西德和东德三个占领区、战后的经济赔偿、德国边界的划定、占领区界线的划分、战犯的处理、纳粹势力的肃清、柏林的粮食、煤炭供应等问题。但在朱可夫的强有力的斗争下，大部分都得到了比较有利的解决。

7月11日，柏林管制委员会首次会议正式举行。会议决定，美军司令官和英军司令官翌日将承担起管理他们各自辖区的责任。尽管在这些会议上偶尔出现紧张场面，但朱可夫及其主要助手的热情和真诚态度给许多美国人和英国人留下了强烈印象。

艾森豪威尔和朱可夫之间建立起来的个人间的谅解，常常有助于缓和柏林各占领国之间的紧张关系。空中走廊问题便是一个典型的例子。苏联当局常常写信给美国军事管制当局，抱怨他们所说的美国飞机擅自在苏联占领区域上空飞行，苏联人授权同盟国使用一条狭窄的飞行走廊进出柏林，飞机不得超出这条走廊。在天气恶劣，以及其他一些情况下，美国飞机常常违反关于走廊界限的规定。苏联人定期地提出这些违章事件的详细清单，数量很多。

在此情况下，艾森豪威尔将军前往会见朱可夫，认为这些事件并不会造成任何后果，所以不必对其如此重视。朱可夫表示同意，说这是一些小问题。

艾森豪威尔的参谋长沃尔特·史密斯将军谈了他对当时的朱可夫的印象：

我们与之联系的主要人物是朱可夫元帅和索科洛夫斯基将军，我们对他们二人都很赞赏，我们觉得无论在任何国家、他们都堪称伟大人物。他俩和他们的主要下属给我们的印象很深，因为他们不但有才能，而且态度坦率、直截了当。尽管存在着语言障碍——对于一个只能通

→

★波茨坦会议

第二次世界大战欧战结束后初期（1945年7月17日至8月2日），苏联、美国和英国三国最高领导人举行的一次重要国际会议。会议确定了对德国管制的政治原则和经济原则、讨论了波兰问题并达成一系列的协议，会议还就意大利、罗马尼亚、保加利亚、匈牙利和芬兰等五个法西斯德国的前盟国、但后又参加对德作战国家的政府问题进行了讨论，并在一些方面达成协议。8月2日，苏美英三国首脑签署《波茨坦会议议定书》。

> 出席波茨坦会议的丘吉尔（右）、杜鲁门（中）、斯大林（左二）。

过翻译与之交谈的人，是很难感到亲近的，但我们认为我们已经同他们建立了互相信任和谅解的可靠基础。

作为苏占区最高行政长官，朱可夫还直接筹备了二战中的最后一次苏、美、英三国首脑会议——波茨坦会议★。

为了解决有关战后欧洲问题和关于日本投降问题，各盟国于7月举行了会议。有人曾考虑把柏林作为举行会议的地点，可是朱可夫对从苏联来的一些保安人员说："柏林市内缺乏举行各国政府首脑会议应有的条件。我建议他们去参观一下波茨坦和巴贝尔斯贝格。"

波茨坦虽也遭到过一定程度的破坏，但德国皇太子的宫殿较为完整地保存了下来，足以安排众多的与会人员。最终，各国首脑同意把会议地点选在柏林南郊的波茨坦举行。

为了保证这次会议的召开，朱可夫命令工程兵昼夜不停地修复机场、道路、桥梁和房屋，并尊重各国首脑的爱好及各国的风俗习惯，装修了不同颜色的各国首脑住房。美国总统杜鲁门住蓝色房子，丘吉尔住红色的房子，斯大林则住白色的房子。到7月10日，一切都已准备就绪。

7月13日和14日，苏联代表团的顾问和专家们到达波茨坦。其中包括总参谋长安东诺夫、海军人民委员库兹涅佐夫以及外交人民委员会的代表维辛斯基、葛罗米柯、马伊斯基以及诺维科夫。

7月16日，斯大林、莫洛托夫以及他们的随从人员乘专用列车到达。

在前一天傍晚，斯大林打电话给朱可夫："千万别搞什么仪仗队和乐队来欢迎我们。只要你自己和你认为必要的人到火车站来就行了。"

第二天，朱可夫同维辛斯基、安东诺夫、库兹涅佐夫、捷列金、索科洛夫斯基、马利宁以及其他军人一起来到火车站。

朱可夫来到车厢跟前迎接斯大林。斯大林的情绪看上去很好，迈步走近欢迎的人群，向他们招手致意。斯大林停下来看了一下车站广场四周，不慌不忙地坐上了汽车，随后又把车门打开，邀请朱可夫同自己坐在一起。路上，斯大林询问朱可夫有关会议开幕的准备工作是否已经就绪。

当到达将下榻的别墅时，斯大林问这座别墅从前是谁的别墅。有人告诉他说，从前这是德国的埃里希·鲁登道夫将军的别墅。斯大林不喜欢有过多的摆设。他看了看房间以后，就要求把用不着的家具撤去。

当天，温斯顿·丘吉尔首相和哈里·杜鲁门总统也抵达波茨坦。这两位领导人前去拜访了斯大林。第二天早上，斯大林回访了他们。

波茨坦会议不仅是三大强国领袖之间的一次例行会晤，而且也是取得反法西斯德国胜利的盛大庆典。但同时也不容否认，同以前的几次会议相比，波茨坦会议则带有各强国想利用德国失败的真空，来争夺欧洲乃至世界霸权的企图。

7月17日下午，波茨坦会议正式开幕，预定开到8月2日结束。杜鲁门总统带着他的国务卿詹姆斯·贝尔纳斯、前驻苏大使约瑟夫·戴维斯、五星海军上将威廉·莱希以及杜鲁门的译员查尔斯·傅伦。丘吉尔则由安东尼·艾登、克莱门特·艾德礼等人陪同。

会议最初开得十分紧张，美英两国明显地形成统一阵线，这使苏联一方总是处于1∶2的不利局面，所以会议中苏联代表团的任务显得更为艰苦和复杂。

会议的主题是讨论战后欧洲各国的体制问题，其中主要是在民主基础上改造德国的问题。最终，盟国就对德的政治原则和经济原则方面达成了协议。

快到7月底时，代表们休会数天。待到复会时，丘吉尔和艾登已不再是英国代表团的成员了。7月28日，因为在大选中败北，丘吉尔的首相任期在这一天宣告结束，而克莱门特·艾德礼成为新一任首相，欧内斯特·贝文担任新的外交大臣。

当天，新当选的英国首相艾德礼戏剧性地从英国赶赴波茨坦，取代丘吉尔担任了英国代表团团长。

丘吉尔离别之前，在住所里举行了盛大的招待会。朱可夫同斯大林、莫洛托夫、安东诺夫应邀出席。

在招待会上，美国总统杜鲁门首先讲话，他建议为击败法西斯德国作出卓越贡献的斯大林干第一杯酒。斯大林则说，丘吉尔先生在英国极度困难的战争年代里，肩负起了同希特勒德国做斗争的领导责任。在他胜利地完成了自己担负的重大使命之际，应当为他干杯。

然而，使在场的人感到意外的是，丘吉尔忽然举杯向朱可夫祝酒。此时，朱可夫毫无思想准备，慌乱之下也急忙向丘吉尔回敬祝酒。

在朱可夫感谢丘吉尔的殷勤盛意时，出于一时口误，竟无意中把丘吉尔称为"同志"。朱可夫马上就觉察到了莫洛托夫那困惑不解的目光，自己也有些发窘。于是，他便随机应变，紧接着打了一个圆场，举杯祝贺在这次战争中的战友和盟友所取得的彻底击败法西斯德国的胜利。但是第二天，斯大林和苏联代表团的成员仍然为朱可夫这么快就得到丘吉尔这样的"同志"而发笑不已。

8月2日，波茨坦会议按期结束。这次会议虽然不可避免地存在着争议和分歧，但是总的来说，它为战后各大强国的协调与合作奠定了一定的基础。

从7月3日到8月2日，这20多天时间里的安全保卫、迎来送往等等繁杂而重要的事项都必须绝对万无一失。朱可夫以其特有的组织才干出色地做到了。

★雅尔塔体系

指第二次世界大战结束时由美国、苏联及英国等大国参与设计和构筑的一整套国际关系体系。其主要内容是以雅尔塔会议为代表的一系列大国的重要国际会议，以及其就结束战争与维持战后和平问题所通过的一系列文件、宣言、公告和秘密协议。雅尔塔体系是20世纪继凡尔赛－华盛顿体系之后，经过世界大战而建立的第二个国际关系体系，对第二次世界大战后的国际政治产生了极为深远的影响，支配国际政治长达40余年。

此外，朱可夫还参加了会议内容的确定工作。在美、英代表拥有 2∶1 优势的不利情况下，达成了对苏联有利的协议。其中，西方把德国一分为三的意见被否定了，苏联将从英、法、美三国占领区中得到 10% 的工业设备作为赔偿，苏联接管柯尼斯堡和东普鲁士的一部分，波兰接管东普鲁士的其余部分，并以奥得河－尼斯河一线与德国划界。雅尔塔的体系★得到了重新确认，苏联对日作战也得到了巨大的报偿。

在这次会议上，杜鲁门试图用原子弹对苏联进行讹诈，但是被斯大林顶了回去。这一事件大大刺激了苏联加速研究原子弹的进程。

波茨坦会议一结束，斯大林便立即返回莫斯科。临行前，朱可夫向斯大林建议，邀请艾森豪威尔到莫斯科参加 8 月 12 日的苏联体育节，并访问莫斯科。

斯大林欣然同意，并向美国发出正式邀请。邀请电说，艾森豪威尔访问莫斯科，将作为朱可夫元帅的客人。也就是说，艾森豪威尔将以军事活动家的身份被邀请访问苏联。

这位美国司令官很快接受了邀请，并获悉朱可夫元帅将与他一起前往莫斯科，并在访问期间作为正式东道主陪同访问。

艾森豪威尔抵达莫斯科后，下榻于美国驻苏大使官邸斯帕索大厦，同他的朋友艾夫里尔·哈里曼住在一起。艾森豪威尔首先会见了红军总参谋长安东诺夫将军，后者领他到作战室参观，并向他说明了苏军在远东的配置情况和在那里作战的计划。

举行体育检阅那天，艾森豪威尔及其一行前往红场。当艾森豪威尔在那个星期日的早晨走向检阅台时，人群中爆发出自发的欢呼声，一直持续到他登上检阅台。

大约有 2 万人到场观看了这次检阅。每个人都必须站着看表演，给美国大使及其一行安排的位置是在检阅场的一处混凝土看台上。可是，美国人刚刚到达，安东诺夫将军就走过来对艾森豪威尔说，斯大林邀请他到列宁墓的检阅台上去，紧接着又转述道："大元帅说，你要是愿意去的话，他还邀请你的两位同事一道去，如果你愿意带他们去的话。"哈里曼立刻

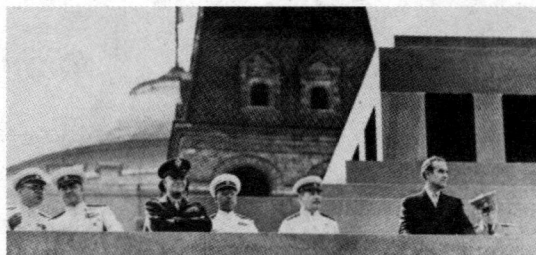

> 艾森豪威尔(左三)出席斯大林在红场举行的检阅仪式。

对艾森豪威尔说，这是一个破例的盛意——从未听说有哪一位外国人被邀请登上列宁墓。

于是，艾森豪威尔接受了斯大林的邀请，并请哈里曼大使和军事代表团团长迪恩陪他一道去。

他们三人在列宁墓的检阅台上站了5个小时。其间，斯大林不时地通过一名译员同艾森豪威尔交谈。斯大林几次谈到，苏联和美国必须继续保持友好关系，并且强调指出，美国人民能够做许多事情来帮助苏联。

非常明显，斯大林为了重建苏联，十分珍视与美国的友好合作关系。受宠若惊的艾森豪威尔及其助手迪恩将军、驻苏大使哈里曼都十分清晰地感到，朱可夫很得斯大林的器重，两人交谈亲密而融洽。艾森豪威尔自然因此更加看重朱可夫。

检阅结束后，艾森豪威尔和朱可夫正准备离开，这时人群向他们热烈欢呼。在这种氛围下，两人激动地拥抱起来，此举赢得了广场上人们的一片掌声和欢呼声。他们不停地向呼喊的人群招手，这使得在场的美国人也觉得心里热乎乎的，认为这是苏联人的真情流露，绝不是预先安排的。

返回德国以后，艾森豪威尔又邀请朱可夫访问美国，并得到了杜鲁门总统的批准。朱可夫很快接受了邀请，并要求克莱将军或艾森豪威尔将军陪同他前往美国。由于有一些紧迫的事务，艾森豪威尔不能成行。但不巧的是，朱可夫在这时突然生病，访美之行不得不推迟，后来又因故取消了。

由于日本已经投降，此时的美国觉得没有必要再求助于苏联，于是对苏政策发生了重大的变化，从友好变为遏制。至于个人的友谊，在政治斗争面前则显得微不足道。即使像朱可夫与艾森豪威尔这种伟大人物的私人关系，也不能不让位于国家利益的要求。

美苏的"蜜月"行将结束，朱可夫也完成了自己在第二次世界大战中所肩负的非同寻常的历史使命。

第十二章

走下战场后的沉浮

1896-1974 朱可夫

朱可夫的名字尚未落音，整个大厅一下子沸腾起来，雷鸣般的掌声大起，时强时弱、忽高忽低、经久不息。勃列日涅夫用手示意大家："好啦，请坐下。"然而却回之以更加雷动的掌声，大会厅的所有代表仍然站着。勃列日涅夫局促不安起来，望着人们发怔。担任大会主席的苏斯洛夫也想使人们安静下来，可是又再次爆发了一片热烈的鼓掌欢呼声……

300

>> 不屈的个性光辉

1945年5月9日，莫斯科沉浸在欢庆胜利的喜悦之中。

中旬，斯大林命令朱可夫去莫斯科，研究苏联对日作战问题。在这次会议上，决定举行一次"胜利阅兵式"。按照惯例，阅兵首长应该由最高统帅斯大林本人来担任，而阅兵总指挥是由最著名的军事首长担当。对此，斯大林心中有数。

当阅兵式准备就绪后，斯大林将朱可夫叫到自己的别墅，询问他的骑术是否生疏了。朱可夫是20世纪30年代苏军知名的骑兵团长、师长和军长，堪称骑术高超。

朱可夫不假思索地答道："没有，没有生疏。"

"是这样，你将担任'胜利阅兵式'的阅兵首长，阅兵总指挥由罗科索夫斯基来担任。"斯大林温和地笑着说道。

朱可夫明白斯大林的用意，这是对自己最大的信任和嘉奖，也是对罗科索夫斯基未能参与攻打柏林的一个补偿。当年，为了安排朱可夫成为柏林的征服者，硬是把智勇双全的罗科索夫斯基元帅，从白俄罗斯第1方面军司令员的岗位上调到白俄罗斯第2方面军去，失去了攻占柏林的无上荣誉。罗科索夫斯基虽然感到委屈，但他顾全大局，在历次战役中都发挥出色，赢得了全党全军的敬爱。这位元帅还有一个优势，不但德才兼备，而且身材高大，仪表堂堂，是公认的美男子。和朱可夫一样，经过严格训练的他也是骑术超群，担任阅兵总指挥毫无问题。

朱可夫诚恳地对斯大林说："谢谢您给我的荣誉。但由您来阅兵不是更好吗？您是最高统帅，就权利和义务来说，都应由您来担任阅兵首长。"

斯大林摇摇头说："我当阅兵首长已经太老了。还是你来吧，你年轻一些。"

不久，苏联各报刊上登出了苏军最高统帅斯大林的命令："为了庆祝在伟大的卫国战争中所取得的对德作战的胜利，定于1945年6月24日在莫斯科红场举行作战部队、海军部队和莫斯科卫戍部队的阅兵式——即胜利阅兵式……阅兵首长由副最高统帅、苏联元帅朱可夫担任，阅兵总指挥是苏联元帅罗科索夫斯基。"

斯大林将祖国的最高荣誉给予了朱可夫元帅和他的战友们，并将他们昔日的成就推向了辉煌的顶峰。

∧ 朱可夫骑马通过莫斯科红场。

胜利阅兵式是朱可夫人生事业的顶点！正是在这一天，朱可夫代最高统帅斯大林，检阅了苏联红军陆、海、空三军。这样的殊荣，不是每一个出类拔萃的人都能享受到的。

1945年6月24日上午9时57分，朱可夫在斯帕斯基大门附近骑上了高头大马，冒着毛毛细雨向红场走去。他的心情紧张而激动。街路和广场上空，回荡着格林卡《光荣颂》那雄壮的乐曲声。忽然，乐曲声停，一片寂静。阅兵总指挥纵马上前，用宏亮清晰的声音向朱可夫报告，朱可夫举手还礼，同时明显地感觉到罗科索夫斯基的激动程度丝毫也不亚于自己。

朱可夫稳稳地坐在马背上，接受部队的敬礼。一排排胸佩军功章的团队从列宁墓前走过，200多面缴获的法西斯军旗被抛到墓前的台阶上。人群中"乌拉"声此起彼伏，群众的欢乐情绪达到了极点。

1946年元旦，苏军机关报《红星报》在头版刊登了一张巨幅照片。照片上，斯大林身穿大元帅服，神采奕奕，容光焕发。在斯大林的右边，是笑容满面、喜气洋洋的朱可夫，而左边是伏罗希洛夫，两边还有罗科索夫斯基、科涅夫、布琼尼、铁木辛哥等人。

此时的朱可夫正是春风得意。作为苏联卫国战争统帅中最杰出的人物之一而受到斯大林的青睐，朱可夫已经成为斯大林身后最耀眼的一颗星！

1946年3月底，朱可夫正在主持盟国管制委员会的工作，斯大林打来电话，询问道："美国政府从德国召回了艾森豪威尔，留下了克莱将军接替了的职务。英国政府召回了蒙哥马利。根据对等的原则，你是否也应该回到莫斯科？"

朱可夫回答："我同意回去。我建议由索科洛夫斯基大将接替我。他最了解管制委员会的工作，并且也熟悉部队的情况。"

过了几天，斯大林又打来电话，对他说："政治局同意索科洛夫斯基接替你的职务。我们还决定撤销第一副国防人民委员这一职务，而设常务副国防人民委员，这个职务由布尔加宁担任。华西列夫斯基任总参谋长，库兹涅佐夫任海军司令。你想担任什么职务呢？"

朱可夫不假思索地说："我可以在党中央委员会认为我最适合的任何岗位上工作。"

"按照我的意见，你应当负责陆军的工作。我们认为，陆军应有一个总司令。你不反对吧？"斯大林问道。

"同意。"朱可夫回答。

"很好。同布尔加宁、华西列夫斯基一同回莫斯科，在各自的职务上同人民委员部领导成员工作一段时间。"

1946年4月，朱可夫告别了与自己有着特殊感情的柏林市和生死与共的战友们，回到首都莫斯科，担任苏联陆军总司令一职。除了托洛茨基和加米涅夫担任过苏俄红军总司令外，还没有过一个苏联红军陆军总司令的职务。这显然是专为朱可夫设置的。其实，这个陆军总司令只是名义上的职务，并没有什么具体的权力。

对于朱可夫在第二次世界大战中的无与伦比的战绩，斯大林是最清楚不过的。1946年的

< 功盖于世的朱可夫元帅。

五一节那天，朱可夫同其他军政领导人还一起出现在列宁墓上。几周之后，即5月25日，朱可夫又出席了为以保列斯拉夫·贝鲁特主席为首的波兰代表团举行的招待会。但是过了不久，即在7月份，《真理报》突然宣布，朱可夫被调到敖德萨军区任职，就任军区司令。

顿时，外界的传闻和猜测纷纷扬扬。有的说，朱可夫失去了斯大林的宠信；有的说他在与国防部长布尔加宁的冲突中失败了；有的认为朱可夫不存在失宠的问题，他已担任中国共产党人的顾问，帮助他们解放全中国；还有的说，朱可夫被调到敖德萨，是为了向伊朗、中东和希腊进军做准备。

随着时间的推移，拨开历史的迷雾，终于到了可以揭开幕后真相之时。朱可夫突然被贬，主要有三个方面的原因：

一是战争结束后，斯大林作为最高统帅，他在取得第二次世界大战胜利中的作用和地位是绝对不能受到威胁的。斯大林不能容忍周围的人因名望太高而喧宾夺主。

二是朱可夫对于斯大林坚持把战争的胜利归功于他自己的天才，越来越轻蔑，以至到了十分反感的程度，在一些场合，他公开表示了这种不满情绪。秘密警察把朱可夫的言论报告了斯大林。

三是朱可夫历来轻视党和政治工作在军队中的地位。在战争时期，斯大林曾对坚持搞一长制的朱可夫作了让步，在军队中取消了政治委员。现在战争结束了，斯大林再也不能容忍朱可夫那种排斥党的工作人员的态度。

从更广泛的意义来看，或许斯大林还有一个用意，即撤去朱可夫的重要职务，可以起到"杀鸡给猴看"的作用，从而吓唬住那些大权在握，不听召唤的军队将领们，使他们始终与自己保持绝对一致。事实证明，斯大林的这一手是成功的，在之后的许多年中，苏联最高统帅部始终处于安分守己、无所作为的状态。

∧ 时任乌拉尔军区司令员的朱可夫在"五一"游行仪式上。

当然，一件事情的产生和发展，都是多方面因素综合作用的结果。朱可夫被贬，跟当时的舆论宣传及西方的别有用心也有极大的关系。当时的媒体对朱可夫的功绩作了不适度的宣传，溢美之词甚至高于苏联人民最高统帅斯大林。这种人为的拔高宣传，不仅没有抬高朱可夫的声誉，反而引起了党内部分人士的警觉。

　　尤其值得注意的是，为了实现自己的全球战略，美英等西方国家的政治家和军事首脑人物有意识地贬低斯大林，恶意地抬高朱可夫在战争中的功勋，别有用心地把苏联的胜利说成是朱可夫一个人的胜利。他们不仅授予朱可夫各种各样的勋章，吹捧朱可夫到了肉麻的程度，而且不惜花费邀请朱可夫去西方访问。其真实意图就是要在苏联内部打下楔子，扩大裂痕，以此达到分化、瓦解苏联的目的。这当然引起了苏联党和军队，包括斯大林的高度警觉。

　　金无足赤，人无完人。不可否认，这时的朱可夫身上也存在一些缺陷，思想出现了一些变化，产生了居功自傲的心理；他的性情豪放，不拘小节，可是在长期复杂的战争过程中也犯有不少错误，出现不少失误；他在历次战役中果断顽强，也伤害或错用了一批人；他理应享受荣誉，但他也应对此有自知之明，如果把一切功劳都算在自己头上，那就不可避免地会与党和人民的要求不相适应。特别是在屡次被警告之后，他仍然沉湎于往昔的荣誉之中而不能自拔，以失落和愤懑的心态来对待一切。当战争结束而迎来和平年代后，朱可夫没有能够适应时代的变化，对自己缺乏冷静客观地评价，没有摆正自己的位置。

　　当朱可夫离开仅仅坐了3个月的陆军总司令的交椅后，华西列夫斯基则幸运得多：1948年11月被任命为总参谋长，4个月后又被提升为国防部长。这位走红的人物与朱可夫的性格及作风截然不同。华西列夫斯基说话总是心平气和，从不提高嗓门，在下属面前始终保持一种自重的神态。如果遇到实在难以容忍的事情，他就捏紧自己的拳头，直到手指发痒，仍然可以做到默不作声。

　　斯大林与这种性格温顺的人似乎更合得来。他曾当着华西列夫斯基的面，公开赞扬道："华西列夫斯基同志，瞧您指挥着这么一大批部队，而且您干得不坏，但您自己也许连苍蝇都从来没有欺侮过。"

　　朱可夫没有想到，1946年的失意还不是他的人生的低谷。他在敖德萨住了两三年后，又被调到大后方的乌拉尔军区任司令员。不久，朱可夫的照片也从刊物中消失，基本上被"冷冻"起来了。天生的倔强性格和居功自傲，使朱可夫产生了巨大的心理失衡。

　　对朱可夫这个不可一世的风云人物来说，这一时期恰似从峰顶跌到了谷底。朱可夫在精神上难以承受这连续不断的打击，于是向上主动提出报告，要求离开军队，理由主要有三点：一是党和政府对自己在军事上的成就一笔勾销，只字不提，这是不公平的；二是经常受到秘密警察的盘查，使自己失去了应有的自由，造成精神紧张；三是完全缺乏私生活。

　　朱可夫的要求没有得到任何回音。此时，朱可夫的地位仍在继续下降，而有关他的消息在新闻界也越来越少。根据斯大林的命令，朱可夫的照片从所有的军队驻地撤掉了。私人朋友艾森豪威尔将军再也收不到朱可夫的来信了。

1950年6月，朝鲜战争*爆发后，斯大林感到他对军事将领不公正的处置，有损于苏联的军事力量和国家安全。特别是看到美国因朝鲜战争而急速发展军事力量时，斯大林也不得不采取重视军方的具体措施，其中包括重新启用和发挥军官们的荣誉感及军事才能。

在这种背景下，朱可夫又开始逐渐露面了。就在朝鲜战争爆发的那个月，朱可夫回到了莫斯科，并且被通知出席最高苏维埃的一次会议。

1950年，在苏共第十九次代表大会上，军人在中央委员会中的人数空前增加，朱可夫也被选为候补中央委员。党史军史中也逐渐恢复了他的名字，同时在一些重大场合也偶尔露面。尽管如此，与过去相比，朱可夫的变化仍然是缓慢和不明显的。对朱可夫而言，无论是地位还是身份都没有实质性的转变。

*朝鲜战争

日本无条件投降后，美国于1948年策动朝鲜南部成立大韩民国，朝鲜北方则宣布成立朝鲜民主主义人民共和国，致使朝鲜半岛形成南北对峙的局面。1950年6月25日，朝鲜战争爆发。6月28日，朝鲜人民军攻克汉城。6月30日，美国政府下令将美驻日本的地面部队投入朝鲜战争。10月15日，中国人民志愿军赴朝作战。经过三年的战争，1953年7月，中、朝与"联合国军"签署停战协议。

从1951年起，斯大林患有高血压，身体一直不好。在医生的劝告下，他把烟戒了。此后，斯大林再也没有离开莫斯科，大部分时间住在扎策沃。与此同时，斯大林的性格越来越孤独，体质每况愈下，体力越来越弱。1953年3月5日，斯大林因脑溢血与世长辞。

苏联人在哀悼斯大林的同时，似乎掺杂着另一种感觉，即觉得苏联的一个时代已经到了尽头，新的时代正在开始，这个时代将与前一个时代有所不同。总之，随着斯大林的逝去，一个时代结束了，人们已经认识到应该超越这个伟人而跨入新的里程。

1953年3月6日凌晨，莫斯科电台宣布了斯大林逝世的消息。同一天，朱可夫被任命为国防部副部长，并同时负责苏联陆军部队。斯大林的去世和朱可夫的重新起用，在时间上安排得如此紧密，使后来的历史学家们产生了种种猜测和疑问。这两件事发生在同一天绝非巧合，在为斯大林举行葬礼那天，朱可夫参加到为这位大元帅守灵的行列。这样，他又开始为苏联军事机构提供富有活力的领导。

朱可夫回到莫斯科后，使苏联军事机关获得了巨大力量，也使因斯大林去世而暗淡无色的苏联政府增色不少。毋庸置疑，这对当时稳定军心和民心起到了良好的效果。

斯大林去世后，苏联国内发生的第一起重大事件，就是贝利亚及其一批秘密警察官员被捕。

贝利亚长期担任内务部长的要职，是秘密警察的总头目。党和政府要员的一举一动，几乎都逃不过他的耳目。朱可夫对贝利亚早有仇恨。朱可夫始终认为，1946年之所以被贬职，祸根就是贝利亚派秘密警察诬告了他。

此时，贝利亚想趁斯大林去世而夺取政权的计划败露，朱可夫当然不能错过这一难得的下手机会。他立即与布尔加宁、华西列夫斯基和部长会议主席马林科夫一起讨论对策，决定采取特殊手段逮捕贝利亚及其同伙。

由于在莫斯科军区中没有可以信赖的部队完成这一极为重大而又极具风险的任务，他们秘密地从朱可夫呆过的乌拉尔军区调来两个近卫师，这两个师无疑是绝对忠于朱可夫的。

经反复商议，并经赫鲁晓夫策划，预定于6月26日在一次中央委员会主席团全体会议上，由马林科夫出面采取逮捕贝利亚的行动。

与一般人不同的是，贝利亚是内务部的负责人，是秘密警察的总头目，领导着克里姆林宫内一支相当庞大的武装警卫队。此外，主席团的卫兵也忠于贝利亚。每次召开会议，贝利亚的随从都会坐在会议室隔壁的房间内。因此，逮捕贝利亚的行动实施起来相当棘手，一旦稍有疏漏，后果不堪设想。

在此种情况下，赫鲁晓夫只能依靠军队出面帮忙。先前，赫鲁晓夫让空军司令员莫斯卡连科和另外5位将军执行拘留贝利亚的任务。后来，经马林科夫建议，又把参与此事的圈子扩大，其中包括朱可夫和其他10位元帅、将军。

按内务部原来的规定，在进入克里姆林宫时，所有的军人都不准携带武器，并受到严格检查。这次会议之前，布尔加宁出面破例允许元帅和将军们随身携带腰佩武器。

会议按预定计划召开。朱可夫他们呆在另一间房内，只等马林科夫发出信号，就一齐动手。

这次会议从表面上看与平时没有什么两样，但是赫鲁晓夫和马林科夫的心却好像都提到了嗓子眼儿上，而贝利亚却若无其事，紧挨在赫鲁晓夫的右边坐着。会议刚一开始，马林科夫便突然宣布："我们现在讨论贝利亚的问题。"贝利亚听到这一句话，吃惊地张大了嘴巴，紧紧地抓住赫鲁晓夫的手，疑惑地问道："尼基塔，这是怎么回事呀？你们在咕噜些什么呀？"

赫鲁晓夫像法官宣判似的厉声回答："注意听吧，你很快就会知道的!"接着他就开始发言，历数了贝利亚的罪恶活动和阴谋企图。接着，布尔加宁和与会的每一个人都发言谴责了贝利亚的罪行。

会议本应由马林科夫总结并宣布对贝利亚的处置，但是事到临头，马林科夫却害怕得不知所措，致使会议长时间地停顿而没有结果。赫鲁晓夫见势不妙，立即要求发言，按照事先商讨的意见，建议中央委员会主席团解除贝利亚的部长会议副主席、内务部长以及兼任的一切其他政府职务。此时的马林科夫仍然没有从恐慌中解脱出来，好像忘记了提议付诸表决的程序，而是稀里糊涂地按了一下秘密电钮，向隔壁房间发出了信号。

朱可夫第一个走进会场，紧跟其后的是莫斯卡连科等10位杀气腾腾的将领。

马林科夫用一种微弱的声音向朱可夫说道："作为苏联部长会议主席，我要你们把贝利亚先关进监牢，以待调查对他进行的控诉。"

朱可夫怒视着贝利亚，大声喝道："举起手来！"随后，所有的元帅和将军们都打开了他们的手枪皮袋，以防贝利亚的反抗。几乎在同一瞬间，贝利亚迅速去摸公文包，旁边的赫鲁晓夫赶紧抓住了他的手臂，贝利亚无奈地缩回了手。

贝利亚及其同伙被捕后，开始被秘密关在莫斯卡连科的司令部地堡里。直到1953年12月24日，苏联政府才宣布对贝利亚及其同伙处以死刑。之后，朱可夫被提升为党中央委员会的正式委员。随之而来的是，原属贝利亚领导的政治警察的地位下降了，军队的柱石作用得到了重新承认。

贝利亚事件之后，围绕国家建设的方针问题，苏共上层出现了重大分歧。布尔加宁接替了马林科夫的职务。上任伊始，布尔加宁就提出重工业和国防是密切相关的论点，从而博得了军队一些元帅们的欢心。

1955年2月，朱可夫接替布尔加宁留下的职务，担任了国防部长。

随着地位的上升，朱可夫在军队中的影响也越来越大，其思想得到了最有效的贯彻。此时，苏联国防的重点放在以核武器和发射系统为基础的现代战略理论研究上。

早从1953年底起，苏联军事理论就开始考虑新式武器对战略和战术的影响。随着朱可夫的晋升，苏联在军事理论著作方面显示出新的活力，因为苏联人开始认识到苏联军事理论和思想并不是一贯正确的。

担任国防部长以后，朱可夫公开发表的有关修正苏联的军事理论的著述，正是对于美国1953年和1954年开始出现的军事方面的"新面貌"早就应该作出的反应。

在朱可夫担任国防部长期间，苏联的军事著述工作蓬勃开展。苏联军事理论家们——其中许多人在国防机构中担任高级职务——开始详细阐述现代战争的理论和技术。这个过程虽说是缓慢的，却是可以看得出来的。朱可夫本人也参加了这些讨论，并发表了自己的观点：

战争的胜负取决于一系列因素，特别是武装部队的技术水平和武器状况、部队的战斗力和熟练程度、最高统帅部、司令员和指挥官们的军事艺术，而最主要的是人民和军队是否认识到政府领导他们进行这场战争的正义目标……上述的各种因素，对于战争的特点和实施战争的手段有着决定性的影响。

就这样，朱可夫倡导了对军事艺术和军事科学的开诚布公的讨论。朱可夫坚持主张苏联军事史一定要真实、客观，并且强调，在实际应用战略理论时，必须有较大的灵活性、个人的主动性和想象３３力。

> 1955年，时任国防部长的朱可夫。

>> 陷入政治旋涡的元帅

1955年7月14日，苏联共产党中央委员会宣布将于1956年2月14日召开第二十次党代表大会。

第二十次党代表大会以赫鲁晓夫谴责斯大林的秘密报告而闻名于世。赫鲁晓夫不仅攻击斯大林的军事天才是虚构，而且对军队司令员们大加赞扬。他特别把自己打扮成朱可夫的忠实朋友，并说自己曾经为朱可夫辩护过；同时还谴责斯大林搞"个人崇拜"和"缺乏个人的谦虚"，表现在"他不仅不去杜绝对他的颂扬，甚至还用种种办法支持和鼓励这样做"。在这次代表大会上，仅有为数不多的发言者没有赞扬赫鲁晓夫和他的报告，朱可夫即是其中之一。

1957年3月，朱可夫出席了战后在莫斯科召开的首次苏联武装部队会议。他在会上发表

*莫洛托夫

苏联政治家。十月革命时，任革命军事委员会委员，1918年起历任北部地区国民经济委员会主席、乌克兰共产党中央书记等。1930至1941年任苏联人民委员会主席。1941至1957年任苏联人民委员会（后改为部长会议）副主席和第一副主席，期间两度兼任苏联外交人民委员（后为外交部长）。卫国战争期间，任国防委员会副主席和最高统帅部大本营成员。出席过德黑兰、雅尔塔和波茨坦会议。

了主旨演说。朱可夫攻击了艾森豪威尔主义，同时要求苏军提高军事训练和政治训练的效果。朱可夫批评了那些"过早地发胖而变得动作迟缓的人"。关于未来的战争问题，朱可夫驳斥了"假如使用核武器，双方都会毁灭"的论点，并宣称，苏联必须作好准备来防卫这种武器的袭击，并对任何进攻它的国家进行反击。

朱可夫的一生中从未改变这种立场，即国家当局应当信任司令员，让他们去处理部队的事务，政治委员不要总是横加干预。朱可夫既然当上了国防部长，职业军事人员试图获得更大的自由来履行他们的职务，不受过多的政治控制的妨碍，他们这样做就是很自然的了。二十大以后，赫鲁晓夫的权力渐渐膨胀起来，并且继续夺取他的政治对手们仅有的一部分权力，从而引起了一些人的警觉和恐慌。莫洛托夫★、卡冈诺维奇和马林科夫认定他们必须采取行动，否则手中仅剩下的权力也将丧失殆尽。

1957年4月，马林科夫、莫洛托夫和卡冈诺维奇决定向赫鲁晓夫发起反击。伏罗希洛夫似乎愿意参加，还有两个人也愿意参加，他们是别尔乌辛和萨布罗夫。这是两位经济计划专家，同米高扬一样，都是部长会议第一副主席。布尔加宁虽然不敢公开反对赫鲁晓夫，但他让这些阴谋者在他的办公室里开会，并答应他们，一旦推翻赫鲁晓夫成功，他就批准新成立的政府。

当时中央主席团共有11名成员，而参加这个集团的已有7名，赫鲁晓夫已属于少数派。

在6月18日召开的一次主席团例行会议上，开始是大多数人在一个极普通的问题上都投票反对赫鲁晓夫的意见。在会议进行过程中，多数人在一个又一个问题的表决中，开始反对赫鲁晓夫，对其政策的各个方面进行了攻击。让这位以反斯大林个人迷信起家的英雄颇为难堪的是，大家几乎异口同声地指责他搞个人崇拜。他们一不做二不休，坚决要求赫鲁晓夫当即辞去党的第一书记职务。投票的结果是7对4，多数人站到了赫鲁晓夫的对立面。

> 时任国防部长的朱可夫赴各地视察时所摄。

　　至此，布尔加宁的胆子也壮了起来，直盯着赫鲁晓夫，郑重地宣布："好吧，赫鲁晓夫同志，我们是 7 位，而你们是 4 位。你应该服从多数了。"

　　面对突如其来的发难，赫鲁晓夫好像被人狠狠地敲了一记闷棍，脑子里突然一片空白，滚圆的秃头上沁满了汗珠。然而，他不愧是政坛上的老手，只见他定了定神儿，然后理直气壮地反驳道："在数学上，2 加 2 的确是 4，但这不能应用到政治上。在政治方面，事情并不是这样简单。"

　　按照党章的规定，主席团只要有 1/4 的人提出要求，就可以召开中央委员会全体会议。

　　在得到朱可夫等 3 位支持者同意后，精明老练的赫鲁晓夫提出：只有中央全会才有权免除党的第一书记的职务，并要求立即召开中央全体会仪表决。赫鲁晓夫确信，只要能召开中央全会，自己就能够化险为夷。

　　此时，拥兵自重的朱可夫一方面表示支持赫鲁晓夫的意见。一面要求主席团会议休会。这一要求被与会者接受了。朱可夫大步流星地走出会议室，立即命令国防部派军用飞机把分散在全国各地的中央委员火速接到莫斯科来。当晚就有不少委员赶到了莫斯科。

∧ 1957 年，时任国防部长的朱可夫在检阅莫斯科卫戍部队。

6月19日上午，300多名中央委员、中央候补委员和监察委员会委员聚集在莫斯科的会议室里，开始举行会议。这些人稀里糊涂地被投入了这场政治权力的无情斗争中。

赫鲁晓夫的心好像比前一天踏实多了。他满脸怒气，双眼圆睁地坐在主席台上，活像是一个即将上场决一死战的拳击手。

马林科夫、莫洛托夫和卡冈诺维奇重申了他们对赫鲁晓夫的指责，但没有得到多少支持，响应者廖廖。原来就不十分坚定的主席团成员别尔乌辛和萨布罗夫见风向不妙，也随机应变地投了赫鲁晓夫一票。

此时，反对派集团大势已去，一个个像泄了气的皮球，瘫在座位上。

会上，朱可夫发表了一篇支持赫鲁晓夫的有力的演讲，把反对派集团的策略同贝利亚的反党阴谋相提并论，说军队了解事情真相，就像了解当年贝利亚事件一样。朱可夫放大了嗓门，向与会者说道："红军不允许任何人企图得到个人的权力。"

朱可夫发言时，赫鲁晓夫用充满感激的目光看着他。按照赫鲁晓夫的习惯，真想跳起来向朱可夫拥抱，但是最终还是控制住了自己内心的激动。

此后，赫鲁晓夫便决定彻底清除掉他的政敌。他把莫洛托夫他们一股脑地称作"反党集团"，谴责他们犯了一系列罪行。在赫鲁晓夫的提议下，莫洛托夫、马林科夫和卡冈诺维奇被逐出党的主席团和中央委员会。萨布罗夫被解除主席团职务，别尔乌辛降为候补中央委员。获胜的赫鲁晓夫把主席团的11个席位增加到15个，其中有9名成员都是由他亲自选定。理所当然，朱可夫就是其中之一。一个职业军人出身的元帅成为党的最高政治机构的成员，这在苏联共产党的历史上是唯一的一次。

在以后的几个星期里，朱可夫几乎把所有精力和时间都用在谴责反党集团的活动中，痛骂这些反党集团成员是害群之马，不愿意放弃他们把持了将近30年的权力。在每次发言中，朱可夫措辞最严厉的莫过于对搞个人迷信的痛恨，要求公开揭露这些极权人物的不法行径。

7月5日，朱可夫在列宁格勒的群众大会上，讲述了自己在第二次世界大战期间在保卫这座城市方面所起的作用。接着，朱可夫痛斥了反党集团，指出："社会上总会有害群之马，这一次，在党中央委员会主席团里出现了这种害群之马。"朱可夫说，"我说的是马林科夫、卡冈诺维奇、莫洛托夫和谢皮洛夫。"

朱可夫详细地列举了他们的一大堆过失。他说，他们抵制为改进农业而采取的措施，反对扩大各加盟共和国在政治、经济和立法方面的权力。更加严厉的谴责是他指责他们顽固地抗拒党为消除对个别领导人的迷信所作的努力，特别是他们抗拒揭露和谴责应对过去的破坏法制事件负主要责任的人。现在，他们自己的活动被揭露出来，人们才看清他们为什么要反对揭露过去犯下的违反法制的行为。

在这次演讲中，朱可夫公开主张把整个斯大林问题和被斯大林清洗的军事将领们的内幕公诸于众。这位"炮筒子"元帅的发言、触及了苏联政治的神经,《真理报》在发表这篇演说时作了加工,删去了一些敏感的话。

朱可夫提出这些敏感的话题,目的可能仅仅在于想把20世纪30年代和第二次世界大战中,斯大林对他和其他一些军人的错误处置纠正过来。但是不论出于什么用意,朱可夫都忽略了这样一点:党的领袖们始终是一个整体,他们在许多方面,几代人都是一脉相承,打碎其中任何一块灵牌,他们都将失去自身的权威和神秘光环。朱可夫肆无忌惮地向党的隐蔽处进攻,显然犯了政治上的大忌。

在列宁格勒的演说,是促使朱可夫在10月底突然下台的重要因素之一。在斯大林问题和反党集团问题上,朱可夫的做法有可能打乱了领导人的一致意见。党的领导人作为一个整体,必定会认为朱可夫的演说,可能是他试图夺取权力的第一步;而且,朱可夫过分地夸大了自己在列宁格勒战役中的作用。

如果再把朱可夫早些时候的言论结合起来,人们自然会认为他试图建立新的个人迷信,否定苏联共产党的领导地位与作用。

对朱可夫心存感激的赫鲁晓夫,似乎预感到这位兵权在手的元帅是想乘机夺权。这是赫鲁晓夫最为担心的事情。

朱可夫在多次讲话中宣布:"红军将忠实地和坚定地保卫着祖国的利益,并且时刻准备来执行人民的意愿。""人民的意愿"的含义是什么?"人民的意愿"与党的领导的关系是什么?此言出自一贯轻视党对军队的领导,轻视军队政治工作的朱可夫嘴里,不能不使党的领袖们感到迷惘和不安,他们担忧哪一天早晨他会以执行"人民的意愿"把他们一脚踢开。陶醉于党内和军内都获得极大权力的朱可夫,似乎有些忘乎所以,要把从斯大林头上摘下来的光圈套在自己的头上。

朱可夫在政治的道路上似乎走得过了一些,规劝赫鲁晓夫把原打算取消部分经济部门及分散工业管理系统的计划加以修改,在强大的国防工业部之中,航空工业部保留了下来。之后,朱可夫又让党的领袖们作了三个更大的让步:一是停止苏军总政治部历来向党中央直接报告的制度,转而向朱可夫报告工作;二是军队要派代表参加秘密警察领导机关的活动,对内务部的军队和国家安全委员会的边防军都要有权指挥;三是对斯大林在历史上的清洗,尤其是对高级军事将领的清洗应正式和公开地谴责。

朱可夫的这些要求得到了满足。苏共六月的中央全会以后,在红军中开始有步骤地对清洗期间被处死的高级将领平反,其中包括图哈切夫斯基元帅和布留赫尔元帅。由朱可夫控制的《红星报》刊载了元帅们的传记。同时,该报还批评了党的宣传机关,号召要让更多的接近生活实际,有丰富的事实材料的文章和书籍问世。

朱可夫为一些职业军事将领鸣冤昭雪,得到了军人的支持,因为这样不仅抹去了沾在军人脸上的污点,而且还可以预防今后类似情况的发生。

∧ 朱可夫就任国防部长期间，分别访问了印度、缅甸等国家。

　　通过平反历史错案，朱可夫让人们相信，军人对共产主义是忠诚的，他们中不存在反党集团。这又为朱可夫提出的减少对军队的政治控制的意见提供了依据。

　　苏联卫国战争之后，刚刚从战争的灾难中走过来的苏联人，对军队的信任与感激之情，往往超过对党和警察的感激之情，他们把朱可夫看成是胜利的象征而加以崇拜。

　　较之其他社会职业，此时的苏联军队有着更强的集中统一性和向心力，他们有着独特的价值标准，这就产生了一种独立的、不受外来控制的倾向。这种倾向性加之军队生活的隔离性、其内部系统的完善性、军队在地区上的流动性，特别是军队掌握着枪杆子以及人民群众对之的信任感，都不能不使党和政府当局考虑对军队的控制问题。

　　"朱可夫想干什么？"这个问题一直在党的领袖们的脑子里打转，当然也在赫鲁晓夫的脑子里盘旋。

　　"不管怎么样，不能让朱可夫为所欲为。"赫鲁晓夫暗下决心。

　　当然，尽管这样，朱可夫在政府中仍居于显赫地位，手握大权，经常出面接待外国代表团，出席同其他国家的部长们的会谈，苏联报刊接连不断地报道他的名字。苏联报纸每周数次刊登他的照片。有一期的《红星报》的头版，甚至有7处提到朱可夫。8月6日，在出席苏联和叙利亚联合公报签字仪式时，新闻媒体专门为他拍了照片。8月7日，朱可夫同赫鲁晓夫一起为一个东德代表团送行，并被拍摄一张照片。8月14日，朱可夫和布尔加宁迎接赫鲁晓夫和米高扬从东德归来时也拍了照片。

　　从新闻消息中看，朱可夫与赫鲁晓夫、布尔加宁等国家重要领导人总是在一起，并且相处得亲密无间。

这种气氛不仅给外界，而且给朱可夫自己也造成一种错觉，似乎他的声誉和地位是不可动摇的，稳稳地站在权力阶梯的顶点，根本不必担心身后有人向自己下手。

然而，朱可夫想错了。其实，他的这一切荣耀和权力，就像春天的雪人一样，突然间便会消融得无影无踪。

>> 不合适的角色

1957年10月初，朱可夫乘苏联海军的"古比雪夫号"巡洋舰前往南斯拉夫访问。这次访问是一次友好访问，使人多少想起他的印度之行。朱可夫情绪很好，看起来正置身于苏联军界阶梯的最高层，并被赋予越来越多的政治责任。此外，苏联政府还宣布了一系列引人注目的科学成就，这些成就将有助于缩小东西方之间的差距。

在航行途中，朱可夫挤出时间发表了一些讲话，着重谈了刚刚发射成功的苏联"第一号人造地球卫星"。他在同"古比雪夫号"船员们的一次简短谈话中说："就在我们启航的当天－10月4日，苏联科学家们成功地发射了世界第一颗人造地球卫星，这是苏联科学技术的一个伟大成就。"朱可夫本分地把这一业绩归功于党在这项科学研究工作中给予的正确领导。

敏感的新闻界已经显示了一些迹象。与过去的出访相比，朱可夫这次出访在国内报纸上的报道规格显得低了许多，往往是在一些不起眼的地方登载一篇小幅文章。

10月17日，朱可夫离开贝尔格莱德，前往阿尔巴尼亚首都地拉那访问。此后几周中，对朱可夫在阿尔巴尼亚访问的消息，苏联国内报纸的处理上又有了更进一步的变化。朱可夫的演说只被《真理报》和《消息报》刊登了几条摘要，甚至有许多重要讲话，这两家权威报纸根本就未予置理，这种情况在过去是没有的。

朱可夫似乎还没有从这些蛛丝马迹中寻找出异常的迹象。对阿尔巴尼亚的访问结束后，朱可夫打算从容不迫地返回莫斯科，期望在途中校阅克里木的苏联军队。

正在这时，赫鲁晓夫★的秘书却突然给朱可夫打来电话说："赫鲁晓夫同志要元帅您直接飞返莫斯科。因为定于11月7日革命节40周年时举行盛大的军事检阅，现在有许多事情等着您回来处理。"

朱可夫欣然同意。因为赫鲁晓夫的要求似乎在情在理，何况朱可夫压根儿就没想到，赫鲁晓夫早已经在莫斯科为他设好了陷阱。

10月28日，朱可夫登上一架飞机，飞往莫斯科伏努科沃机场。马利诺夫斯基元帅和武装部队的其他官员到机场欢迎朱可夫，但没有党的高级官员。

而此前一天，赫鲁晓夫同莫斯科军区的高级指挥员们举行过会议，大概是讨论了朱可夫

＊赫鲁晓夫

苏联领导人。1918年参加布尔什维克，1919年在国内战争开始后参加红军。1939年任苏共中央政治局委员。苏德战争期间，任苏军乌克兰方面军中将军事委员。战后负责乌克兰地区的重建工作。1950年，任莫斯科州委第一书记。1952年，任苏共中央主席团委员兼中央书记。1953年9月，任苏共中央第一书记。1956年在苏共第二十次代表大会上作秘密报告，首次点名批评斯大林搞个人迷信。1964年10月，被解除苏共中央第一书记等职务。

的命运。赫鲁晓夫惧怕这位国防部长的力量和威望，原先打算提升朱可夫担任诸如部长会议副主席等其他职务，这样既可剥夺朱可夫对军队的控制权，又可避免公开摊牌。

此时的赫鲁晓夫正在和中央主席团举行一次不寻常的会议，他们讨论如何安排朱可夫的命运。

在会议上，赫鲁晓夫明显地表现出对这位国防部长的力量和声望的惧怕，但又没有足够的依据和勇气把这位重臣拉下马，于是打算用明升暗降的策略把朱可夫提升到部长会议副主席的岗位，从而剥夺朱可夫对军队的控制权。

朱可夫从机场被直接接到主席团的会议室。在主席团会议上，当得知赫鲁晓夫的打算后，朱可夫猛然间有种受骗上当的耻辱感，面孔涨得紫红，脖子直挺挺地梗住了，双眼射着愤怒的目光，死死地盯着眼前赫鲁晓夫那圆滑的胖脸。朱可夫怎么也难以相信，4个月前，正是由于他的保护和支持，赫鲁晓夫才免除了灭顶之灾。可是转眼之间，赫鲁晓夫却翻脸不认人，向自己狠狠捅了一把"软刀子"。

"这大概就是政客们常玩的把戏……"朱可夫在心里默默地想道。

不知怎的，朱可夫忽然回忆起前不久乌里扬诺夫在一次纪念会上一段很有教益的讲话，乌里扬诺夫先问大家："你们知道怎样把傲慢的鹰驯化得由人摆布，而且能够执行人的指令吗？"

看到大家都不作声，乌里扬诺夫便接着说道："先要把小鹰带到帐篷里，用一只皮口袋罩住它的头，用绳子扎紧袋口。这时胆怯的小鹰只得用爪子紧紧抓住绳子。然后主人使劲晃荡绳索，小鹰越来越害怕，因为它什么也看不见，弄不清，只盼着让它歇一会儿，喘喘气。过一会儿可以取下罩在小鹰头上的口袋，主人向它伸过一只手去；于是小鹰呆在这只手上会觉得格外安全相稳当。这时，一切还要重新开始，还要罩住小鹰的头部，还要抡起绳索使劲晃荡……如此需要多少次就重复多少次，直到把傲慢的鹰训练成俯首帖耳的仆从，直到它能够为主人猎取野物，把战利品带回主人家并且忘记辽阔的天空与自由的翱翔。"

"从斯大林到赫鲁晓夫，他们是不是始终把我当鹰一样对待呢？……"朱可夫越想越气，于是断然拒绝对自己的"提升"意见。双方各不相让，展开了长时间的辩论。

朱可夫返抵莫斯科 6 小时之后,塔斯社发表了这次会议的一项公报:

苏联最高苏维埃主席团任命苏联元帅罗吉昂·雅科夫列维奇·马林诺夫斯基为苏联国防部长。

苏联最高苏维埃主席团解除苏联元帅格奥尔吉·康斯坦丁诺维奇·朱可夫的苏联国防部长职务。

不到 14 时,莫斯科电台在晚间新闻节目中广播了这一消息。第二天早上,《真理报》在一个不显眼的角落里刊登了这则消息,世界各地的报纸立刻用大字标题纷纷予以转载,这一新闻迅速传遍了世界各地。

一切都按赫鲁晓夫的策划在进行。于是,朱可夫又突然从社会和政治生活中消失了。

"朱可夫怎么了?"外界有人分析朱可夫可能被提升,而另一些人则预料他会被清算。一时间围绕朱可夫的沉浮,人们议论纷纷。

一周后,赫鲁晓夫在一次外交场合向记者透露说:"朱可夫还活着,并且身体很好,我们将给他安排别的工作。"当记者进一步追问时,赫鲁晓夫又说:"我们对他的新工作还没有最后确定,但他将得到一个合乎他的经验和资历的工作。"

为了增强他这番话的可信度,赫鲁晓夫补充说:"我今天还看见了朱可夫元帅。我同他

> 朱可夫访问南斯拉夫时,铁托与其热情握手。

> 朱可夫访南期间,在贝尔格莱德卫戍部队发表演讲。

ZHUKOV

谈了话。他的身体很健康。"

熟悉苏联政治的外国记者,知道这位总书记等于什么也没告诉他们。所谓将安排朱可夫"适合于他的工作",这与过去清除各种政敌时所用的语言完全相同。

赫鲁晓夫还极为隐晦地向记者打了个比方,他说:"就一个生命来说,一个细胞死亡,另一个细胞代替它。生命才能继续下去。"

记者们从赫鲁晓夫的比喻中意识到:朱可夫元帅已在不幸中。

在苏联公布朱可夫被免职的公报之后的一个星期里,朱可夫和赫鲁晓夫在中央委员会内

展开了一场权力之争，但是毕竟势不力敌。

朱可夫在政治舞台上又一次遭到失败。

在新任国防部长马林诺夫斯基的控制下，《红星报》不指名道姓地说，一个高级军人被他自己成功的军事经历迷住了心窍，为此犯了严重的错误，受到了党的严厉制裁。同时，海军杂志《苏维埃舰队》也旁敲侧击地批判朱可夫说：那些大模大样的军事领袖们贬低政治机关在军队生活中作用的企图，必须加以坚决谴责。同时申明，"不论一个共产党员的级别多高，如果玩忽职守，必须在党的会议上对他加以批评。"

朱可夫受到批判的主要错误，是削弱党的工作者在军队中的作用。其中的一项证据提到由朱可夫签发的关于苏联陆、海军中党组织工作的训令。训令禁止在党的会议上对军事指挥员的命令提出任何批评意见。这就等于废止了党的工作者对军队的控制。另外，朱可夫的一次会议演讲，被看作是有意淡化和贬低党的地位和作用。朱可夫把苏联军人获得最新式武器的功劳归于人民，而不是通常所说的归功于党，并且还强调说："我们战士们的政治觉悟和爱国心首先表现在有高度的纪律性，严格遵守军事条约和规则，对长官坚决服从。"

在另一场合，朱可夫把"真正的爱国者"的含义解释为：首先是"一个无私地献身于苏联人民的人"，其次才是一个献身于"共产主义事业的人"。

早在就任国防部长期间，随着朱可夫在军队地位的恢复，就已经出现了一个值得注意的现象：军队中政治军官的影响也越来越小，职业的军事长官获得了全部权力，1955年，连一级取消了政治军官的职位，代之而起的是一长制的推行。

在长期的军事生涯中，朱可夫从来没有动摇过"军事一长制"的立场，始终认为，国家的文职当局必须放手让军事司令员来处理部队的事务，而不要让政治委员来干涉。

在朱可夫这一坚定而又大胆的观念指导下，苏联的军事制度进入了一个新时代，军队中党的观念淡化了，政治思想束缚解除了，军官们可以提出过去禁止提出的许多问题，军事指挥员从20世纪30年代以来第一次成为唯一出头露面的人物。

这种情况尽管使军事指挥员获得了信心和力量，尽管他们从心底里仍然坚定地忠于党，但是党的机关和一些政治敏感者却意识到这是一种潜在的危险倾向，是对党的领导权的严重挑战。

< 取代朱可夫就任国防部长的马林诺夫斯基元帅。
< 苏联元帅科涅夫。
> 晚年的朱可夫。

　　朱可夫所推行的路线，不管其最终目的是什么，但客观上则明显地削弱了党对军队的领导，否定了党的工作人员的地位和作用。这不能不引起赫鲁晓夫总书记的警觉和不满，因为他自己的权威正是建立在党的各级权力基础之上的。

　　朱可夫受到批判的另一条错误，是公开坚持要为被斯大林清洗的红军领袖们恢复名誉。在苏联历史上发生这一悲剧的时候，朱可夫不仅不负有任何责任，而且自己也是一个受益者。但是这却涉及现任党的主要领导人的一些责任，其中也包括赫鲁晓夫在内。赫鲁晓夫怀疑朱可夫可能掌握了与清洗有关的秘密文件，更担心朱可夫会把这些文件公诸于众，这不但会在苏联造成极度的混乱，而且有可能危及最高权力者的地位。所以赫鲁晓夫必须在朱可夫下手之前，把他严格控制住。

　　在与朱可夫的斗争中，赫鲁晓夫成功地利用了军队高级将领的野心和内部相互对抗的情绪。原来和朱可夫相处在一起的同事们，有些甚至是他亲自提携起来的亲密的战友和部下，如罗科索夫斯基、索科洛夫斯基、扎哈罗夫等人，现在几乎异口同声地声讨他。

　　这种有组织的、大范围的批判，对元帅的自尊心和心灵是一次十分沉重的摧残。朱可夫开始变得心灰意冷了。

　　在谴责朱可夫的错误过程中，最严重的攻击来自科涅夫元帅。他今天总算找到了报复的机会，几乎把从卫国战争以来对朱可夫的积怨、一股脑地都发泄到这位坐以待毙者的身上，决心把这个强大的竞争者彻底搞臭。

　　科涅夫的发言是经过系统准备的，除了重复前面对朱可夫所提到的错误外，还翻起了战争年代的"老账"。科涅夫指责朱可夫身为战前苏军总参谋长，要对德国人发动进攻时红军缺乏准备负责；攻击朱可夫建立了大量机械化部队，却没有为这些部队提供装备和训练干部；同时还贬低朱可夫在斯大林格勒战役中的特殊作用。科涅夫责骂朱可夫在战争时期犯下了种种错误，驳斥所谓"朱可夫在战争期间是唯一没有打过败仗"的神话。科涅夫特别提到

了柏林战役，重提这一战役对科涅夫来说是极为痛苦的。科涅夫始终认为，过去对朱可夫的白俄罗斯第1方面军在攻克柏林功劳方面的过高评价是不公平的，朱可夫窃取了不应有的荣誉。科涅夫申明，朱可夫的部队占领德国国会大厦的功劳，即最后胜利的象征，是他的乌克兰第1方面军让给朱可夫的，自己当时受骗了。另外，科涅夫还指责朱可夫在泽劳弗高地战斗中低估了敌军力量，损失了部队，延缓了战役进程。

科涅夫用偏激而讥讽的语调把朱可夫描绘成"一个特别爱慕虚荣的人"。当党正在进行反对个人迷信时，朱可夫却在军队中培植个人迷信。科涅夫说，朱可夫让人们在他周围制造了一道光荣和永远正确的光环，还曾下令让人画一幅画，自己骑着一匹前蹄腾空，后蹄站立的白马，就像一幅老圣像上的屠龙者圣乔治，并打算把这幅画陈列在苏军博物馆里。科涅夫还提到朱可夫在电影《斯大林格勒战役》的脚本上也做了手脚，为的是颂扬他自己。

科涅夫的长篇发言，不仅内容与事实大相径庭，而且在情绪上也明显地带有公报私仇的恩怨色彩。科涅夫与朱可夫的积怨在苏联上层领导中几乎尽人皆知。从表面上看，他们两人都有一副严肃、刚毅的军人面孔；他们都是从枪林弹雨的战场上成长起来的优秀军事指挥官，他们的身后都有着一连串可以炫耀的战绩和荣誉。然而与此相联系的是，他们都有强烈的虚荣心和权力欲。可能正是因为这一点，使他们在荣誉和权力的园子里，像两只好斗的公鸡，永远不知疲倦地争斗着、厮打着。

朱可夫被击倒了。可是令科涅夫十分失望的是，国防部长的位子却让十分驯良、毫无特色的马林诺夫斯基坐上了。更使科涅夫意想不到的是，自己当不上国防部长的原因之一，竟然是在清算与朱可夫的恩恩怨怨的时候，下意识地表现了他的野心和妒忌病。此时的赫鲁晓夫已经学得聪明了，不会费九牛二虎之力把一个有野心的元帅弄下来，再把一个有同样野心的元帅扶上去。

中央委员会最后宣布的对朱可夫的处分，对朱可夫的自尊心和爱国主义精神是一个极其沉重的打击。他的党中央委员会主席团委员和中央委员职务被撤销了，将被分配"其他工作"。这样一来，朱可夫便失去了国防部长职务和党内的一切职务，而唯一保留下来的是他的党员资格，最后被宣布退休。

1958 年 3 月，朱可夫正式退休，退休金是每月 5,500 旧卢布（相当于 1,357 美元）。

>> 还历史以本来

自下台后，朱可夫作为一个军事和政治领导人物已经在历史中消失了。朱可夫两次被打入冷宫，自己的损失可能微不足道，但是对苏联政治和军事的影响却是难以估计的。特别是由于朱可夫的下台，苏联的战争史只得又一次重新编纂和改写。苏联的政客和史学家们正在

∧ 朱可夫与第二任妻子格林娜及女儿玛莎在一起。

巧妙地遮住朱可夫的光辉，把朱可夫的形象从人们心目中抹掉。

但是，历史毕竟是人民写的，苏联人民是忘不掉朱可夫的。那些想篡改历史的人，只能被历史所嘲弄。这正如朱可夫在1941年号召苏联人民抵抗侵略者时曾经引用的一句名言：

带着刀剑来的人必将被刀剑杀死。

退休后的朱可夫，多数时间住在莫斯科郊外的别墅里。这幢别墅是朱可夫任国防部长时由政府分配的，后来允许保留下来。朱可夫以打猎、钓鱼和写回忆录打发时间，偶尔也到莫斯科街头转转，与一些人打打招呼。他盼望着有朝一日能够恢复自己在苏联历史中应有的位置。

1964年，68岁的朱可夫与妻子离了婚，随即又和比自己年轻25岁的格林娜结了婚。这个女人是朱可夫在一次外出途中偶然认识的，他们相处得很好，彼此十分投机。婚后，格林娜给他生了一个女儿，名叫玛莎。此时，朱可夫那颗早已灰冷的心，似乎又从格林娜和小家庭中得到新的温暖和慰藉。

赫鲁晓夫在为朱可夫突然下台寻找注脚时曾说："一个细胞死亡，另一细胞代替它，生命才能继续下去。"不过这一次不是给别人做注脚，而是轮到他自己了。

1964年10月，正在格鲁吉亚的黑海海边度假的赫鲁晓夫，心安理得地坐在海边钓鱼。而与此同时，赫鲁晓夫的同僚们正在莫斯科秘密地商讨如何把他撵下台。这些人并不反对赫鲁晓夫的主要路线和政策，表示还要按着这条路线走下去，但是对赫鲁晓夫的粗野和轻率却难以忍受。在他们看来，赫鲁晓夫的领导是没有系统方向的，随便地制订一个接一个的经济计划，这些互不连贯而又变来变去的计划把经济搞得一团糟。由于他的粗暴和蛮横，使一些国家利益轻易丧失。在赫鲁晓夫的干预下，苏联和中国的争吵弄到不可开交的地步。尤其受到大家谴责的是赫鲁晓夫的个人绝对权威。赫鲁晓夫把那些惯于阿谀奉承和唯唯诺诺的人提拔到高位，鼓励人们对他个人进行吹捧颂扬，而这已经使大多数人感到失望和厌烦。

　　10月13日，赫鲁晓夫被通知回莫斯科参加一次紧急的主席团会议。在主席团会议上，赫鲁晓夫就像一个罪犯被审讯一样，失去了绝大多数人的支持和同情。触景生情，此时的赫鲁晓夫或许联想起1957年的同样景象。那时，主席团成员向自己发难时，他却得到了朱可大元帅的保驾，而现在朱可夫在哪儿呢？赫鲁晓夫就像一个濒临死亡的溺水者，多么希望有人能拉自己一把。但是朱可夫不在了，此时的军队也保持一种中立态度。

　　赫鲁晓夫又想故伎重演，要求召开中央全会。然而，这一次赫鲁晓夫却没有能够笑到最后。中央全会如期召开，而赫鲁晓夫却在投票的结果中失利。

　　赫鲁晓夫的下台，为又一次恢复朱可夫的名誉扫清了障碍。

　　1965年2月10日，自从1957年被撤职以来，朱可夫的名字第一次出现在卡尔马诺夫少将的讣告中。1965年4月，在苏联人准备庆祝战胜德国20周年前夕，有传言说朱可夫将参加庆祝典礼。

　　4月28日，塔斯社广播了科涅夫就朱可夫在战时所起的作用讲的一番话：

　　众所周知，朱可夫元帅曾经担任过种种重要职务。苏联政府高度评价他的贡献，朱可夫是一位伟大的军事首长，尽管他有些缺点，这些缺点已经在我们的报刊上提到过。朱可夫元帅已经退休，现在住在莫斯科，显然，他同全体苏联人民一样，将参加庆祝战胜法西斯德国20周年的庆祝活动。

　　此后，朱可夫的名字越来越频繁地在报刊上出现。4月16日和4月

∧ 胸前挂满勋章的朱可夫。

30 日，分别由索科洛夫斯基和罗科索夫斯基撰写的两篇文章，详细叙述了朱可夫在第二次世界大战最后几次战役中所起的作用。但是，包括科涅夫在内所写的一些军事著作，仍小心翼翼地不提朱可夫的名字，最多也只是以"白俄罗斯第1方面军司令员"代之。

在莫斯科举行反法西斯战争胜利的庆祝活动的前几天，苏联新闻社播发了格奥尔吉·朱可夫的一张胸前挂满勋章的照片。这位老英雄已经借此机会复出了。

5月8日，勃列日涅夫★在克里姆林宫大会堂向6,000名听众发表了长达两个小时的演说，讲述了德国对苏联的进攻和全体苏联人民所作出的巨大贡献、所体现的无比英勇的精神。接着，勃列日涅夫提到了斯大林，听众爆发出一阵掌声，当勃列日涅夫想要继续讲下去的时候，掌声越来越响亮了。这意外的掌声，是自从1956年赫鲁晓夫谴责斯大林以来，广大群众在克里姆林宫第一次自发地公开表示对斯大林的怀念。

演说中，勃列日涅夫开始提起战争中那些最杰出的统帅的名字。不知道因为什么，勃列日涅夫没有按照惯例依功绩大小来列举，而是按字母顺序列举苏军统帅。勃列日涅夫依次念道，安东诺夫——大厅里响起了不大不小的颇有节奏的掌声；巴格拉米扬——掌声较响，时间也较长；华西列夫斯基——掌声持续了较长的时间；戈沃罗夫——掌声也够大的；叶廖缅科——得到的是短暂而稀疏的掌声，当朱可夫的名字刚一出口——整个大厅一下子沸腾起来了，雷鸣般的掌声大起，时强时弱，忽高忽低，经久不息。勃列日涅夫用手示意大家："好啦，请坐下！"然而，回之以更加雷动的掌声，大会厅的所有代表全都站起来了。勃列日涅夫局促不安起来，望着主席团发怔。担任大会主席的苏斯洛夫也想使人们安静下来，可是，又重新爆发了一阵热烈的鼓掌欢呼声。勃列日涅夫一边喝着水，一边发出口令："好啦，请同志们坐下吧。"但是，掌声雷动，再一次响彻整个大厅，热烈的鼓掌欢呼究竟持续了多长时间，实际上很难说得清楚。总之，如此雷动的掌声和欢呼声假如不是绝无仅有的，至少也

★勃列日涅夫

苏联第四代领导人。1941年卫国战争爆发，勃列日涅夫参加红军，1942年任第18集团军政治部主任；战争结束时任乌克兰第4方面军政治部主任，少将军衔。1946年8月，勃列日涅夫成为乌克兰部长会议主席。1952年任苏共中央委员会书记，1954年任哈萨克斯坦苏维埃社会主义共和国共产党中央第二书记，1955年8月升任第一书记。1960年5月被任命为苏联最高苏维埃主席。1964年10月，接替赫鲁晓夫担任苏共中央第一书记。1966年起至逝世任苏共中央总书记。

是罕见的。

　　翌日，苏联举行了一次大规模的军事检阅。除了一个由一千人组成的乐队外，引人注目的还有新式导弹和火箭。布琼尼、伏罗希洛夫、朱可夫和铁木辛哥等元帅以及其他苏联英雄，气宇轩昂地站在列宁墓上，这是非常难得一见的历史场景。

　　人们欣喜地欢迎朱可夫再次出现在公众面前，再次回到社会生活中来。

∧ 1966年，朱可夫出席最高苏维埃会议。

　　得知朱可夫公开露面以后，美国前总统艾森豪威尔喜不自禁："我想现在是给他恢复名誉的时候了。他是个很好的军人。在柏林的时候，他竭尽全力使工作能够顺利进行。"

　　看来不论在什么情况下，艾森豪威尔和朱可夫之间的特殊感情始终都是那样真挚，两人跨越政治、军事、外交和意识形态上的障碍所建立起来的友谊，令世人称颂。在当时两大阵营对垒的时代，在国家级高层领导人之间，他们两个人的这种关系真可算是例外中的例外。

　　1965年以后，朱可夫撰写的一系列回忆文章开始公开发表。6月，回忆录的第一部分，以《在柏林方向上》为题刊登在《军事史》杂志上，刚一发表就立即引起了震动，因为朱可

∧ 苏联雕塑家为朱可夫塑的胸像。

夫指责崔可夫差不多是在撒谎。以后，他的回忆录又陆续发表了其他几个部分，即关于莫斯科会战的 3 篇、关于库尔斯克战役的 2 篇，都发表在《军事史》杂志上。此外，朱可夫关于保卫莫斯科的回忆录，从 1966 年 10 月 22 日至 12 月 24 日，在英文版的《莫斯科新闻》上连载。随后，朱可夫又陆续在不少刊物上发表了文章。

1966 年 12 月，莫斯科保卫战胜利 25 周年庆祝活动，为朱可夫进一步恢复名誉提供了又一次机会。索科洛夫斯基在关于这次伟大会战的文章中，叙述了朱可夫元帅在这次战役中的决定性的作用。莫斯科市委第一书记叶戈里切夫赞扬了当年拯救莫斯科的军事领导人，在所列举的名单中居首位的就是朱可夫。包括许多受过勋的退伍军人在内的听众，当听到朱可夫的名字时，都不约而同地热烈鼓掌，叶戈里切夫不得不停止讲话，以等待大家安静下来。

为表彰朱可夫对军队的贡献和庆贺朱可夫的 70 岁生日，1966 年 12 月，最高苏维埃主席团授予朱可夫国家的最高级勋章——列宁勋章。朱可夫受到了应有的尊敬和爱戴。为此，朱可夫写信给《红星报》编辑说："由于对授予我列宁勋章和对我的 70 岁生日的许多祝贺不能一一作答，请允许我通过《红星报》来向所有组织、苏联陆海军军官们、预备队的将军们、以及一切公民们，对他们的热烈祝贺表示我深切的、衷心的感谢，同时为了祖国的利益祝愿他们身体健康，工作顺利。"

朱可夫的功绩得到世界许多国家的公认，甚至已经和苏联"老大哥"闹翻脸的阿尔巴尼亚也为朱可夫的遭遇鸣不平。1965 年由《人民之声》报发表文章称颂朱可夫为"杰出的军事领袖、伟大卫国战争中最著名的苏联军官之一，他的名字受到全世界的尊敬"。

给予朱可夫的荣誉还表现在其他方面。雕刻家维克托·杜马尼安为他雕塑了胸像。斯维特利申上校为他写了一篇传记，发表在《军事史》杂志上。斯维特利申的文章是他亲自采访朱可夫，并根据这位元帅的私人文件和国防部档案写出的。它是苏联迄今为止发表的几乎是最全面的朱可夫传记。而且，这篇传记是客观、公正和真实的。

值得指出的是，无论是这篇传记，还是朱可夫恢复名誉以后发表的其他文章，都没有否认 1957 年对他提出的指责，即朱可夫试图削弱党对军队的政治影响。斯维特利申对于这件事一笔带过，只是说朱可夫"犯过严重错误，这些错误，1957 年 10 月苏共中央全会已在其《关于改进苏联陆军和海军中党的政治工作的决议》中指出过了。"

1965 年，一部极好的战史书《苏联伟大卫国战争，1941~1945（简史）》出版了。这是《苏联伟大卫国战争史》（共 6 卷）的简编一卷本。美化赫鲁晓夫的照片和夸大的描写被删去，朱可夫作为苏联杰出的战时指挥员之一，重新得到肯定。

朱可夫的战友们写的一些回忆录，对朱可夫恢复名誉也起了推动作用。在朱可夫同科涅夫就柏林战役展开争论的时候，安季品科将军和捷列金将军勇敢地站了出来，为朱可夫进行辩护，而这都是在朱可夫恢复名誉以前。巴格拉米扬元帅在其连载的回忆录中写道："在战前年代，得到迅速擢升的所有杰出的军事指挥员中，朱可夫无疑是最杰出的、最有才干的人。"

1968年，苏联出版了以扎哈罗夫元帅为首的一个委员会编纂的一卷本的苏联武装部队史，书名是《苏联武装力量五十年》。该书撰稿人中有许多战时指挥员，其中包括朱可夫。该书多处提到了朱可夫。由此，朱可夫终于作为对德战争胜利的主要谋划者之一载入史册。

1969年3月，艾森豪威尔去世。朱可夫得到这一消息时，本打算参加艾森豪威尔的葬礼，可是却在这时突然患了中风，健康状况已不允许他出行。无奈之下，朱可夫只有在病床上静静地思念老朋友了。

朱可夫先后有3个女儿，这时都陪伴在他的左右，让朱可夫享受到了天伦之乐。在退出政坛后，朱可夫在平淡的家庭生活中度过了快乐而幸福的时光。

8月14日，为纪念在哈勒欣河打败日军30周年，蒙古人民革命党第一书记、部长会议主席泽登巴尔授予朱可夫蒙古人民共和国英雄金星勋章。

同年，朱可夫关于莫斯科会战、斯大林格勒战役、库尔斯克战役和柏林战役的回忆录，已译成英文在美国出版，书名是《朱可夫元帅指挥的伟大战役》。

与此同时，朱可夫的回忆录在莫斯科出版。这部人们盼望已久的回忆录，第一版共发行60万册，数量惊人。1970年初，这部书在美国的俄文书店中首次出现。遗憾的是，这部书只写到1946年朱可夫离开德国为止。曾与朱可夫长期共事的布琼尼元帅对朱可夫的回忆录倍加赞扬：

我们自己的历史学家和作者们，出了许多错误，特别是在记述战前年代和战争早期阶段，更是如此。格奥尔吉·康斯坦丁诺维奇·朱可夫所作的贡献是，他作为这些事件的权威见证人和参加者，以他的著作粉碎了想要歪曲历史事实的一切企图，从而恢复了事物的本来面貌。

1970年，已经卧病的赫鲁晓夫赞扬了朱可夫：

他作为一名司令员，我仍旧是非常尊敬他的，尽管我们后来分道扬镳了。他未能正确了解他作为国防部长的职权，因此，我们不得不对他采取行动，以防他实施他已在酝酿的某种计划。可是，即使在那时，我对他作为一个军人的评价仍是很高的……

赫鲁晓夫的这段话或许是对朱可夫的赞扬，或许是自己心迹的表白，或许是对自己造成的这件历史悲剧的忏悔。但是不管怎么说，正确和错误、荣誉和耻辱，最终会在事实面前还原本来面目的。

这样，朱可夫在晚年复出，在苏联历史中取得了应有的地位。这位杰出的军事统帅，不仅仅是一位伟大的军人，同时也是一位伟大的爱国者。朱可夫被恢复名誉，既是勃列日涅夫把荣誉给予了应该得到这种荣誉的人，同时也使得苏联历史更符合事实本身。

1971年12月2日，朱可夫度过了自己的75岁寿辰。各界人士纷纷以自己的方式向这位英雄表达敬意与祝福，蒙古人民革命党中央第一书记泽登巴尔和苏联对外贸易部部长帕托利切夫特地上门探访，看望人民的英雄。

此后的岁月中，朱可夫绝大部分时间都是和自己的家人呆在一起，偶尔和妻子出去度假。女儿玛莎经常陪伴在朱可夫的身边，成了朱可夫晚年的最大安慰。

　　1974年6月18日，朱可夫与世长辞，被安葬在克里姆林宫的红墙之下，终年78岁。

　　朱可夫是所有前苏联军人中获得勋章、奖章最多、级别也最高的人，至今仍然受到各阶层的许多俄罗斯人的爱戴，特别是曾经参加过第二次世界大战的老战士及其后代的爱戴。

　　朱可夫的一生是传奇的一生，被视为战场胜利的永恒的象征！

∨ 晚年的朱可夫在寓所。他手执的是二战时苏军将红旗插上德国柏林国会大厦的照片，从他欣慰的笑容里，不难感受到对战争岁月的追忆和留恋。

四大国催生联合国

1944年10月，美国、英国、苏联和中国正在认真考虑成立一个国际性安全组织机构。在华盛顿特区敦巴顿橡树园召开的会议上，与会代表将计划中的这个国际性组织命名为"联合国"，其宗旨为"调动一切海上、陆地和空中力量，维护和恢复世界和平与安全"。罗斯福总统高度赞扬了会议精神，他说："所有爱好和平的国家都可以确信，在今后，任何可能出现的侵略者都会在其发动战争之前被消灭。"四国对建立联合国这一提议的大部分细节取得了一致意见。

麦克阿瑟返回菲律宾

1944年10月25日，麦克阿瑟将军实现了自己的诺言，他率领着一支进攻太平洋的强大舰队，成功地回到了菲律宾。在莱特湾海域，麦克阿瑟的舰队在让"日本海军在战争中遭受了一次巨大的惨败"后，成功登陆。1942年3月，遵照罗斯福总统的命令，麦克阿瑟携妻子和孩子经历危险的航程到达澳大利亚。他离开的时候曾向菲律宾总统和人民许诺一定会回来。他信守了承诺。

∨ 重返菲律宾的麦克阿瑟在莱特湾登陆。

09

∧ 装载罗斯福灵柩的炮车正经过美国华盛顿白宫。

罗斯福抱憾辞世　杜鲁门就任总统

1945 年 4 月 12 日，美国总统罗斯福与世长辞。当时只有他的妻子、女儿和罗斯福的几个重要助手站在一旁。就在他去世时，他统帅的军队和战舰已经攻到柏林的城门和日本的海岸。可惜的是，他没能等到胜利的到来。在参议院所致的献词中，他被称为"我们时代最伟大的人，他是作为这场战争的英雄死去的"。当晚，副总统杜鲁门在白宫内阁会议就任了总统。

墨索里尼的可耻下场

1945 年 4 月，意大利法西斯头目墨索里尼在一切幻想破灭之后，携带部分亲属，仓皇出逃，途中被游击队员截获。为防止轴心国军队劫持墨索里尼，意大利游击队总部下令立即枪决墨索里尼等 15 名法西斯分子。4 月 28 日，游击队对墨索里尼及其同伙执行枪决。当晚，墨索里尼的尸体被运到米兰，抛弃在广场。4 月 29 日，墨索里尼的尸体被人们吊在路灯杆上，悬尸街头。

希特勒与墨索里尼的最后通电

1945 年 4 月 24 日，德国最高领导人希特勒从德国柏林帝国总理府地下指挥部给意大利最高领导人墨索里尼发出了一份密电，这是希特勒与墨索里尼之间的最后一次电报联系。电文声称："生与死的斗争达到了白热化的程度……但视死如归的德国人民和其他一切无所畏惧的人民，都将奋起抗争。他们在斗争中的非凡气概将加速当前这场战争的进程……"电文中不乏鼓励意大利法西斯继续顽抗之词，但对危在旦夕的墨索里尼却很难起到作用。

< 绰号"小男孩"的原子弹。

11

"小男孩"对战争喊停

1945年8月8日,一种新型的前所未有的武器——原子弹终于结束了战争。在相隔仅四天的时间里,美国将两颗原子弹"小男孩"和"胖子"分别投到了日本的广岛和长崎。在这之后不久,日本宣布投降。日本的投降,标志着第二次世界大战的结束。对于使用原子弹,人民在欢庆结束战争的同时,也提出了异议。而原子弹爆炸时升腾起的蘑菇云给日本人和全世界人民来了无尽的恐慌。

联合国成立

1945年6月,在美国旧金山举行的联合国制宪大会上,50多个与会国家讨论、通过并签署了《联合国宪章》。随着《联合国宪章》于同年10月24日正式生效,联合国正式宣告成立。联合国的宗旨是维持国际和平与安全,制止侵略行为和促进国际合作。联合国的主要机构是大会、安全理事会、经济及社会理事会、国际法院和秘书处。秘书处设秘书长一人,秘书长是联合国的主要行政负责人。

retrieval

日本投降

自1945年5月8日德国战败投降之后,日本成为唯一仍然顽抗的法西斯轴心国家。由于中国抗日武装和盟国攻势的不断加强,特别是由于苏联军队开始对日作战和美国向日本投掷原子弹,加速了日本帝国主义的覆灭进程。8月9日,日本决定接受中国、美国和英国督促日本投降的联合公告。15日,日本天皇发表广播讲话,正式公开宣布无条件投降。同年9月2日,日本代表与盟军代表在美舰"密苏里"号上共同签署了投降书。至此,"二战"结束。

斯大林逝世

1953年3月5日，苏联领导人斯大林在莫斯科去世，享年73岁。斯大林的遗体在克里姆林宫停放了几天后，安葬在列宁墓。斯大林是俄国历史上的一位伟人，他拥有着别人需要很长时间才能达到的水平。他冷酷无情，谙熟政治；在热战中他是西方的盟友，而在冷战中他又是西方的敌人。他还是一位杰出的军事指挥家，是他首先打败了希特勒，苏联以至于整个欧洲一直都在享受这胜利的果实。

丘吉尔鼓吹"铁幕"

1946年3月5日，丘吉尔在密苏里州的富尔顿的讲话中宣称："横跨欧洲大陆，从波罗的海的什切青到亚得里亚海的的里雅斯降下了铁幕。"在谈到思想上的障碍时，这位前英国首相警告说，西方资本主义世界和东方共产主义世界之间的分歧似乎是不可调和的。他还说，苏联想使其实力与学说"无限扩张"。丘吉尔敦促英美组成联盟以阻止苏联霸权的形成。

∧ 纽伦堡审判会场内景。

12

纽伦堡审判

战后初期，反法西斯盟国在德国纽伦堡对第二次世界大战祸首，纳粹德国首要战犯在德国纽伦堡进行了一次重要的国际审判。此次审判于1945年11月开始，至1946年10月结束。审判历时10个月，共216个审判日。1946年9月30日和10月1日，法庭以两天的时间宣读宣判书。判处戈林等15人犯有参与共同策划和阴谋破坏和平罪、战争罪和违反人道罪。纽伦堡审判在国际关系史和国际法史上占有重要地位并产生了深远的影响。